叢書
ソーシャル・キャピタル
7

Series SOCIAL CAPITAL

# ソーシャル・キャピタル と 社会

社会学における研究のフロンティア

## 佐藤嘉倫

|編著|

Series SOCIAL CAPITAL

ミネルヴァ書房

## 「叢書ソーシャル・キャピタル」刊行にあたって

　ソーシャル・キャピタル（以下，社会関係資本）は素敵な概念です。過去の歴史・文化を踏まえ現在の人間関係を解き明かすこともできますし，学問や組織の枠組みを越えて共通の課題に取り組む際の共通の認識基盤も提供してくれます。ときには現在の縦割り行政や組織の矛盾までも明らかにしてくれます。英語では versatile という形容詞がありますが，社会関係資本はまさに versatile な概念です。その意味は，「（人・性格・才能など）何にでも向く，多才の，多芸な，多方面な」とあり，基本的にはよい意味なのですが，「浮薄な」という意味も一部にはあるようです。

　versatile の語源はラテン語の vertere（「回る」「変える」「向く」）と versatilis（「回転軸の先端でものが回る様子を表す言葉であった」）とのことですから，確かに場合によっては「浮薄な」という悪い意味にも転用可能かと思います。しかし，基本的には「汎用性が高い」概念ということで，毎日さまざまな困難に直面し，対応を迫られている実務家には共感を得られるのですが，言葉の意味をとことん突き詰める学者には警戒の念をもたれている概念でもあります。

　本叢書は，この場合によっては異論もある概念を多方面から検討するもので，全7巻からなります。第1巻では，社会関係資本の概念と測定方法を検討します。以下，第2巻「教育」，第3巻「経済」，第4巻「経営」，第5巻「市民社会・政治」，第6巻「健康・福祉」，第7巻「社会」と続きます。本叢書を通読していただければ，社会関係資本という versatile な概念が決して「浮薄な」ものではないことが明らかになるはずです。実務家には問題解決のための指針を提供し，学者には自らの専門をより豊穣にしてくれる培地を提供する概念であることを明示します。

　今さらいうまでもありませんが，日本最大の課題は，少子高齢化への対応です。最近の日本のベストセラーの多くは，この少子高齢化の影響を扱ったものです。生産年齢人口が2000年の8,638万人から2050年には5,001万人へ3,637万

人も減るのですから，小泉・竹中改革が生産性の向上を目指した市場経済化・効率化路線を採ったのは当然のことです。しかし，市場経済化・効率化路線は基本的に生産性向上策ですから，生産年齢人口の減少を伴う少子化対策であり，高齢者対策としては不十分です。結局のところは，65歳以上の高齢者人口が2000年の2,204万人から2050年に約3,768万人へ1,564万人も増えるのですから，こちらもきちんと対策を講じてもらわなければ困ります。この問題は，市場だけでは到底解決できない分野が拡大することを意味しています。医療，福祉，防災，どれをとっても市場経済だけでは解決不可能です。社会関係資本は，この市場で対応しきれない分野，つまり市場の失敗を住民同士の協調で補う対処法を提供するものでもあります。

2015年11月

編集委員会を代表して
稲葉陽二

注

(1) Koine, Y. et al. (Eds.) (1980) 『KENKYUSYA'S NEW ENGLISH-JAPANESE DICTIONARY FIFTH EDITION』研究社。

(2) 梅田修（1990）『英語の語源辞典——英語の語彙の歴史と文化』大修館書店，213頁。

(3) 国立社会保障・人口問題研究所（2012）「日本の将来推計人口（平成24年1月推計）」中位推計。

(4) 同前。

まえがき


　本書の目的は社会学におけるソーシャル・キャピタル研究のフロンティアを示すことであり，このために社会学のさまざまな領域でソーシャル・キャピタル研究をリードしている人々の論考を収めた。もちろんソーシャル・キャピタル概念は社会学においても実に多くの領域で用いられているので，本書ですべての領域をカバーすることはできない。しかし，重要なテーマは押さえているつもりである。

　本書は序章，第Ⅰ部，第Ⅱ部，終章からなる。序章（佐藤嘉倫）では，ソーシャル・キャピタル概念が社会学的思考となじみやすいことを示した上で，ソーシャル・キャピタルをめぐる3つの問題（ソーシャル・キャピタルの概念化，ソーシャル・キャピタルを生み出す要因，ソーシャル・キャピタルの効果）について解説している。

　第Ⅰ部は，ソーシャル・キャピタル研究の基礎論ともいえる3つの論考を収めている。第1章（瀧川裕貴）はソーシャル・キャピタルの厳密な概念化を行い，ソーシャル・キャピタルと社会秩序の関係について理論的な考察をしている。第2章（小藪明生）はソーシャル・キャピタルと深い関係にある一般的信頼概念の強さと範囲について詳細な実証研究の結果を提示している。第3章（石田光規）は，ソーシャル・キャピタルの偏在から生じる社会的孤立の問題に取り組んでいる。

　第Ⅱ部は，いわば各論に相当する7つの論考からなっている。第4章（香川めい）は，家庭内の親子の相互関係というソーシャル・キャピタルが子どもの学業成績に及ぼす影響を分析している。第5章（西村純子）は，家族構造とソーシャル・キャピタルの関連を捉えた上で，それらが中学生の成績や自己肯定感に及ぼす影響を分析している。第6章（小林盾）は，就職時のソーシャル・

iii

キャピタルである入職経路が初職のさまざまな特性に及ぼす影響を分析している。第7章（竹ノ下弘久）は，浜松市における日系ブラジル人が持つソーシャル・キャピタルの特徴を抽出した上で，それが転職とメンタルヘルスに及ぼす影響を分析している。第8章（辻竜平）は，新潟県中越地震を題材に，震災前のソーシャル・キャピタルが震災後の復旧・復興に及ぼした影響と，そのような復旧・復興過程がソーシャル・キャピタルに及ぼした影響という2つのテーマに取り組んでいる。第9章（帯谷博明）は，水環境に着目して，ソーシャル・キャピタルと環境ガバナンスの関係について考察している。第10章（野宮大志郎・片野洋平）は，ソーシャル・キャピタルと社会運動の関係について，理論的に厳密な考察をしている。

終章（佐藤嘉倫）では，本書の諸論考ではあまり触れられなかったソーシャル・キャピタルの生成メカニズムについて試論的な考察をしている。

このように，本書は社会学のさまざまな領域におけるソーシャル・キャピタル研究を収めている。読者が本書を通じて社会学におけるソーシャル・キャピタル研究が有する知的刺激を得てくれることを期待する。

最後になったが，「叢書ソーシャル・キャピタル」編集代表者の稲葉陽二先生とミネルヴァ書房編集部の音田潔氏のサポートがなかったならば，本書は存在しなかっただろう。お二人に深謝の意を表する。


2018年4月

佐藤嘉倫

ソーシャル・キャピタルと社会
——社会学における研究のフロンティア——

目　　次

「叢書ソーシャル・キャピタル」刊行にあたって

まえがき

## 序　章　社会学におけるソーシャル・キャピタル ………… 佐藤嘉倫　1

1　社会学とソーシャル・キャピタル ……………………………………… 1

2　3つのリサーチ・クエスチョン ……………………………………… 4
　　──ソーシャル・キャピタルをめぐって
　　（1）ソーシャル・キャピタルとは何か　5
　　（2）ソーシャル・キャピタルを生み出すものは何か　7
　　（3）ソーシャル・キャピタルの効果を理解するための枠組み　9

3　ソーシャル・キャピタルのミクロ－マクロ分析 ………………………13

---

### 第Ⅰ部　社会秩序・信頼・関係──ソーシャル・キャピタル研究の基礎

---

## 第１章　社会秩序とソーシャル・キャピタル …………… 瀧川裕貴　18

1　集合的ソーシャル・キャピタルへの懐疑？ ………………………………18

2　ソーシャル・キャピタルの関係論的概念化 ………………………………21

3　関係の構造 ………………………………………………………………25

4　地位達成モデルとミクロなソーシャル・キャピタル …………………29

5　パットナムの集合的ソーシャル・キャピタル論と「多様性」論文 …32

6　新たな研究プログラムの定式化に向けて ………………………………36

## 第２章　信頼のレベルと信頼の範囲 ………………………… 小藪明生　41

1　信頼に関する議論の重要性 ………………………………………………41

2　高信頼者の特徴──向社会性と異質な他者への寛容性 ………………42

3　信頼と集団の特性 ………………………………………………………44

目　次

4　信頼のレベルと範囲 …………………………………………………… 46

5　量的調査による「信頼の範囲」の分析 ……………………………… 48

6　信頼のレベル変数と範囲変数による比較 —— 分析結果 …………… 49

7　信頼の範囲の広がり方 ………………………………………………… 54

8　理論と指標の往復，日本の実情に合った調査方法の確立 ………… 55
　　—— 今後の課題

## 第3章　人間関係の変容と孤立 ……………………………… 石田光規　60

1　孤立者のソーシャル・キャピタル …………………………………… 60

2　迫り来る孤立の恐怖 …………………………………………………… 60
　　（1）関係の選択化と格差の存在　60
　　（2）孤立をめぐる2つの議論 ——「お一人様」言説と孤立死の問題　61
　　（3）嚙み合わない議論と孤立を意識する社会　62

3　孤立の実情 ……………………………………………………………… 63
　　（1）「孤立化」の進行　63
　　（2）「孤立死」の増加　65

4　孤立を防ぐ関係群 ……………………………………………………… 67
　　（1）私たちのサポート源　67
　　（2）揺らぐ基礎的関係としての家族　70
　　（3）家族外に求められるつながり　71
　　（4）人間関係の実情 —— 孤立を中心に　77

5　関係性の問題 …………………………………………………………… 79
　　（1）格差問題と孤立のリスク —— 関係論的不安の時代へ　79
　　（2）孤立リスクへの対処　80
　　（3）関係性の担保と自己決定　81

vii

## 第Ⅱ部　社会の諸領域におけるソーシャル・キャピタル

### 第4章　親子のかかわり方と学業成績………………………香川めい　86
　　　　──家庭内ソーシャル・キャピタルの教育効果

　1　なぜソーシャル・キャピタルに教育効果があるのか………………86
　　　（1）ソーシャル・キャピタルと子どもの教育達成　86
　　　（2）親子のかかわり方への注目　88

　2　家庭内ソーシャル・キャピタルのとらえ方…………………………89
　　　（1）親子ペアの調査データ　89
　　　（2）家庭内ソーシャル・キャピタルの測り方　90

　3　子どもの成長と親子のかかわり方……………………………………92

　4　親子間の信頼関係を促進する要因……………………………………95

　5　家庭内ソーシャル・キャピタルと子どもの成績の関係……………98

　6　家庭内ソーシャル・キャピタルの持つ効果…………………………101
　　　──どのようなかかわり方がよいのか

### 第5章　家族構造が子どもに及ぼすインパクト…………西村純子　107
　　　　──家族構造・ソーシャル・キャピタルと中学生の成績／
　　　　　自己肯定感との関連

　1　家族構造が子どもに及ぼすインパクト………………………………107
　　　──ソーシャル・キャピタルからの説明の可能性

　2　家族研究とソーシャル・キャピタル概念──導入する意義………108

　3　ソーシャル・キャピタルの子どもへのインパクト…………………109

　4　家族構造の子どもへのインパクト……………………………………111

　5　本章の問い……………………………………………………………112
　　　──家族構造・ソーシャル・キャピタルの子どもへのインパクト

　6　「親と子の生活意識に関する調査，2011」…………………………113

── 分析対象および変数の説明
　　　（1）「親と子の生活意識に関する調査，2011」　113
　　　（2）従属変数：中学生の成績と自己肯定感，
　　　　　独立変数：家族構造とソーシャル・キャピタル　114

**7**　家族構造・ソーシャル・キャピタルの中学生の成績および
　　　自己肯定感との関連 …………………………………………………115
　　　（1）家族構造とソーシャル・キャピタルの関連　115
　　　（2）家庭内・コミュニティ・ソーシャル・キャピタル・家族構造と
　　　　　中学生の成績／自己肯定感　119

**8**　家族構造が子どもにインパクトを及ぼすメカニズム ………………124


# 第6章　就職活動で縁故は役立つのか………………小林　盾　131
　　　── 職業達成とソーシャル・キャピタル

**1**　職業達成におけるソーシャル・キャピタル ……………………………131
　　　（1）ソーシャル・キャピタルが就職活動で果たす役割　131
　　　（2）ソーシャル・キャピタルとしての縁故，人的資本としての教育　131
　　　（3）職業達成におけるよい仕事とは　132

**2**　教育・縁故と職業達成の関係 ── アメリカと日本の事例から …………133
　　　（1）「強い紐帯」よりも「弱い紐帯」── グラノベッターによるアメリカ
　　　　　の事例　133
　　　（2）「縁故」よりも「教育」── 日本の事例　134
　　　（3）縁故の役割は何か　134
　　　（4）教育とどう関連するのか　135

**3**　社会階層と社会移動全国調査 …………………………………………136
　　　（1）就職した5,375人の分析　136
　　　（2）従属変数は初職の正規雇用・規模・職業威信スコア・勤続期間　136
　　　（3）独立変数は教育と入職経路　137

**4**　入職経路によって職業達成は異なるのか ……………………………138
　　　（1）教育別の職業達成　138
　　　（2）入職経路別の職業達成　139

（3）縁故のマイナス効果　140

5　教育との相乗効果はあるのか……………………………………141

（1）教育水準ごとに分けて比較する　141
（2）縁故と短大以上の学歴の関連は混合的　143

6　セーフティネットとしてのソーシャル・キャピタル………………144

（1）縁故の影響の有無──分析結果から　144
（2）ソーシャル・キャピタルはセーフティネットか　144
（3）ソーシャル・キャピタルの平等化作用　145


第7章　移民受け入れの制度的文脈と人間関係………竹ノ下弘久　147
　　　　──日系ブラジル人の事例から

1　ソーシャル・キャピタルと移民……………………………………147

2　移住先社会への適応とソーシャル・キャピタル…………………148

3　日本における移民受け入れの制度的文脈…………………………150

4　ソーシャル・キャピタルと制度的な埋め込み……………………152

5　質問紙調査を用いた転職・精神的健康の把握……………………154

6　日系ブラジル人と結束型ソーシャル・キャピタル………………156

7　転職とメンタル・ヘルスへの影響…………………………………160

8　移民のソーシャル・キャピタルと社会的文脈の重要性…………164


第8章　災害からの復旧・復興と地域コミュニティ……辻　竜平　169
　　　　──新潟県中越地震の事例から

1　震災研究をめぐる問題と新潟県中越地震の位置づけ……………169

2　(旧)栃尾市における震災前後のパネル調査………………………172

3　地域コミュニティの状態が地震発生時とその後の
　　地域コミュニティでの取り組みに及ぼす効果……………………174

4　地域コミュニティの状態が復旧・復興にともなう

さまざまな変化に及ぼす効果 ……………………………………180

5 中越地震における地域コミュニティの状態と効果からみる
実践的対応と研究課題 ………………………………………184


第9章 環境ガバナンスとソーシャル・キャピタル……帯谷博明 196
── 大野川流域の事例から

1 環境ガバナンスの時代とソーシャル・キャピタル ………………196
（1）環境問題の変遷と現代的課題 196
（2）ガバナンスへの注目と課題 197
（3）環境ガバナンスとソーシャル・キャピタル 198
（4）ソーシャル・キャピタルの類型と質的研究の意義 199

2 日本における河川政策と市民セクターの変化 ……………………200
（1）河川政策の変化 200
（2）市民セクターの変化 202

3 大野川流域の市民セクターの展開── その活動と盛衰 ………202
（1）流域各地におけるローカルな住民活動の展開──1990年代以前 202
（2）大野川流域ネットワーキングの結成と活動拠点の整備 204
── 1990年代
（3）政策決定過程への参画と行政セクターとの協働──2000年代 206
（4）流域ネットワーキングの衰退とガバナンスの失敗？ 208
── 2010年代

4 ソーシャル・キャピタルからみる環境ガバナンスの動態 …………208
（1）時期ごとの活動とソーシャル・キャピタル 208
（2）ガバナンスの存立基盤とガバナンスの失敗 211


第10章 社会運動研究の豊饒化 ………………野宮大志郎・片野洋平 217
── ソーシャル・キャピタル概念を用いた試み

1 ソーシャル・キャピタル概念が拓く領野と可能性 ………………217

2 ソーシャル・キャピタルの概念化── その多極性…………………219

3　ソーシャル・キャピタルと社会運動研究——その結節点……………222

　　4　社会運動から見たソーシャル・キャピタルの問題点………………230

　　5　新しい社会運動研究に向けて…………………………………………235

終　章　ソーシャル・キャピタルの生成過程に関する試論

　　　　………………………………………………………佐藤嘉倫　239

　　1　ソーシャル・キャピタルの生成過程研究の難しさ…………………239

　　2　非意図的なソーシャル・キャピタルの生成過程……………………240

　　3　意図的なソーシャル・キャピタルの生成過程………………………242

　　4　利他的利己主義と互酬性の重要性……………………………………244

　　5　現代社会における互酬性の確保に向けて……………………………245

索　　引

| 序　章 | 社会学におけるソーシャル・キャピタル |
|---|---|

## 1　社会学とソーシャル・キャピタル

　社会学は行為者の関係を探究する学問である。現代の社会学はそのカバーする領域が多岐にわたっている。家族のような小集団から始まって国際関係に至るまで，さまざまな研究分野が存在する。それに対応して，○○社会学という連字符社会学が成立している。家族社会学，農村社会学，都市社会学，国際社会学などはその典型例である。

　このように，表面的には研究対象が拡散していて，社会学には共通の理論的基盤がないように見える。しかし，いかなる社会学的研究にも一つの通底している基盤がある。それは行為者の関係である。家族社会学では，家族を構成するメンバーや家族を取り巻く行為者の関係が研究の出発点になるし，農村社会学や都市社会学では，地域に暮らす人々の関係が一義的に研究の焦点になる。そして国際社会学では，国の間の関係や移民とホスト国の人々の関係が重要な研究対象となる。

　このように社会学を行為者の関係の学問と規定したのは，社会学の創始者たちである。マックス・ウェーバーは『社会学の基礎概念』（Weber 1921＝1987）において社会学を社会的行為を理解し説明する科学と規定し，社会的行為を他の行為者との関係において捉えられるものとした。ゲオルク・ジンメルはこの視点をさらに明確化し，行為者間の相互作用に焦点を当てた形式社会学を提唱した（Simmel 1908＝1994）。ジンメルに関する優れた著作である菅野（2003）は，彼の社会学の本質を「つながりの哲学」と捉えている。

　現代の社会学においても，この「つながり」の研究上の重要性は色褪せてい

ない。むしろ方法論的には洗練されている。その代表が社会ネットワーク分析である（金光 2003；安田 1997；野沢 2006）。この研究領域では，行為者のつながりのあり方を社会ネットワークの形状として捉え，この形状が行為者やネットワーク全体に及ぼす影響を分析する。

　このように考えると，社会学はソーシャル・キャピタル概念と親和的な関係にあることがわかる。ソーシャル・キャピタル概念も，行為者間の関係に着目するからである。ただし，ここで注意すべきことは，社会ネットワークとソーシャル・キャピタルは同じではない，ということである。もし同じならば，長い歴史を持つ社会ネットワークという概念と同じものを，違う名前で新たに提唱するだけになってしまう。ソーシャル・キャピタルがそれ自体として独自な概念でありうるのは，社会ネットワークに何かが付け加えられているからである（Sato 2013）。ソーシャル・キャピタル研究の第一人者であるロバート・パットナム（Putnam 1993＝2001）は，ソーシャル・キャピタルを社会ネットワーク，互酬性，信頼という3つの要因によって定義している。稲葉（2011）は，これらに心の外部性という要因を追加して，ソーシャル・キャピタルを定義している。このように，ソーシャル・キャピタル概念は社会ネットワークに何か付加されたものとして定義されている。

　さて，社会学と親和性の高いソーシャル・キャピタル概念は，自然と社会学の中に広がっていったわけではない。私の理解では，ピエール・ブルデュー，ジェームズ・コールマン，ロバート・パットナムの影響が大きい。[1]現代の社会科学で用いられている用法でソーシャル・キャピタルという言葉を初めて用いたのは，リダ・ハニファン（Hanifan 1916）だといわれている（稲葉 2011：16-17）。ハニファンは，論文の冒頭でソーシャル・キャピタルという概念を提示し，（驚くべきことに）1910年代のアメリカの地方（rural districts）でそれが欠如していることを指摘し，ウェストバージニア州のある田舎の学校区でさまざまなコミュニティ活動を通じてソーシャル・キャピタルが蓄積され，それが地域や住民にプラスの効果をもたらしたことを報告している。ソーシャル・キャピタルの醸成とその効果の分析という，現代のソーシャル・キャピタル研究の

序　章　社会学におけるソーシャル・キャピタル

原型ともいえる論文である。

　このソーシャル・キャピタルを，現代の社会学に甦らせたのがブルデューと
コールマンである。[2] 文化資本概念の提唱者として有名なブルデューは，ソーシャル・キャピタル概念の推進者でもある。彼は，資本の形態として経済資本，文化資本，ソーシャル・キャピタルという 3 つの種類を列挙している（Bourdieu 1986）。そして文化資本やソーシャル・キャピタルは経済資本に変換しうるという重要な指摘をしている。彼のソーシャル・キャピタル概念の定義はわかりにくいものだが，社会ネットワークと資源を結び付けて概念化している。

　コールマンはソーシャル・キャピタルを行為者間（社会ネットワーク）に存在すると想定し，その副産物としての効果を強調する（Coleman 1988＝2006）。たとえば高校生の親同士が元々の友人だったとすると，お互いの子どもたちの監視がやりやすくなる，という事例が典型的である。親同士は子どもたちの行動を監視するために友人同士になったわけではなく，たまたま友人同士だったので，友人関係が副産物として監視システムになったのである。

　世界的に著名な社会学者であるブルデューとコールマンがソーシャル・キャピタル概念を提唱したおかげで，この概念は世界の社会学者の間で広がっていった。それに拍車をかけたのが Putnam（1993＝2001）である。彼は，南北イタリアを比較し，南イタリアに比べて北イタリアの方が政治的，経済的，社会的に活発なのは，豊かなソーシャル・キャピタルによると主張した。パットナムは政治学者だが，彼の著書は政治学を越えて社会科学全般の研究者に受け入れられた。

　ソーシャル・キャピタル概念は，このように社会学の中で学術的な地位を得ただけでなく，実践面でも大きな影響力を有するようになった。たとえば，日本の内閣府は『ソーシャル・キャピタル――豊かな人間関係と市民活動の好循環を求めて』（内閣府国民生活局 2003）という調査報告書を刊行し，ソーシャル・キャピタルと市民活動の相互作用を通じて「暮らしやすい豊かな社会」（内閣府国民生活局 2003：3）が実現することを想定する。うがった見方をすれば，

3

国家財政が逼迫し国家の力が弱くなっているので，国民はもはや国に頼らず自分たちで協力して問題を解決してほしい，という主張をしているようにも見える。しかし動機がどうであれ，政策担当者がソーシャル・キャピタルとその正の効果に着目したことは興味深い。

　さらに国際機関である世界銀行も，この概念に着目していくつかの研究プロジェクトを立ち上げ，その成果を公表している（たとえば Dasgupta & Serageldin〔2000〕および Grootaert & Van Bastelaer〔2002〕参照）。方法論的個人主義に立脚する経済学の専門家が集まる世界銀行で行為者間の関係を重視するソーシャル・キャピタル概念が着目されているのは，そのような専門家が経済開発にとって人間関係が重要であることに気づいたからである。社会経済的な状況が同じような村に同じような経済投資をしても，うまくいく村とそうでない村が存在する。この違いは村人たちの人間関係が良好か否かという違いである。人間関係が良好ならば，村人たちは村の発展に協力し合うので開発投資が効率的に活用される。しかしそうでないと，投資が有効に使われず無駄になってしまう。このような事例を知ることで，世界銀行の専門家たちは積極的にソーシャル・キャピタル研究のプロジェクトを立ち上げて研究を推進することにした。

　このように，ソーシャル・キャピタルは学問的にも実践的にも世界的な注目を浴びている。次節以降では，このソーシャル・キャピタルに対する社会学的なアプローチのあり方について検討しよう。

## 2　3つのリサーチ・クエスチョン——ソーシャル・キャピタルをめぐって

　アレハンドロ・ポルテス（Portes 1998）は，ソーシャル・キャピタルの優れたレヴュー論文の中で，ソーシャル・キャピタルの定義（概念化），ソーシャル・キャピタルを生み出す源，ソーシャル・キャピタルの効果という3つの研究領域の文献を検討している。これはごく自然な発想であり，本章も彼の方針に従うことにしよう。すなわち，ソーシャル・キャピタルをめぐる重要なリサーチ・クエスチョンは，（1）ソーシャル・キャピタルとは何か，（2）ソーシ

ャル・キャピタルを生み出すものは何か，（3）ソーシャル・キャピタルのもたらす効果は何か，という3つの問いである。以下では既存の文献を参考にしながら，これらの問いに対する社会学的な考察を進めることにしよう。

## （1）ソーシャル・キャピタルとは何か

　「ソーシャル・キャピタルの論者の数だけソーシャル・キャピタルの定義がある」といっても過言ではないほど，ソーシャル・キャピタルの定義（概念化）は多様である。その主な理由は，他の資本とは違って，どこに帰属するのかがわかりにくいからである。経済資本にせよ人的資本にせよ文化資本にせよ，その所有者は行為者である。それは個人の場合もあれば企業のような組織の場合もある。しかし行為者がどの水準で定義されても，これらの資本が特定の行為者に帰属することは明白である。もちろん，ある地域がどちらの国の領土かということで国際紛争が起きるようなこともあるが，この場合でも当事国はその地域が自国に帰属すると主張している。

　これらの資本に対して，ソーシャル・キャピタルは一義的に行為者間の関係の中に存在する。コールマンの定義はこのことを的確に把握している。しかし同時にソーシャル・キャピタルは行為者にも帰属しうる。このことがソーシャル・キャピタル概念を魅力的にしていると同時に曖昧にもしている。前述したコールマンが取り上げている高校生の親の関係を例に取って説明しよう（図序-1）。高校生CとDの親AとBが友人同士だったり知り合いだったりすると，2人は自分の子どもたちの行動について情報を共有でき，子どもたちの逸脱行動を防ぐことが容易になる。この意味で，AとBの間にソーシャル・キャピタルが存在しているといえる。

　しかし，このソーシャル・キャピタルは，同時にAのものでもありBのものでもある。Aの立場に立ってみよう。AのBとの関係は，Aにとって自分のものである。「Bは私の友人だ」という場合，このソーシャル・キャピタルはAに帰属する。同時にBも「Aは私の友人だ」と思っているので，このソーシャル・キャピタルはBにも帰属する。

図序-1 高校生と親の閉鎖的ネットワーク

出所：Coleman（1988：S107, Fig.2）を筆者改変。

ソーシャル・キャピタルは，個人・集団・社会等のさまざまなレベルにおいて定義される傾向がある。Lin（2001 = 2008）や Burt（2005）は個人レベルで定義しているが，Coleman（1988 = 2006）や Putnam（1993 = 2001）は集団レベル・社会レベルで定義している。これらの動向を踏まえて，稲葉（2011）はソーシャル・キャピタルを個人レベルの私的財，集団レベルのクラブ財，社会レベルの公共財という3つの水準で定義している。

このように，水準を分けてソーシャル・キャピタルを定義する方法は，焦点を絞って明確に定義できるという利点がある。しかし，前述したソーシャル・キャピタルの帰属の二重性を見落とす可能性がある。そこで本章では，ソーシャル・キャピタル概念の根本に戻って，社会ネットワークを定義の基礎におくことにする。この点で，ソーシャル・キャピタルは集団ないしは社会レベルで定義される。ただし前述したように，社会ネットワークはソーシャル・キャピタルそのものではない。社会ネットワークは，それに何かが付加されてソーシャル・キャピタルに変換される。そして，ここが最も重要な論点だが，その何かは行為者の選好ないしは効用関数によって異なる（Sato 2013；Lin 1999）。

具体例を挙げて説明しよう。図序-1の社会ネットワークは閉鎖的であるがゆえに，親のAとBにとってソーシャル・キャピタルになる。AとBの友人関係に加えて情報交換という付加的な要因が付け加わることで，2人は自分の子どもたちの行動の監視が容易になる。しかし子どものCとDにとっては，この社会ネットワークはソーシャル・キャピタルに変換されない。なぜなら，親の目を盗んで逸脱行動をしたいと思っているCとDにとっては，親同士の情報交換という要因はなんの効用ももたらさないからである（むしろ負の効用をもたら

す）。

　このように，社会ネットワークをソーシャル・キャピタルの定義の基盤にすえて，それが行為者の選好や効用関数を通じてソーシャル・キャピタルに変換されると概念化することで，ソーシャル・キャピタルの帰属の二重性も視野に入れることができる。またこの概念化により，ソーシャル・キャピタルがもたらす効果（結果）についても明確に分析できる（この点について後の（3）で詳細に検討する）。

　次にソーシャル・キャピタルの種類について述べよう。ソーシャル・キャピタルの分類についても多くの論者がさまざまな分類法を提唱しているが，ここでは結束型ソーシャル・キャピタル（bonding social capital）と橋渡し型ソーシャル・キャピタル（bridging social capital）という分類に着目しよう（Putnam 2000＝2006）[3]。これらはソーシャル・キャピタル概念の根底にある社会ネットワークの形状の違いを反映している。結束型ソーシャル・キャピタルは，同じ特性を持った行為者からなる密な社会ネットワークを基盤とする。小さな村で先祖代々住んでいる村人同士が，お互いをよく知っている関係が典型例である。また前述の高校生の親同士の関係もそうである。

　これに対して，橋渡し型ソーシャル・キャピタルは，異なる特性を持った行為者からなる比較的疎な社会的ネットワークを基盤とする。マーク・グラノベッターの弱い紐帯の強さ理論（Granovetter 1973＝2006）や，ロナルド・バート（Burt 1992＝2006）の構造的空隙（structural holes）理論は，この橋渡し型ソーシャル・キャピタルの効果について議論している。

## （2）ソーシャル・キャピタルを生み出すものは何か

　前述したように，ソーシャル・キャピタルを社会ネットワークに何かが付加されたものと捉えるならば，ソーシャル・キャピタルを生み出すものの検討をするためには，まずは社会ネットワークを生み出すメカニズムを考える必要がある。

　このメカニズムは大きく2つある。一つは同類原理であり，もう一つはそれ

とは対照的な異類原理である。同類原理とは，人が自分と同じような特性を持った人とつながるというものである。家族や親族のような血縁で結ばれている関係が典型例である。同じ価値観や同じ趣味を持っている人，同じ階層に属する人，同じ学校を卒業した人は，そうでない人よりもつながりやすい。そして，この同類原理に基づく社会ネットワーク形成は，結束型ソーシャル・キャピタルを生み出す傾向が強い。

　これに対して，異類原理は，人が自分とは異なる特性を持った人とつながるというものである。自分とは異なる階層の人，異なる年齢の人，異なる出身校の人などとつながるということである。同類原理が人間のごく自然な性向から生まれるのに対し，異類原理は意図的に用いられることが多い。異業種交流会が典型例である。自分とは別の業界の人や別の職種の人とつながるために，人々は異業種交流会に参加する。それゆえ，異類原理に基づいて作られる社会ネットワークは，橋渡し型ソーシャル・キャピタルに変換されうる。

　同類原理は，もともと血縁関係から生じていることから，人間にとってなじみやすい原理である。他人同士が会話をするとき，何か共通の話題を探ろうとする。共通の知り合い，共通の趣味，共通のスポーツなどである。このとき当事者同士は意識しないで同類原理を用いている。同類原理を用いれば互いにつながりやすいことを自分の経験から知っているからである。三隅（2013）は「○○市出身」や「△△年××高校卒業」という個人属性をそれによって他の○○市出身者や△△年に××高校を卒業した人々と潜在的につながる「関係基盤」であると捉えている。彼の理論を借用すれば，他人同士が共通の話題を探ろうとするのは，ソーシャル・キャピタル活性化のための共通の関係基盤を探そうとしていると考えることもできる。

　これに対して，異類原理は意図的に用いられる。同類原理に基づいて作られた結束型ソーシャル・キャピタルに満足している人は，わざわざ異業種交流会に行かないだろう。このような交流会に行くのは，新しい情報，とりわけビジネスチャンスの情報を得たり，自分の業界を越えた人脈を作ったりするためである。

8

序　章　社会学におけるソーシャル・キャピタル

このように2つの原理を対比させると，既存研究で指摘されてきたソーシャル・キャピタルを促進する特性について理解が深まる。たとえば，社会経済的地位が高い人ほど見知らぬ他者を信頼する傾向がある（Halpern〔2005〕参照）。この傾向を前提とすれば，社会経済的地位の高い人ほど自分とはなじみのない人を信頼してつながり，異類原理に基づいた橋渡し型ソーシャル・キャピタルを形成しやすい。逆に，社会経済的地位の低い人は同類原理に基づいて自分と同じような人々とつながり，結束型ソーシャル・キャピタルを形成しやすい。

### （3）ソーシャル・キャピタルの効果を理解するための枠組み

ソーシャル・キャピタルの効果に関しては，無数といってもよいほどの研究がある。それらについては，本書を含む叢書（叢書 ソーシャル・キャピタル）全体で多くの著者が触れているので，ここで繰り返すことはしない。むしろ，ここではそのような効果を社会学的に理解するための枠組みを提示しよう。

この枠組みは，正の効果―負の効果，効果の外部性，社会的不平等という3つの視点からなる。まず正の効果―負の効果という視点は，さらに①同じ社会ネットワークがある行為者に正の効果を持つのに別の行為者に負の効果を持つのはなぜか，②同じ社会ネットワークが同じ行為者に正の効果と負の効果を持つのはなぜか，という2つのリサーチ・クエスチョンに答えることになる。効果の外部性という視点は，ローカル・レベルで正の効果を持つソーシャル・キャピタルがグローバル・レベルで負の効果を持つのはなぜか，というリサーチ・クエスチョンに答えることになる。社会的不平等という視点は，ソーシャル・キャピタルの偏在とソーシャル・キャピタルと社会的不平等の関係という2つの問題に光を当てる。以下では，これらの問題について検討しよう。

まず，同じ社会ネットワークがある行為者に正の効果を持つのに別の行為者に負の効果を持つのはなぜか，という問題について検討しよう。コールマンの高校生の親の例を用いて考察しよう。親同士がつながっている閉鎖的なネットワークは，親にとっては有効なソーシャル・キャピタルに変換される。なぜなら子どもの行動を監視したい親にとって，この形状のネットワークは情報交換

9

が効率的に行われるからである。しかし高校生にとってはどうだろうか。親の目を盗んで逸脱行動をしようとしている彼ら・彼女らにとって，このような閉鎖的ネットワークは負の効果しかない。

　このような違いが生じるのはなぜか。答えは簡単である。親と高校生とでは効用関数の形状が異なるからである。親は自分の子どもたちが逸脱行動を取らないことを目的とする効用関数を持っている。したがって，閉鎖的なネットワークは正のソーシャル・キャピタルに変換される。しかし，親の目を盗もうとすることを目的とする効用関数を持っている高校生にとっては，そのようなネットワークは負のソーシャル・キャピタルに変換される。

　次に，同じ社会ネットワークが同じ行為者に正の効果と負の効果を持つのはなぜか，という問題を考えよう。この答えも簡単である。その行為者の効用関数が時間とともに変化したからである。ある国から別の国に移住してきた人が同郷のエスニック・タウンに住み始めたとしよう。初めはホスト国の言葉もよくわからないので，エスニック・タウンに住むことはとても快適である。自国の言葉で買い物ができ，医者にかかることもできる。こうしてその人は徐々にエスニック・タウンの同質的な人間関係に組み入れられて，それが正のソーシャル・キャピタル（この場合は結束型ソーシャル・キャピタル）に変換される。しかし時間が経つにつれて，その人がエスニック・タウンを出てホスト国の中に溶け込んで生活や仕事をしたいと思うようになると（つまり，その人の効用関数が変化すると），この同質的な人間関係はその人の足を引っ張ることになる。ここで，この人間関係は負のソーシャル・キャピタルに変換される。

　第3に，ソーシャル・キャピタルの外部性について検討しよう。南北イタリアを比較した Putnam（1993＝2001）は，北部に比べて南部の政治的，経済的，社会的活動水準の低さをソーシャル・キャピタルの低さに帰属させた。しかし，本当にイタリア南部のソーシャル・キャピタルの水準は低いのだろうか。家族主義のイタリア南部では家族のきずなが強い。つまり結束型ソーシャル・キャピタルの水準がたいへん高い。この意味で，イタリア南部のソーシャル・キャピタルの水準が低いわけではない。しかし家族のきずなが強すぎるために，家

族を越えた人々とのつながりが弱くなる。これがパットナムの指摘したことである。つまり，家族内のローカルなソーシャル・キャピタルの水準が高いがゆえに，家族を越えた領域における活動が不活発になる。ローカルなソーシャル・キャピタルが，グローバルに負の効果をもたらしている。

さらに極端な事例は，やくざやマフィアである。やくざやマフィアの組織は，内部の結束が高いことで知られている。そして，その結束力を用いて市民社会に損害をもたらす。企業犯罪も類似した事例である。ある企業の内部の結束が強いと，同調圧力も強く，犯罪行為を内部で防ぐことができなくなってしまう（稲葉 2017）。その結果，企業の外部の社会に負の効果をもたらすことになる。

第4に，ソーシャル・キャピタルと社会的不平等の関係について検討しよう（辻・佐藤 2014）。ソーシャル・キャピタルは，誰にでも平等に分配されているわけではない。「顔の広い人」という表現は，まさにソーシャル・キャピタルを多く有している人のことを指す。しかし一方で，社会的に孤立している人は，ソーシャル・キャピタルが皆無かほとんどない。この意味で，ソーシャル・キャピタルの偏在ないしは不平等（格差）が存在する。

ソーシャル・キャピタルの偏在は，それ自体が問題という訳ではない。しかし前述したように，ソーシャル・キャピタルはさまざまな効果を持つ。したがって，ソーシャル・キャピタルの偏在が人々の間に効果の不平等をもたらす可能性がある。たとえば，ある企業で同じような能力と経験を持った2人（AさんとBさん）がいたとしよう。しかし，Aさんは自分より上のランクの人々とつながっているのに，Bさんはそのようなソーシャル・キャピタルがなかったとしよう。Lin, Ensel & Vaughn（1981）によれば，Aさんの方がBさんよりも昇進の可能性が高い。同じ能力や経験（言い換えれば人的資本）を有しているのに，ソーシャル・キャピタルの多寡により昇進の可能性に関する不平等，より一般的にいえば機会の不平等が生じている。

そのようなソーシャル・キャピタルがどのように形成されたのかという問題により，この問題はさらに複雑になる。もしAさんが，さまざまな局面（たとえば社内プロジェクトやパーティー）で，自分よりも上のランクの人とつながる

努力をしたならば，本人の努力→ソーシャル・キャピタル→昇進という社会的メカニズムが作動したことになり，結果として生じた機会の不平等が不公平だと非難されることはないだろう。しかし，Ａさんが親のコネ（親が上司と友人の場合など）を利用したりして昇進したならば，その昇進は疑問視される。

　ただし，Ａさんが自分の努力で上のランクの人とつながったとしても，まだ考慮すべき問題は残る。それはＡさんの社交性がどこから来たのか，という問題である。もし社交性もブルデュー（Bourdieu & Passeron 1970＝1991）の言うハビトゥスの一部だとしたら，Ａさんが育った家庭環境の影響が強いはずである。もしそうならば，家庭環境→社交性→本人の努力→ソーシャル・キャピタル→昇進という世代を越えた不平等の連鎖が生じる可能性がある。

　また個人間ではなく地域間でもソーシャル・キャピタルの偏在から生まれる不平等がある。前述したように，Putnam（1993＝2001）は南北イタリアの政治的，経済的，社会的活動水準の違いを両地域のソーシャル・キャピタルの水準の違いによって説明した。また1995年にシカゴを襲った熱波の影響を分析したKlinenberg（2002）は，他の条件が同じようなコミュニティで近隣関係が良好だったコミュニティの方が，そうではないコミュニティよりも熱波による死亡率が低いことを明らかにした。関東大震災，阪神・淡路大震災，インド洋大津波，ハリケーン・カトリーナという４つの大災害を題材にした Aldrich（2012＝2015）も，災害以前のソーシャル・キャピタルが豊富な地域の方がそうでない地域よりも復旧のスピードが速いことを示した。

　ここまでソーシャル・キャピタルが社会的不平等を助長する効果を見てきたが，逆に不平等を緩和する場合もある。前述したエスニック・タウンへの移民の例を再考しよう。新しくホスト国に移ってきた移民は，エスニック・タウンでさまざまな便益を得ることができる。このことは新移民とホスト国の市民との不平等を緩和する。もし新移民がエスニック・タウンではなく，いきなり周りが誰も知らない地域に放り込まれたら，社会的に孤立し教育や就職の機会が著しく制限されるだろう。しかし，エスニック・タウンに住むことでこれらの機会の確保が容易になり，ホスト国の市民との格差が縮小する。

序　章　社会学におけるソーシャル・キャピタル

以上見てきたように，ソーシャル・キャピタルと社会的不平等の関係は単純ではない。それゆえに興味深い研究テーマであり，丹念に分析をする必要がある。

## 3　ソーシャル・キャピタルのミクロ-マクロ分析

以上見てきたように，当該行為者の効用関数や目的を明示的に分析に取り入れることで，ソーシャル・キャピタルの効果を明確に分析できる。さらに，この分析視角はソーシャル・キャピタルのミクロ-マクロ分析につながっていく。社会学では，ミクロ・レベル（行為者）とマクロ・レベル（社会）との連関や両レベル間の移行が重要な研究対象となっている（Coleman〔1990 = 2004-2006〕など）。たとえばColeman（1990 = 2004-2006）は，ウェーバーの『プロテスタンティズムの倫理と資本主義の精神』の基本論理構成を次のように要約している。①プロテスタントの教義（マクロ・レベル）が人々に特定の価値志向を抱かせた（ミクロ・レベル）。②人々はこの価値志向にしたがって経済活動に励んだ（ミクロ・レベル）。③そのような人々の活動が集積して，資本主義的な組織が生成された（マクロ・レベル）。

この分析枠組みをソーシャル・キャピタル分析に適用すれば，次のようなミクロ-マクロ分析を展開できる。①マクロ・レベルの社会ネットワークが，ミクロ・レベルの行為者の効用関数を通じてソーシャル・キャピタルに変換される。②行為者は，変換されたソーシャル・キャピタルを活用して（場合によってはそれによって阻害されて），さまざまな行為を選択する。③そのような行為が集積して，マクロ・レベルの社会ネットワークが変化する。

現在，ソーシャル・キャピタルの計量研究の多くは，多水準モデルを駆使して①と②を対象とした研究を進めている。しかし，③についてはまだあまり研究が進んでいないと考えられる。社会ネットワークの変化を対象としたネットワーク・ダイナミクスは多くの研究成果を挙げているが，ソーシャル・キャピタル研究とのつながりは弱い。今後は③を対象とした研究が進展することで，

ソーシャル・キャピタル研究がより豊かなものになるだろう。


**注**

(1)　ブルデュー，コールマン，パットナムを現代のソーシャル・キャピタル研究の始
　　祖とすることは，何も本章のオリジナルのアイディアではない。多くの研究者が同
　　意することだろう（たとえば Tzanakis〔2013〕参照）。

(2)　どちらかと言えば社会構造（階級構造）の規定力を重視するブルデューと行為者
　　の主体性を強調する合理的選択理論家のコールマンとは共通点がないように見える
　　が，2人が共編者になっている *Social Theory for a Changing Society*（Bourdieu &
　　Coleman 1991）という書籍が存在する。本文中で引用した2人の論文が1980年代
　　後半に公表され，この本が1990年代前半に刊行されていることから，2人の間にソ
　　ーシャル・キャピタルをめぐる議論があったとしても不思議ではない。

(3)　さらに連結型ソーシャル・キャピタル（linking social capital）という下位分類も
　　提唱されているが，本章の視点から見ると，結束型，橋渡し型に比較して重要なも
　　のではないので，ここでは扱わない。

(4)　異類原理という用語はほとんど使われていないと思われるが，同類原理と対比す
　　るためにこの用語を用いることにしよう。


**参考文献**

稲葉陽二（2011）『ソーシャル・キャピタル入門——孤立から絆へ』中央公論新社。

稲葉陽二（2017）『企業不祥事はなぜ起きるのか——ソーシャル・キャピタルから読
　み解く組織風土』中央公論新社。

金光淳（2003）『社会ネットワーク分析の基礎——社会的関係資本論にむけて』勁草
　書房。

菅野仁（2003）『ジンメル・つながりの哲学』日本放送出版協会。

辻竜平・佐藤嘉倫編著（2014）『ソーシャル・キャピタルと格差社会——幸福の計量
　社会学』東京大学出版会。

内閣府国民生活局編（2003）『ソーシャル・キャピタル——豊かな人間関係と市民活
　動の好循環を求めて』国立印刷局。

野沢慎司編・監訳（2006）『リーディングス　ネットワーク論——家族・コミュニテ
　ィ・社会関係資本』勁草書房。

三隅一人（2013）『社会関係資本——理論統合の挑戦』ミネルヴァ書房。

安田雪（1997）『ネットワーク分析——何が行為を決定するか』新曜社。

Aldrich, D. P.（2012）*Building Resilience : Social Capital in Post-Disaster Recovery*,

University of Chicago Press. (＝2015, 石田祐・藤澤由和訳『災害復興におけるソーシャル・キャピタルの役割とは何か――地域再建とレジリエンスの構築』ミネルヴァ書房)

Bourdieu, P. (1986) "Forms of Capital" In Richardson, J. E. (Ed.) *Handbook of Theory of Research for the Sociology of Education*, Greenword Press, pp. 241-258.

Bourdieu, P. & J. S. Coleman (Eds.) (1991) *Social Theory for a Changing Society*, Westview Press.

Bourdieu, P. & J-C. Passeron (1970) *La Reproduction : éléments pour une théorie du système d'enseignement*, Editions de Minuit. (＝1991, 宮島喬訳『再生産〔教育・社会・文化〕』藤原書店)

Burt, R. S. (1992) *Structural Holes : The Social Structure of Competition*, Harvard University Press. (＝2006, 安田雪訳『競争の社会的構造――構造的空隙の理論』新曜社)

Burt, R. S. (2005) *Brokerage and Closure : An Introduction to Social Capital*, Oxford University Press.

Coleman, J. S. (1988) "Social Capital in the Creation of Human Capital" *American Journal of Sociology* 94 (Supplement), S95-S120. (＝2006, 野沢慎司編・監訳『リーディングス ネットワーク論――家族・コミュニティ・社会関係資本』勁草書房, 205-238頁)

Coleman, J. S. (1990) *Foundations of Social Theory*, The Belknap Press of Harvard University Press. (＝2004-2006, 久慈利武監訳『社会理論の基礎』(上)(下) 青木書店)

Dasgupta, P. & I. Serageldin (Eds.) (2000) *Social Capital : A Multifaceted Perspective*, The World Bank.

Granovetter, M. S. (1973) "The Strength of Weak Ties" *American Journal of Sociology* 78 (6), pp. 1360-1380. (＝2006, 野沢慎司編・監訳『リーディングス ネットワーク論――家族・コミュニティ・社会関係資本』勁草書房, 123-154頁)

Grootaert, C. & T. Van Bastelaer (Eds.) (2002) *The Role of Social Capital in Development : An Empirical Assessment*, Cambridge University Press.

Halpern, D. (2005) *Social Capital*, Polity Press.

Hanifan, L. J. (1916) "The Rural School of Community Center" *Annals of the American Academy of Political and Social Science* 67 (September), pp. 130-138.

Klinenberg, E. (2002) *Heat Wave : A Social Autopsy of Disaster in Chicago*, University of Chicago Press.

Lin, N. (1999) "Building a Network Theory of Social Capital" *Connections* 22 (1), pp.

28-51.

Lin, N. (2001) *Social Capital : A Theory of Social Structure and Action*, Cambridge University Press. (＝2008, 筒井淳也・石田光規・桜井政成・三輪哲・土岐智賀子訳『ソーシャル・キャピタル──社会構造と行為の理論』ミネルヴァ書房)

Lin, N., W. M. Ensel & J. C. Vaughn (1981) "Social Resources and Strength of Ties : Structural Factors in Occupational Status Attainment" *American Sociological Review* 46, pp. 393-405.

Portes, A. (1998) "Social Capital : Its Origins and Applications in Modern Society" *Annual Review of Sociology* 24, pp. 1-24.

Putnam, R. D. (1993) *Making Democracy Work : Civic Traditions in Modern Italy*, Princeton University Press. (＝2001, 河田潤一訳『哲学する民主主義──伝統と改革の市民的構造』NTT 出版)

Putnam, R. D. (2000) *Bowling Alone : The Collapse and Revival of American Community*, Simon & Schuster. (＝2006, 柴内康訳『孤独なボウリング──米国コミュニティの崩壊と再生』柏書房)

Sato, Y. (2013) "Social Capital" *Sociopedia.isa*, DOI : 10.1177/205684601374. (http://www.sagepub.net/isa/resources/pdf/SocialCapital.pdf, 2016.10.30)

Simmel, G. (1908) *SOZIOLOGIE : Untersuchungen über dir Formen der Vergesellschaftung*, Dunker & Humblot. (＝1994, 居安正訳『社会学──社会化の諸形式についての研究』(上)(下), 白水社)

Tzanakis, M. (2013) "Social Capital in Bourdieu's, Coleman's and Putnam's Theory : Empirical Evidence and Emergent Measurement Issues" *Educate～* 13 (2), pp. 2-23.

Weber, M. (1921) "Sociologische Grundbegriffe" (*Grundriß der Sozialökonomik*, III. Absteilung, *Wirtschaft und Gesellschaft*, Verlag von J. C. B. Mohr [Paul Siebeck], Tübingen, Erster Teil, Kap. I, S. 1-30.) (＝1987, 阿閉吉男・内藤莞爾訳『社会学の基礎概念』恒星社厚生閣)

(佐藤嘉倫)

# 第Ⅰ部　社会秩序・信頼・関係
──ソーシャル・キャピタル研究の基礎──

|     |     |
| --- | --- |
| 第１章 | 社会秩序とソーシャル・キャピタル |

## 1 集合的ソーシャル・キャピタルへの懐疑？

　ソーシャル・キャピタル（以下，社会関係資本）は，Hanifan（1916）が学校へのサポートを可能にするコミュニティの特質とした使用例等を背景としつつ，Jacobs（1961 = 2010）の1960年代の議論を経て，特に Coleman（1988 = 2006；1990 = 2004）により社会学の学術的用語として確立した概念である[1]。その後，1990年代に政治学者ロバート・パットナム（Putnam 1993 = 2001；Putnam 2000 = 2006）がコールマンの議論に大きく依拠しつつこの概念を強力に提唱することで，公共政策，社会疫学といったさまざまな領域に普及していった[2]。パットナムがとりわけ強調したのは，集合的社会関係資本というアイディアである。彼によれば，信頼・規範・ネットワークからなる社会関係資本を備えた社会では，経済発展や民主的統治，教育水準，よい治安などさまざまな集合的パフォーマンスの点で優れた成果を挙げることができる。社会関係資本概念が社会学の狭い学術的議論を超えて，政治や政策の分野にまで広まったのは，実のところ，社会関係資本の集合的側面を強調する議論が実践に携わる多くの人々の心を捉えたからに他ならない。つまり，この概念の普及の背後には，集合体やコミュニティが直面する社会的問題の解決に向けて，一定の機能を果たしうるのではないかという期待が広く存在したのである。

　他方で，社会学においては，パットナムの議論が人口に膾炙するにつれて，むしろ社会関係資本論の受容のされ方に対する批判が高まってきている。たとえば，自分自身，社会関係資本の概念を援用して，移民研究を推進してきたポルテスは，パットナムの議論を次のように厳しく批判している（Portes 1998；

第1章　社会秩序とソーシャル・キャピタル

Portes & Vickstrom 2011)。彼の見立てでは，コールマンやブルデューらの社会学における社会関係資本は，常に個人や集団に対して利得をもたらす関係性のネットワークとして定義されていた。ところが，パットナムは社会学における概念化を変質させて，これを一般的信頼やなにがしかの市民的徳性に還元し，さらにコミュニティや全体社会の特性として再定義してしまっている。こうした「コミュニタリアン的」な社会関係資本の概念化には大きな問題があり，それがもたらすとされるさまざまな集合的帰結の説明は大いに疑わしい，というのである。

　特に物議を醸したのが，パットナムが2006年にスウェーデンのウプサラ大学で行った講義であろう（Putnam 2007）。パットナムのここでの関心は，社会関係資本を促進したり阻害したりする要因にあった。具体的には，現代社会において増大している倫理的・社会的な多様性が，集合的な意味での社会関係資本に対していかなる影響を与えるか，というのが彼の問題意識である。彼の結論は，短中期的には移民や民族的多様性は社会関係資本に対して負の影響を与える一方，長期的には新たな連帯の形式を構築し，負の影響を払拭するだろうというものだった。ただし，データ分析に関わる点についていえば，論証は短中期的（すなわち現時点で）に多様性が社会関係資本を低下させるという部分に集中しており，この結論に懐疑的なポルテスをはじめとする社会学者たちから多くの批判を浴びることとなった（Portes & Vickstrom 2011）。

　以上の議論については後に詳しく取り上げることとして，さしあたり次のことを指摘したい。ポルテスらによる「コミュニタリアン的」社会関係資本の批判は，その核心的な部分に不明確さを残している。彼の批判が，コミュニタリアン的社会関係資本という特定の集合的社会関係資本の構想に向けられているのか，それとも集合的社会関係資本一般に向けられているのかが明確ではないのである。いずれであるにせよ，彼は，さまざまな点で問題を含む（と彼の考えている）集合的な水準での概念化を放棄して，社会関係資本概念を，個人やせいぜいある種の社会集団による私的利得の獲得という「ミクロ」な側面に限定することを推奨しているようである。

第Ⅰ部　社会秩序・信頼・関係

　本章は，こうした社会関係資本，特に集合的社会関係資本をめぐる一連の論争を評価することを試みる。ここで問題となっているのは，社会関係資本と集合的なもの，社会秩序との関わりである。これらをめぐる一連の概念的混乱が議論の評価を難しくしている。そこで本章では，関係を中心とした社会関係資本の新たな定式化によって，社会関係資本をめぐる混乱に終止符を打つことを目的とする。そうすることで，ポルテスらとは異なり，集合的社会関係資本という訴求力の高いアイディアを捨て去ることなく，再構成することで新たな研究プログラムを打ち立てるための礎石を築くことを試みる。

　議論の筋道は以下の通りである。まず第2節では，関係を中心とした社会関係資本の新たな定式化を提案する。主たる利点は，社会関係資本の概念が当初から最小限の集合性の契機をはらんでいることを明確化できるという点にある。それに加えて，関係を礎石とすることで社会秩序，ないし本章の言い方でいえば，社会構造を関係の連結として自然な形で概念化できる。これが第3節での主題である。とりわけ，この構想はグラノベッターの古典的な議論の再定式化を通じて議論される。こうした再定式化を経て，まずポルテスらの推奨する「ミクロな」社会関係資本，特にその範例としてのリンの地位達成モデルを検討する（第4節）。ここでは，これらの研究プログラムの重要性は認めつつ，必ずしも集合的社会関係資本という構想を捨て去る必要はないということを確認する。こうした過程を経て，最後にパットナムによる集合的社会関係資本の概念化の検討へ移行する（第5節）。結論としては，彼の概念化は，いわば集計主義的社会関係資本という集合的社会関係資本の一特殊類型にすぎないということ，したがってパットナムに対する批判をもって，集合的社会関係資本という概念一般を棄却することはできない，ということになる。これに対して，関係を中心とした集合的社会関係資本の定式化を用いることにより，パットナムの採用した実証的手続きの問題性を明確化し，ひいては新たな経験的研究の道筋をつけることができるとともに，分配的帰結にフォーカスした集合的社会関係資本の新たな内実を明確化するという方向性を提示することができる，と主張したい。

## 2　ソーシャル・キャピタルの関係論的概念化

　前述した通り，社会関係資本の概念は極めて錯綜しており，中心的アイディアについて研究者たちの理解は収斂するにはほど遠い現状にある。こうした概念的混乱を解消するために，どのような理論戦略をとるべきか。本章では，関係（relation）を中心とした社会関係資本の理論構想を提唱したい。これは，名づけるとすれば「関係論」「関係社会学」的立場からの社会関係資本の理論構築であるといってもよい。もっとも，関係ないしネットワークが社会関係資本[3]というアイディアの最小限の核にあるという考え方は，立場を超えて広く共有されている（Portes & Vickstrom 2011 ; Sato 2013）。そもそも，合理的選択理論による概念化を試みたコールマンの規定においても，社会関係資本は「行為者間の関係の構造」に内在するものとされていた。とはいえ，その理論的可能性はまだ十分に汲み尽くされてはないし，この最小限の核から具体的含意を導き出し，中心的なアイデアを積み上げていくという試みは，ほとんど行われていない。本章ではこれを試みるとともに，社会秩序の概念についても関係の連結としての構造という形で新たに定式化する。

　議論の出発点としては，コールマンによる概念化を選択しよう。彼の議論は機能主義的であって，帰結によって性質を規定する循環論であるとの批判があるが，本章ではこれを必ずしも問題とは考えない。社会関係資本の理論化にあたっては，その具体的態様を同定する以前に，より一般的，包括的水準で概念規定をしておく必要がある。その意味で，コールマンの議論は他の論者のそれよりも有益である。

　彼の概念化では，社会関係資本は，①行為者間の関係の構造に内在し，②行為者に対して何らかの行為を促進することで，③さもなければ得られなかった目的を達成するものである（Coleman 1988＝2006）。これを手がかりとしながら，なおかつ彼の合理的選択理論的定式化にとらわれることなく，概念枠組みを設定していくことにしたい。

第 I 部　社会秩序・信頼・関係

　議論を簡潔に表現するために，簡単な記号表現を導入しよう。まず，行為者間の関係については，次のように表現する。

$$aRb$$

　ここで $a$, $b$ は行為者，$R$ が行為者たちの関係である（cf. Nadel 1957 = 1978；Lorrain & White 1971）。さて，では行為者たちの間に成り立つ社会的関係とはどのようなものか。ここでは，こうした社会的関係を，関係の双方の側に，それぞれある規範的原理に沿った特定の行為可能性集合を与える持続的な関係として，定義しよう（cf. Martin 2009）。具体的には，友人関係，恋愛関係，主従関係等が考えられる。たとえば，友人関係においては，それぞれの行為者が具体的な場面において，友人関係の含意する権利と義務についての理解に基づいて，特定の相互行為に従事するだろう。困っている友人を助けるのは義務であり，また助けを必要とする人は彼の友人に助けを求める「権利」があるというように。

　注意点を 2 つ述べておく。第 1 に，少なくともこの文脈における関係の定義においては，その対象となる要素は個別の行為ではない。したがって，1 度限りの「関係」や 1 回限りの行為については，ここでの議論の対象とはならない。第 2 に，この定義にはすでに意味的・規範的側面が組み込まれている。その意味で，規範自由な個人から出発するというコールマンの（表向きの）戦略とはかけ離れている。[4]

　ここまで，行為者間に存在する関係について述べてきた。関係の構造，ないし社会秩序の成り立ちが次に問題となりうるが，この概念は極めて取り扱いが難しいので，後ほど改めて検討することにする。

　第 2 のポイントにある「特定の行為が促進される」という点については，すでに関係の定義においてある行為集合への限定という側面が含まれている。友人関係は援助行為を促進し，裏切り行為を抑制するといった具合である。

　そして，このような関係の促進する行為によって，さもなければ可能でなか

ったある目的が達成されるという条件を満たすとき，それは社会関係資本（の候補）となる。ここでまず明確にしておくべきは，ここでいう目的とは誰にとっての目的かということである。今，暫定的に社会関係資本を行為者相対的に定義できると考えよう。つまり，関係 $aRb$ は $a$ にとって社会関係資本であるというように述べることが可能だとする。たとえば，$a$ が $b$ と友人関係 $R_F$ にあるとして，$a$ が職探しをしているときに，$b$ が新たな就職先の情報をもたらして，首尾よく職を得ることができたとしよう。このとき，$b$ との関係，$R_F$ は $a$ にとって社会関係資本である，ということができる。そこで，仮に次のような定式化を与えてみよう。

　　もし $R$ が存在しないとしたら，行為者 $a$ の福祉 welfare が，$R$ の存在する
　　場合よりも低下するとき，$b$ との関係 $R$ は行為者 $a$ にとって社会関係資本
　　である。

　しかし，この定義はいまだ条件が広すぎて，社会関係資本の関係特性を十分に限定できていない。つまり，前述の条件を満たす関係 $R$ の中に社会関係資本とみなすことのできない関係が存在しうるのである。このことは，コールマンの議論を含めて明示的に定式化されたことがないので，注意しなければならない。では，前述の条件を満たしつつ社会関係資本とみなし難い関係 $R$ とはどのようなものでありうるか。この典型例として，たとえば，搾取関係 $R_E$ が挙げられる。ある個人 $a$ が他の個人 $b$ を持続的に隷従させることによって何らかの目的を達成することができたとする。このとき，もし $R_E$ が存在しないとしたら，行為者 $a$ の福祉が，$R_E$ の存在する場合よりも低下する，といえるだろう。しかし，これを社会関係資本と概念化するのは著しく直観に反する。

　この直観を完全に分節化し，十全な概念化を行うことは難しいし，本章の目的でもない。しかし，指摘しておきたいのは，ここで展開した最小限の社会関係資本の定式化においてさえも，純粋に個人の福祉（利得）のみに照準して議論を進めることは不可能だという点である。

第Ⅰ部　社会秩序・信頼・関係

　たとえば，次のような方向に議論を進めるのは，第一歩として有益だろう。すなわち，

　　　関係 $R$ が $a$ にとって社会関係資本であるといえるのは，$R$ が存在しないとき，行為者 $a$ の福祉が，$R$ の存在する場合よりも低下し，かつ関係の相手側 $b$ の福祉が $R$ の存在することによって低下することがない場合である。

　これはいってみれば，最低限の互恵性が満たされているケースである。今，この概念規定を用いつつも，依然として，$a$ にとっての社会関係資本というように，行為者相対的に議論を進めることも可能である。けれども，ここに関係当事者の福祉を少なくとも低下させないという意味で，個人の利得を超えた「公共財」的な社会関係資本のプロトタイプをみることができる。

　すでに示唆したように，関係を中心とする定式化の利点の一つは，行為者相対的な社会関係資本を概念化する場合であっても，関係当事者の他方の利得を考慮することなしに，議論を進めることは不可能だという点を明確化することにある。関係は，ここで考察した最小限のものであるにせよ，当初から優れて集合的な概念である。したがって，仮に関係当事者の一方の福祉にのみ相対的に社会関係資本を考えるにしても（これは可能である），関係それ自体の性質，そして関係が他方の側にもたらす帰結について考慮せざるを得ない仕組みになっているのである。

　以上の議論から，特定の行為を促進することである行為者に対して正の利得を与える社会的関係という社会関係資本のミニマルな概念化が得られた。これはポルテスの提唱するミクロな社会関係資本とほぼ重なるが，社会的関係という概念にすでに集合性が想定されている点で，純粋に「個人主義的」に定義することはできないということに注意したい。

　ここで提出したミニマルな概念化は，経験的にはほぼ空虚である。単に行為者に利得をもたらす（互恵的な）社会的関係を社会関係資本と述べているのみであって，一体いかなる条件でどのようなメカニズムによって社会的関係がか

かる仕方で機能するのかを何も述べていないからである。そこで，議論を先に進めるためには，先の出発点にあった「関係の構造」という部分に注目しなければならない。社会関係資本論とは，いかなる条件で社会的関係が利得をもたらすかという問いに対して，関係のもつ構造に着目することで，そのメカニズムの解明を目指す研究プログラムだといってよい。かくして，先送りしておいた関係の構造とは何であるかという問題について取り組む必要がある。

## 3　関係の構造

　社会的関係が構造をもつとは，どういうことか。ここで関係の連結（concatenation）という概念を定義しておく。関係の連結とは，2つ以上の関係が結びつきあって新たな関係を創出することをいう。たとえば，$a$ と $b$ の間に関係 $R_1$ が存在し，$b$ と $c$ の間に関係 $R_2$ が存在するとする。このとき，$a$ と $c$ は「間接的」関係，$R_3 = R_1 \circ R_2$ をもつ。これが関係の連結である。こうして関係の構造とは，連結の成立に関する規定規則とそこから生じる関係の連結の総体を指し示す用語として定義できる。言い換えると，さまざまな関係同士の間には，両立可能・不可能，あるいは促進，抑制などの関係同士の「関係（interrelation of relations）」が存在し，こうした関係同士の関係を規定する規則と，その結果として現実化した関係の全体の付置を構造というのである。

　以後の議論では，この関係の構造というアイディアをもって社会秩序という用語に代えることにする。社会秩序ないし社会構造は，「その部分となるより小さな構造，そして関係の集合」として分析的に定義できるというのが関係社会学の根本的原理である（cf. Martin 2009）。

　かくして，先段の暫定的定義を超えて，関係 $R$ がその構造的性質によって行為者に利得をもたらすとき，それを社会関係資本であると定式化できる。ここでいう構造的性質とは，当該関係 $R$ が他の関係 $R'$ 等ともつ連結の仕方のことである。このような構造的性質についての言明を備えてはじめて，それを社会関係資本ということができるのである。

第 I 部　社会秩序・信頼・関係

　上記の点に関して，Granovetter（1973＝2006）の強い紐帯，弱い紐帯に関する有名な議論を，ここでの概念化に基づいて再定式化することで，さらに例証していこう。ここで登場するのは，3種類の関係である。つまり，強い紐帯 $R_s$，弱い紐帯 $R_w$，そして関係の不在を示すゼロ関係 $O$ である。グラノベッターは，これら諸関係の連結について一連の規則を想定し，それに基づいてその構造的帰結を導き出した。その上で，強い紐帯という関係，弱い紐帯という関係によってもたらされる利得を特定し，（彼自身はこの用語を使っていないけれども）その社会関係資本としてのはたらきを解明したわけである。

　具体的に関係間の連結のルールとして想定されたのは，次の一連のルールである。まず，$aR_sb$ であり，かつ $bR_sc$ であるとき，$aOc$ となることはありえない。他方で，$aR_wb$ であり，かつ $bR_wc$ であることと，$aOc$ は両立可能である。これらが関係の連結の仕方についてのルールであることは，容易にみてとれるだろう。今みたのは，せいぜい3つの関係についての単純なルールである。この極めて単純なルールから，より大規模な関係の連結パターン，つまり構造についての帰結を導き出したのがグラノベッターの慧眼だといってよい。

　念のために，ここで用いられた論理を確認しておく。そのためにブリッジと局所ブリッジについて定義する必要がある。ブリッジとは，ある行為者 $a$ と $b$ が存在したときに，$a$ と $b$ をつなぐ関係であり，かつもしその関係が切れたときに，他に $a$ と $b$ をつなぐ関係が存在しなくなるような関係である。「つながる」という概念は先の表記でいえば，$aRb \circ bRc$ のように $R$ だけを連結することで $a$ から $c$ に到達できることをいう。なお，ここで $R_s$ と $R_w$ を合わせて $R$ とした。ここで最小の数で連結する $R$ の数を最短次数 $n$ とすると，$n$ 次の局所ブリッジとは，$a$ と $b$ をつなぐ関係であり，かつもしその関係が切れたときに，$a$ と $b$ の最短次数が $n$ となるようなブリッジのことである。さらに，グラノベッターの議論にならって，局所ブリッジといえるのは，$n > 2$ 以上の場合のみであると約束しよう。

　ブリッジや局所ブリッジは，異なるネットワークのクラスターをつなげる役目をする。たとえば，ネットワーク上を流れる情報を考えるとき，局所ブリッ

26

ジとなりうる関係をもっていることは，所属集団以外から入る新奇性のある情報を得るのに極めて役に立つだろう。そこでグラノベッターが示したのは本質的に次の命題である。

> $a$ が2つ以上の強い紐帯 $R_s$ をもつとする。$a$ が3次以上の局所ブリッジとなる関係をもつならば，それは必ず弱い紐帯 $R_w$ である。

　この主張は，背理法を用いて簡単に示すことができる（Easley & Kleinberg 2010＝2013）。今，$a$ が3次以上の局所ブリッジ $\overline{R}$ をもつとする。その関係の他方を $b$ とすると，$a\overline{R}b$ と書ける。これが強い紐帯であるとして矛盾を示す。$a$ は仮定より $\overline{R}$ 以外の強い紐帯をある人物ともっている。この宛先を $c$ とすると，$a\overline{R}b$ かつ $aR_sc$ となっている。$\overline{R}$ は強い紐帯だと仮定していたのだから，その性質より，$bOc$ ではありえない。つまり，$b$ と $c$ は関係 $R_s$，もしくは $R_w$ をもつ。ところが，これは $\overline{R}$ が3次以上の局所ブリッジであることと矛盾する。$c$ を介して，$a$ と $b$ が2次でつながってしまうからである。これは，$\overline{R}$ が強い紐帯であると仮定したための矛盾である。ゆえに $\overline{R}$ は弱い紐帯でなければならない。

　グラノベッターの議論は，社会関係資本が行為者間の関係の構造に内在するとは，どういうことかについて，この上なく明瞭に例示している。弱い紐帯という特定の関係が，それの含意する関係の連結の総体，つまり構造的含意によって，関係を保持する一方当事者に利得を与えるというのが，彼の議論の基本枠組みとなっている。

　さらにグラノベッターの議論の「革新的な」点は，こうした構造的含意のもたらす利得の存在を，弱い紐帯を保持するか否かという局所的検討のみによって保証してよいという研究戦略を可能にした点にある。つまり，実際の具体的な関係のなす構造を検討することなく，行為者の有する局所的な社会関係を吟味するだけで，それが行為者に対して利得をもたらすかどうかを述べ立てることができる，という主張に対して信憑性を与えたのである。これは，まさにポ

第Ⅰ部 社会秩序・信頼・関係

ルテスが推奨するところの，行為者に対して私的利得を還付する社会的関係としての「ミクロ」な社会関係資本論のパラダイムに他ならない。

このことの功罪は半ばする。一方で，後で詳しく述べるように，局所的，「ミクロ」な社会関係資本論という研究戦略は，社会学の標準的な量的調査を用いた実証を可能にし，それゆえ非常に生産性の高い研究戦略となりえた。行為者の1次の関係と当該行為者の利得とその相関を調べることは，ランダムサンプリングに基づくサーベイ調査の枠内で遂行可能であったからである。他方で，関係の連結のなす広がりをもった構造，つまり社会秩序との関わりという発想は，こうした実証的研究プログラムにおいて，後景に退いてしまっている感が否めない。もちろん，関係構造を既存の実証的手続きで確認することが極めて困難であるがゆえに，グラノベッターは理論的推論のみに頼らざるを得なかったのであるが，このことは，むしろ関係構造を中心とした理論的検討の重要性を示しているのであって，関係構造それ自体に対する検討を無視してよいということにはならない。さらにいえば，いかに「ミクロ」に限定しようと，社会関係資本が関係に照準する以上，すでに述べたように本質的に「集合的」要素が含まれているのであって，社会関係資本を「ミクロ」な水準での私的利得の確保という文脈のみに限定するのは，理論内在的にも疑問の余地なしとはいえない。

「ミクロ」な社会関係資本論は，関係の構造としての社会関係資本という集合性を前提としてはじめて成り立つ，ある意味では研究戦略上の次善策にすぎない。学説史的にみれば，社会関係資本の原型は，局所的なはたらきと私的利得の獲得という文脈よりも，むしろ関係の連結としての構造とその集合的帰結に着目した議論から生成した。<sup>(5)</sup>にもかかわらず，なぜポルテスのような論者をして，あたかも，これこそが社会学のとるべき唯一の方向性であると推奨されるように至ったのか。それは，理論と調査の関係の変容，より特定していえば，量的社会調査の隆盛に伴う社会学の理論志向の変容に関係している。実はこの問題についても他ならぬ社会関係資本論の創始者の一人であるコールマンが，現状の診断と問題克服について腐心した論点でもある（Coleman 1994）。この点

について，節を改めて論じよう。

## 4　地位達成モデルとミクロなソーシャル・キャピタル

　コールマンの理解では，社会学の理論志向は，量的調査以前以後において劇的な変容を遂げた。量的調査以前の主要な研究は，コミュニティ研究であり，そこでは参与観察やエスノグラフィといった質的研究が主だった。また，社会学者の関心はコミュニティという一種の社会システム全体のはたらきの解明にあり，個人の行動それ自体への注目はほとんどなく，そもそも説明志向が弱かった。

　これに対して，量的調査の方法が成立すると，社会学の理論志向は劇的に変化する。まず，説明すべき対象が社会システムではなく，個人の行動に変化した。さらに，個人の行動を理解するに際しては，社会システム内の他者との相互行為や関係性ではなく，専ら個人の属性，あるいはせいぜい行動の「文脈」だけが援用されるようになる。ここでコールマンの述べる社会システムとは，私たちの概念化でいえば，関係とその連結が織りなす全体構造に他ならない。

　前述したように，現在社会学において主流となっているミクロな社会関係資本論は，コールマンのいう量的社会調査の実証手続きに極めてよく適合している。すなわち，第1に，説明の対象となる単位は個人の行動，正確には個人による就職，健康，地位などの私的財の獲得である。そして，そのために援用される個人の属性ないし「文脈」が社会関係資本だということになる。図式的にいえば，「従属変数としての個人行動，説明変数としての個人属性」という枠組みである。もちろん，社会関係資本は社会構造の性質ということになっているから，表向きは純粋な個人属性とは異なる。それは，たとえば個人のもつエゴセントリックネットワーク，つまりその個人のもっている人とのつながりであったり，あるいはマルチレベルモデルのようにコミュニティの「属性」だったりするだろう。しかしながら，こうした属性が他者との関係や相互作用とその構造的帰結の文脈ではなく，専ら個人の行動の説明に用いられている限り，

第Ⅰ部　社会秩序・信頼・関係

広義にみれば，量的社会調査の典型的パラダイムに属していると考えてよい。かくして，とりわけ社会学において，社会関係資本がミクロな側面へと限定されていった理由の一つは，端的にいってこうした理解が社会学における量的社会調査の実証性と極めてよく適合したからである，との推測が成り立つ。

　こうした研究のまさに範例（パラダイム）にあたるのが，Lin（2001＝2008）の提唱した社会関係資本論である。彼の定義では，社会関係資本とは社会的ネットワークを通じた資源へのアクセスである。この発想自体は，とりわけ新規なものではない。Lin の議論の独創性はむしろ，このように概念化された社会関係資本の新たな量的測定法を定式化したという点にある。これは一見技術的にも思えるが，技術的な発明は常に理論的含意を伴う。彼の提案したポジションジェネレータという測定法では，サーベイ調査の中で，ある特定の職業リストを回答者に提示する。その上で回答者に対して，これらの職業に就いている知り合いがいるかどうかをたずねる。こうすることで，ある個人がどのような職業的地位へのアクセスを有しているか，いいかえると価値ある資源へのアクセスが可能なネットワークをどれだけ有しているかが明らかになる。ここで価値ある資源へのアクセスは高階の職業的地位へのコンタクトによって満たされると仮定されている。たとえば，弁護士の知り合いがいる人は，法的な問題を解決するための資源にアクセスできるということを意味するし，医師の知り合いがいる人は医療に関する情報へのアクセスが容易であるといった具合である。

　こうした定式化の結果，リンは社会関係資本論を，ブラウ゠ダンカン以来の社会階層論における地位達成モデルの枠組みに明確に適合させることに成功した。地位達成モデルは，本人の職業的地位や所得といった個人の達成（行動）を説明することを目的としている。伝統的には，説明変数としては，教育や出身階層といった個人属性が援用されてきた。リンの測定法は，社会関係資本を，この一連の説明変数の一つとして扱うことを可能にしたわけである。このようにして，リンの議論は，個人の「属性」としてのエゴセントリックネットワークへの投資を通じて，地位達成という私的財の獲得を試みるというミクロな社会関係資本論の一つの典型ともいえる枠組みを体現しているといえる。

第1章　社会秩序とソーシャル・キャピタル

　以上の議論の基本的構図は次のように表現することができる。リンのポジションジェネレータにより測定される社会関係資本を $R_P$ とする。サーベイの回答者を $a$，彼のアクセス可能な特定の職業的地位に就いている個人を，$b$，$c$，$d$，…とすると，$a$ の有する社会関係資本は，$aR_Pb$，$aR_pc$，$aR_pd$ 等と表現できる。ただし，ここでこれらの関係および $a$ が関係を切り結ぶ「他者」については，あくまでエゴである $a$ に相対的にのみ定義されている。このことを明記するために，$aR_P^a b^a$ と表記しよう。すると，次のことが含意される。

　第1に，当然ながら，$R_P^a$ は $a$ に相対的な1次の関係であり，その連結をたどることで構造的帰結を明らかにすることはできない。確かにグラノベッターの理論的考察により，この局所的関係のみの検討から構造的帰結から生じる利得を想定することの正当性はある程度担保されているが，それは弱い紐帯のもたらす新規の情報利得という比較的狭い文脈においてにすぎない。関係の構造に内在する社会関係資本という発想において，関係の連結を経験的・理論的に検討するという作業は決定的に重要である。にもかかわらず，この研究パラダイムでは関係を行為者の属性に還元することにより，その方向性が後景に退いてしまっている。

　第2に，関係の「他者」の側に関する検討が不可能となる。$b^a$ は $a$ からみた他者であり，その厚生や利得については主題化されない[6]。しかしながら，先に指摘したように，社会関係資本には最低限の互恵性のごとく，最小の意味での集合性が概念として含意されており，それゆえ関係の他者についての言及が含意されている。このことは，この研究パラダイムにおいても暗黙裡の前提となっているはずだが，それが主題化されることはない。

　第3に，第1点と第2点をあわせて生じる結果として，この研究パラダイムでは，社会関係資本の作動の結果として生じる分配問題が不可視化されることになる。まず，局所的な一次の関係にのみ焦点を当てることから，関係が連結した結果として生じる帰結については考察外におかれる。さらに，一次関係の他者の福祉も主題化されないことから，かかる関係連結の結果として生じる社会内の人々の福祉についてはなおさら，完全に捨象されることとなる。

第 I 部　社会秩序・信頼・関係

　以上の議論は，必ずしもリンを範例とするミクロな社会関係資本の量的研究
を否定するものでは全くない。後に議論するように，理論的考察に裏づけられ
た量的研究はむしろ必須である。ここで述べたいのは，ミクロな社会関係資本
という概念化は，研究戦略上の必要から生じたものであって，理論的必然では
ないこと，したがって集合的社会関係資本というアイディアを排除する必然性
は必ずしもないということである。このことを確認した上で，次に集合的社会
関係資本についての既存の議論，特にパットナムのそれについて検討しよう。

## 5　パットナムの集合的ソーシャル・キャピタル論と「多様性」論文

　冒頭で述べたように，集合的社会関係資本というアイディアについては，今
日では，何といっても政治学者であるパットナムの社会関係資本論の影響力が
圧倒的である。パットナムは彼の 2 つの仕事（Putnam 1993 = 2001 ; Putnam
2000 = 2006）において，理論的にはコールマンの議論等に依拠しつつ，社会関
係資本を信頼・規範・ネットワークの総体として概括的に捉えている。しかし
ながら，実証的手続きとしては，社会関係資本を，投票率や各種団体加入数と
いった集計的指標により専ら操作化した。こうした社会関係資本を一種の説明
変数とし，やはり集計的指標で測られた政治・行政パフォーマンスとの量的関
係を明らかにするというのが，ここでのパットナムの議論戦略であった。社会
関係資本と多様性について論じた最近の議論（Putnam 2007）では，帰結より
も集合的社会関係資本そのものの変動要因に議論の焦点は移ったが，集計的指
標により操作化するという手続きは依然として採用されている。

　冒頭で紹介したように，特に「多様性」論文発表以後，パットナムの集合的
社会関係資本をめぐって一連の論争が生じた。これを評価するには一連の概念
的な混乱を解決する必要がある。あらかじめ述べておいたように，パットナム
の提唱した集合的社会関係資本は，いわば集計主義的社会関係資本という一特
殊類型として理解すべきであり，集合的社会関係資本一般と同一視するべきで
はない。パットナムの集計主義的社会関係資本論の問題は次の 2 点である。第

32

第1章　社会秩序とソーシャル・キャピタル

1に，それは関係の連結としての構造とその含意を明確化するには不適切である。しかし，とりわけ「多様性」論文の本当の主題はこうした構造的含意をめぐる問題であった。第2に，集計主義的社会関係資本は，その分配的帰結を不可視化することにより，魅力的でない規範的含意を引き出すことになる。こうした問題を解消するためには，集合的社会関係資本を本章で採用した関係論的見地から再定式化する必要がある。以下でこのことを順に論じていこう。

　まず，集計主義的社会関係資本という用語で意味するところは何か。簡単にいえば，地域や国民国家等の集合体についてその構成員の「属性」としての社会関係資本の量を集計することで得られた代表値（平均値）をもって，集合的社会関係資本とみなす概念操作のことである。

　形式的には，ある個人$k$のもつ社会関係資本，たとえば一般化信頼を$R^k_T$とする。これは元をたどれば，関係であるけれどもここではより抽象化された「属性」となり，典型的には何らかの値をもつ。そして，集合的社会関係資本とは，その集計値$\sum R^k_T$に他ならない。こうした定式化の主要な特徴は，関係が個人$k$の属性として思念され，関係間の連結，つまり構造が捨象されていることにある。

　無論，このような集計主義的社会関係資本は，理論的考察に基づいたものではない。むしろ，これは集合的社会関係資本のアイディアを操作化し，実証的手続きにのせるために採用されたある種の便宜であるともいえる。しかし，こうした暗黙の概念規定が，暗黙であるがゆえにこそ，翻って後続する実証研究の方向性を定めていくという運動力をもつことも事実である。ここでも，社会関係資本が量的社会調査のフォーマットに適合するべく属性的に扱われていることに注意しよう。前節でみた私的利得のためのミクロな社会関係資本というアイデアとこの集計としての集合的社会関係資本とは，この点を鑑みれば，実際のところ，双子のような関係にある。

　件の「多様性」論文においても，パットナムの実証手続きの基調は集計主義的発想に基づいているのだが，実はここで社会関係資本の「構造的分化」の問題に直面することにより，集計主義の概念系をそれと知らずに踏み越えてしま

第Ⅰ部　社会秩序・信頼・関係

っている。それが，多様性への効果を検討するためにパットナムが援用した，内集団信頼と外集団信頼という区別である。内集団／外集団の区別がいかに大括りであろうとも集合体にこうした区別を持ちこむ以上，そこに構造に関する問いが生じるのは必然である。関係の連結としての構造という本章の基本設定にしたがえば，ここで，①内集団内での関係，②外集団内での関係，そして③両者の「関係」間の連結可能性が問題となる。

　かくして，パットナムが引き合いに出す「接触理論」と「コンフリクト理論」という 2 つの社会心理学的仮説は，構造に関する仮説として再定式化される必要がある。「接触理論」によれば，人々は多様な人々に接触するほど，寛容になるという。民族中心的態度が緩和され，外集団に対する信頼が増すからである。これに対して，「コンフリクト理論」は，多様性は外集団への不信と内集団連帯を増すとする。パットナムの解釈では，両者は正反対の仮説であるが，一つの前提を共有している。つまり，内集団信頼と外集団信頼はゼロサム関係にあるという前提である。これは構造，つまり内集団における信頼関係と外集団における信頼関係という 2 つの関係の連結，両立可能性に関する仮説に他ならない。[7] そして，パットナム自身の提起する仮説もまた構造に関する仮説である。具体的には，彼はゼロサム仮説を退け，内集団信頼と外集団信頼の両立可能性だけでなく，両者が共変化するとの仮説を立てている。多様性が社会関係資本を低下させるとの彼の議論は，正確には，①コミュニティ内の多様性の向上が，外集団信頼の低下を招き，②低水準な外集団信頼が内集団信頼をも低下させるという構造に関する仮説として定式化されなければならない。

　こうして，問題の焦点は，パットナムによる実証手続きが構造に関する仮説を扱うのに適合的であったか否かに移る。結論的にいえば，パットナムの分析手法は，到底上記の仮説を立証するに至ってはいない。パットナムが最初に提示したのは，コミュニティ水準での多様性水準とやはりコミュニティにおける集計水準での外集団信頼および内集団信頼との間に負の相関が存在するということである。しかし，集計水準での結果が先の仮説を立証するには不十分であることはパットナム自身も認めているところであり，さしあたり 2 つの問題が

第1章　社会秩序とソーシャル・キャピタル

ある。第1は構成効果の問題である。各コミュニティにおける信頼指標の数値は，単に集団ごとに異なる信頼度の差を表しているに過ぎないかもしれない。たとえば，あるエスニシティ集団の信頼が全般的に低いとしたら，その集団の率の多いコミュニティの信頼集計は必然的に低くなるだろう。第2に，見せかけの相関の可能性が指摘できる。つまり，多様性の高い地域は通常，格差が激しく，貧困率や犯罪率の高い地域でもあり，実際には後者が信頼度低下の要因であるという可能性である。

　パットナム自身は，これらの問題を回避すべく個人レベルでの多変量解析を行った結果，先の集計水準での関係性が頑健であったということを主張しているが，同じデータを用いた再分析によればそれらは疑わしい（Abascal & Baldassarri 2015）。

　しかし，より原理的な水準でいえば，問題は，パットナムの議論が実際には関係の連結に関する構造仮説であるにもかかわらず，関係の連結の具体的なあり方についての分析がまったくされていないという点にある。典型的にはパットナムの用いるハーフィンダールの多様性指標は，コミュニティにおける多様性を示す指標とされているが，これらはコミュニティの多様な集団が実際にどのような関係性を切り結んでいるかを全く考慮しない（Abascal & Baldassarri 2015）。実際，アスレイナーは多様性そのものではなく，集団間の隔離されたあり方が信頼ないし社会関係資本を低下させる可能性をデータ分析の結果から示唆している（Uslaner 2011）[8]。

　とはいえ，彼の議論の問題が分析の妥当性の水準に限定されていたとしたら，これだけの批判を呼び込むこともなかっただろう。経験的分析の問題と同程度に重要なのが，集合的社会関係資本の規範的意味づけの問題である。すでに指摘したように，局所的，ミニマルな社会関係資本の概念化にさえ，互恵性という意味での最小限の分配的含意が含まれていた。しかし，実際にはすぐ後でみるように，集合的社会関係資本の概念にはより広い分配的含意が含まれている。にもかかわらず，パットナムの採用した集計主義的な概念化は，粗野な功利主義と同様にかかる分配問題を不可視化する方向にはたらく。これが彼の議論が

35

第Ⅰ部　社会秩序・信頼・関係

多くの批判を呼び込んだ理由である。

　関係の連結としての社会構造とかかる構造の帰結としての社会関係資本という概念化に定位するならば，より自覚的にその分配的帰結に注目することができる。たとえば，行為者$a$に利得をもたらす社会関係資本が，$aRb \circ bRc \circ cRd$なる関係の連結構造に埋め込まれていたとする。当初の議論では，互恵性の基準を満たすか否かを検討するに際して$b$の福祉のみを考えたが，検討の範囲を$c$や$d$の福祉に拡げることを拒む理論的理由は何もない。してみると，ある関係の連結構造を集合的社会関係資本と名指すことは，その分配的帰結を規範的に正当化することを含意する[9]。

　パットナムの議論は集合的社会関係資本のもつ分配的帰結を十分考慮することなく提示された結果，彼自身の最終的な意図がどうであれ，その社会関係資本概念が，「多数派」集団の厚生のみを考慮し，他の集団に排除的に機能するものと解釈され，強い批判を招くことになった。しかし，このことをもって集合的社会関係資本という概念そのものを放棄するには及ばない。むしろ，明示的に定式化された分配に関する規範的原理を定式化することで，いかなる関係性の構造が集合的に望ましい帰結をもたらすかを考察するための研究プログラムとして集合的社会関係資本概念を再定式化することが必要である。

## 6　新たな研究プログラムの定式化に向けて

　本章では，関係を中心とした社会関係資本の新たな概念化を提案し，もってその集合性，社会秩序との関わりについて検討してきた。これをふまえて最後に新たな研究プログラムの方向性を示唆しよう。

　まず経験的な研究プログラムとしては，関係の連結に直接照準しその作動を理論的・経験的に解明する必要がある。それは現在の量的調査の枠組みでも決して，不可能ではない。第1に，グラノベッターのような透徹した理論的考察により，一次の関係からその構造的含意を引き出すことができれば，それをサーベイ調査によって十分に検討することができる。つまり，量的調査は構造的

帰結に関する理論的考察によって主導される必要がある。第2に，量的調査によって直接得られる1次の関係から2次以上の関係連結について間接的に推論していく方法論を開発すべきである。リンのポジションジェネレータを用いて，社会的地位間の連結構造を明らかにした著者の研究はその一つの試みである（瀧川 2015；Takikawa & Parigi 2016）。とはいえ，サーベイ調査の枠内にとらわれず，たとえば関係や相互行為を直接記録したSNS等のウェブ上のデータや大規模テクストに対する計算社会科学的アプローチ，また場合によってはインタビューや参与観察等の質的調査をも組み合わせることによって経験的研究の枠を拡げていくことも必要であろう。

そして，より困難ではあるが，規範的社会理論の研究プログラムも進められなければならない。本章で述べたように，これは集合的社会関係資本を定式化する際にどうしても必要である。Ralws（1971＝2010）や Sen（2010＝2011）らの既存の規範理論の貢献を真剣に受け止めつつ，関係に着目する社会学的な視点から新たな規範的社会理論を構築していくこと，これは「共同性」の学としての社会学（盛山 2011）が引き受けるべき重要な理論的課題であるだろう。


注
(1) コールマンとは独立にフランスのブルデュー（Bourdieu 1972）が社会関係資本の概念を定式化しているが，これは社会学の外部においてはあまり知られておらず，後の議論に対して大きな影響を与えてない。その位置づけについては，今後の課題としておく。
(2) 社会関係資本全般のレビューについては枚挙に暇がないが，特に優れたものとして Sato（2013），稲葉（2011）を挙げておきたい。
(3) この立場の源流は，ジンメル（Simmel 1908＝1994）にあるが，その今日的な展開は，何よりもまずネーデル（Nadel 1957＝1978）の先駆的業績の影響を経て，ホワイトの理論構想に負っている（White 2008；Lorrain & White 1971；Boorman & White 1976）。近年では，特に社会構造の概念化についてマーチンが大きく寄与している（Martin 2009）。日本ではさかのぼれば，高田保馬（高田 1949［2003］）の結合を中心とする社会学が，関係社会学の先駆として位置づけられるが，後続は途絶えてしまった。現在，社会関係資本を関係論的立場から展開す

第Ⅰ部　社会秩序・信頼・関係

　る野心的試みとしては，三隅（2013）が挙げられる。
(4)　コールマンの理論構想がはらむ合理的選択理論と規範的要素との緊張関係については瀧川（2012）を参照。
(5)　コールマンの社会関係資本の着想の重要な部分はパーソンズに負っており，そこでの焦点は社会システムに対する集合的帰結であった（瀧川 2015）。
(6)　とはいえ，調査によって回答者からみたという限定付きながら他者の福祉等についてたずねることは不可能ではないし，試みる価値がある。
(7)　この発想はまさに結合定量の法則（高田 1949［2003］）そのものである。
(8)　ただし，アメリカとイギリスのデータの比較に基づく彼の分析はやや強引なところがあり，その結論の信頼性はさらに検討する余地がある。
(9)　もちろん，この規範的含意と切り離して「価値中立的」に集合的社会関係資本を定義することは原理的には不可能ではないが，現実には社会関係資本の概念化はそれを促進すべしとの政策的含意を強力に伴うため，望ましいやり方とはいえない。


**参考文献**

稲葉陽二（2011）『ソーシャル・キャピタル入門——孤立から絆へ』中央公論新社。

盛山和夫（2011）『社会学とは何か——意味世界への探求』ミネルヴァ書房。

高田保馬（1949［2003］）『社会学概論』ミネルヴァ書房。

瀧川裕貴（2012）「信頼と社会関係資本——コールマンの分析的公共社会学」盛山和夫・上野千鶴子・武川正吾編『リスク・市民社会・公共性』（公共社会学1）東京大学出版会，51-69頁。

瀧川裕貴（2015）「ソーシャルキャピタルと社会統合」『日本大学法学紀要』56号，459-469頁。

三隅一人（2013）『社会関係資本——理論統合の挑戦』ミネルヴァ書房。

Abascal, M. & D. Baldassarri（2015）"Love Thy Neighbor? Ethnoracial Diversity and Trust Reexamined" *American Journal of Sociology* 121(3), pp. 722-782.

Boorman, S. A. & H. C. White（1976）"Social Structure from Multiple Networks II : Role Structures" *American Journal of Sociology* 81(4), pp. 1384-1446.

Bourdieu, P.（1972）*Outline of a Theory of Practice*, Cambridge University Press.

Coleman, J. S.（1988）"Social Capital in the Creation of Human Capital" *American Journal of Sociology* Supplement 94, S95-S120.（＝2006，野沢慎司編・監訳『リーディングスネットワーク論——家族・コミュニティ・社会関係資本』勁草書房，205-238頁）

Coleman, J. S.（1990）*Foundations of Social Theory*, The Belknap Press of Harvard University Press.（＝2004，久慈利武監訳『社会理論の基礎』青木書店）

Coleman, J. S.（1994）"A Vision for Sociology" *Society* 32(1), pp. 29-34.

Easley, D. & J. Kleinberg（2010）*Networks, Crowds, and Markets : Reasoning about a Highly Connected World*, Cambridge University Press.（＝2013，浅野孝夫・浅野泰仁訳『ネットワーク・大衆・マーケット——現代社会の複雑な連結性についての推論』共立出版）

Granovetter, M. S.（1973）"The Strength of Weak Ties" *American Journal of Sociology* 78(6), pp. 1360-1380.（＝2006，野沢慎司編・監訳『リーディングスネットワーク論——家族・コミュニティ・社会関係資本』勁草書房, 123-154頁）

Hanifan, L. J.（1916）"The Rural School Community Center" *Annals of the American Academy of Political and Social Science* 67, pp. 130-138.

Jacobs, J.（1961）*The Death and Life of Great American Cities*, Random House.（＝2010，山形浩生訳『アメリカ大都市の死と生』鹿島出版会）

Lin, N.（2001）*Social Capital*, Cambridge University Press.（＝2008，筒井淳也ら訳『ソーシャル・キャピタル——社会構造と行為の理論』ミネルヴァ書房）

Lorrain, F. & H. C. White（1971）"Structural Equivalence of Individuals in Social Networks" *The Journal of Mathematical Sociology* 1(1), pp. 49-80.

Martin, J. L.（2009）*Social Structures*, Princeton University Press.

Nadel, S. F.（1957）*The Theory of Social Structure*, Routledge.（＝1978，斎藤吉雄訳『社会構造の理論——役割理論の展開』恒星社厚生閣）

Portes, A.（1998）"Social Capital : Its Origins and Applications in Modern Sociology" *Annual Review of Sociology* 24, pp. 1-24.

Portes, A. & E. Vickstrom（2011）"Diversity, Social Capital, and Cohesion" *Annual Review of Sociology* 37, pp. 461-479.

Putnam, R. D.,（1993）*Making Democracy Work : Civic Traditions in Modern Italy*, Princeton University Press.（＝2001，河田潤一訳『哲学する民主主義——伝統と改革の市民的構造』NTT 出版）

Putnam, R. D.（2000）*Bowling Alone : The Collapse and Revival of American Community*, Simon & Schuster.（＝2006，柴内康文訳『孤独なボウリング——米国コミュニティの崩壊と再生』柏書房）

Putnam, R. D.（2007）"E Pluribus Unum : Diversity and Community in the Twenty-first Century : The 2006 Johan Skytte Prize Lecture" *Scandinavian Political Studies* 30(2), pp. 137-174.

Rawls, J.（1971）*A Theory of Justice*, Oxford University Press.（＝2010，川本隆史・福間聡・神島裕子訳『正義論』紀伊國屋書店）

Sato, Y.（2013）"Social Capital" *Sociopedia.isa.*

第Ⅰ部　社会秩序・信頼・関係

Sen, A. (2010) *The Idea of Justice*, Harvard University Press. (＝2011, 池本幸生訳『正義のアイデア』明石書店)

Simmel, G. (1908) *Soziologie : Untersuchungen über die Formen der Vergesellschaftung* (＝1994, 居安正訳『社会学──社会化の諸形式についての研究』白水社)

Takikawa, H. & P. Parigi (2016) "Duality Revisited : A New Methdoly for Bipurtite Networks" Aveilable at SSDN (https://SSLA.com/abstract=2803062).

Uslaner, E. M. (2011) "Trust, Diversity, and Segregation in the United States and the United Kingdom" *Comparative Sociology* 10(2), pp. 221–247.

White, H. C. (2008) "Notes on the Constituents of Social Structure. Soc. Rel. 10-Spring '65" *Sociologica* 2(1), pp. 1–15.

（瀧川裕貴）

| 第 2 章 | 信頼のレベルと信頼の範囲 |

## 1 信頼に関する議論の重要性

　信頼があれば相互利益を目指して協力的な行動を取ったり，集団の目標を効率的に追求したりできるという現象は，古くから社会科学の諸分野における最も根本的で興味深い問題の一つであった。そして近年，ソーシャル・キャピタル研究の隆盛と時を同じくして，山岸の『安心社会から信頼社会へ』（山岸1999），フクヤマの『「信」無くば立たず』（Fukuyama 1995＝1996），など社会における他者への信頼の崩壊とその回復を模索する議論が多く見かけられるようになった。

　信頼の中でも，身近な顔見知りに対するものではなく，幅広い他者への薄い信頼は「一般的信頼（generalized trust）」と呼ばれる。この一般的信頼については，近年では主にソーシャル・キャピタル論の文脈で議論されるようになっているが，これに関する興味関心は心理学や社会学だけでなく，経済学や政治学などさまざまな領域で共通しており，今日ソーシャル・キャピタル研究において，諸分野が協働するようになった拠り所ともなっている。

　一般的信頼指標の特徴としてまず，分析上の有用性が高いという点が挙げられる。たとえば，米国総合的社会調査（GSS）データを用いてアメリカの州ごとのさまざまな指標との関連を分析したカワチらの議論によれば，一般的信頼は投票率やさまざまな社会参加と関連が深く，一般的信頼の高い州では政治不信，年齢調整死亡率が低く，主観的健康感・幸福度が高いという（Kawachi & Kennedy 2002＝2004）。その他，国際比較における経済発展の度合い（Fukuyama 1995＝1996），政府の腐敗の少なさ（Uslaner 2008＝2011）などさまざまなポジテ

41

第Ⅰ部　社会秩序・信頼・関係

ィブなアウトカムとの関連性が論じられてきた。

　また，パットナムはさまざまな指標を統合したソーシャル・キャピタル指標
を用いて全米50州の社会指標との関連を分析しているが，統合ソーシャル・キ
ャピタル指標が高い州では教育水準や健康度が高く殺人事件発生率が低いなど，
さまざまな良い効果をもっているとされる。そして，この統合ソーシャル・キ
ャピタル指標とその内の一つである一般的信頼との相関は0.92と非常に高い値
を示している（Putnam 2000＝2006：291）。これらの研究からは，一般的信頼は
それ単体でソーシャル・キャピタルの代理指標となり得ると考えることもでき
るだろう。

　分析上高い有用性をもつ一方で，一般的信頼は捉えどころのない概念でもあ
る。調査における具体的な質問ワーディングは，「一般的にいって，人は信用
できると思いますか」（日本版総合的社会調査：JGSS）,(1)「一般的にいって，人は
だいたいにおいて信用できると思いますか，それとも人と付き合うには用心す
るにこしたことはないと思いますか（Generally speaking, would you say that most
people can be trusted or that you need to be very careful in dealing with people?）」（世界
価値観調査）,(2) といったものである。この「一般的にいって，人は」というワー
ディングはなんとも曖昧なものであり，一体何を測定しているのか，なぜ高い
説明力をもっているのか，非常に不可解な概念でもある。

## 2　高信頼者の特徴──向社会性と異質な他者への寛容性

　ここまで見てきたように，一般的信頼に関しては実証分析において多くの成
果を挙げているのと裏腹に，そのような分析上の有用性を理論的にうまく解釈
できずにいる状況である。また，ソーシャル・キャピタルの他の構成要素であ
る社会参加や互酬性の規範といったものと，どのような関係をもつのかといっ
た疑問も浮かび上がる。

　まず，個人レベルにおける一般的信頼の規定要因について先行研究から確認
しておこう。日本のJGSSデータを分析した研究では，収入・学歴が高いこと，

読書冊数が多く，テレビ視聴時間が短いこと，友人関係に満足していること，異質な他者に対して寛容であること，スポーツ・ボランティアのグループなどに参加していること，官公庁や大企業といった各種組織に対して信頼をもっていることが規定要因として見出された（小藪ら 2006）。また，米国総合的社会調査（GSS）データを分析した先行研究では，一般的信頼を減少させる要因として，最近のトラウマ的な出来事（離婚・失業・親しい人の死等）の経験，マイノリティー出身，収入・教育レベルの低さ，居住地域の人種的・文化的異質性および収入格差が大きいこと，の4つが挙げられている（Alesina & La Ferrara 2002）。

　以上のように，教育年数や読書冊数・新聞を読む頻度など知識の豊富さと社会に関する関心，および異質な他者への寛容さといった項目が一般的信頼と関連していることが先行研究を通じて確認されている。一方で，女性，マイノリティー出身，収入・教育レベルの低さといった要因，つまり社会的資源をあまり多くもたない人・社会的に不利な立場に置かれる人々は，他人の善意を期待できず，見知らぬ他者を信頼するというリスクテイキングな行動を避ける傾向があるのではないかと考えられている。

　実験心理学的な研究から山岸は，一般的信頼の高さと騙されやすさの間には負の相関があること，つまり高信頼者は「社会的知性」が高いという結論を下している（山岸 1998：149-183）。また，ここでいう一般的信頼とは，他者についての情報が存在しない状態での，他者の信頼性についての「デフォルト値」であるとされる（山岸 1998：42）。これは，ある人が他者一般が信頼できるか否かに関して自分の中にもっている基準値であり，またその人が見知らぬ人と協調関係を結ぼうとしがちかどうかは，この一般的信頼が高水準かどうかにかかっているとする。このように，ソーシャル・キャピタル論の指標として扱われる一般的信頼も，相手の情報を十分にもっていない状態で他者を信頼すること，血縁関係や知人関係を超えた信頼であり，これによってリスクを伴う代わりに，それなしでは不可能であった新たな交換や社会関係の構築を促し，社会の経済性を高めると想定されるのである。

第Ⅰ部　社会秩序・信頼・関係

# 3　信頼と集団の特性

　一般的信頼がソーシャル・キャピタルの指標として扱われるのは，調査対象者の属する社会・集団の特性を反映していると考えられるからである。信頼は，諸個人が他者とどのような関係性をもつことによって形成されるのだろうか。所属する集団の性質と一般的な他者を信頼する態度は，どのように関連するのだろうか。これに関する議論を確認しておこう。

　基礎的な集団の安定性やそこでの知識や規範の共有が信頼形成の土台になることは，多くの論者が共通して指摘している。これに関してはコールマンの議論が詳細かつ体系的であり，多くの研究において参照されている（Coleman 1988 = 2006）。コールマンは「社会的ネットワークの閉鎖性」によって集団内部が緊密な関係で結ばれ，成員が規範を共有し実効性のある制裁が可能となると論じている。また，これにより裏切り行為が抑制され，「恩義，期待，義務と信頼性」の蓄積が可能となり，集団内の行為者が協調的にふるまうことを促進する。そして，集団のメンバー間に高度な信頼性が存在していれば，相互の援助や講のような制度も可能となる，と論じた。

　他にも，たとえばフクヤマは，信頼を「コミュニティの他のメンバーが，共有された規範にもとづいて，規則正しい，正直な，そして協調的な行動をとると考えられるようなコミュニティにおいて生じる期待」（Fukuyama 1995 = 1996：63）と定義している。このような信頼が広くいきわたったコミュニティでは，人々の自発的協力によって集合行為のジレンマを回避する，互恵的な規範に基づいてさまざまな協力関係が可能となる，経済取引上のコストが安くなる，などの効果があるとされる。

　一方で，一般的信頼について理解しようとする際に問題となるのが，集団内で形成された信頼と集団外の人々へと広がっていく信頼の関係性についてである。フクヤマはその著『「信」無くば立たず』において，それぞれの持つ歴史によって伝統的に信頼関係が形成されやすい国や地域とそうでないところがあ

44

るとし，高信頼社会としてアメリカ，ドイツ，日本を，低信頼社会としてイタリア南部，ロシア，中国，東欧などを挙げている（Fukuyama 1995＝1996：35-43）。

また，強固な家族主義的社会では家族の枠を越えた他者一般に対する信頼が育まれないため，自発的な集団や組織の形成が困難となり，効率的な組織運営を必要とする経済発展の足かせになる（Fukuyama 1995＝1996：109-111）。そして，この強い家族主義を生む伝統的基盤の例として儒教文化を，それに対置される例としてキリスト教（プロテスタント）文化を挙げている（Fukuyama 1995＝1996：89-98）。同様に，ソーシャル・キャピタル論のブレイクスルーとなったPutnam（1993＝2001）のイタリア社会研究（*Making Democracy Work*）も，イタリア各州の行政制度の効率性とその地域の社会関係のあり方との間に非常に密接な関連があることを論じたものだが，強固な家族主義によって信頼が一般化しない南部諸州と，豊かな自発的集団の形成によって水平で幅広い関係性をはぐくむ北部諸州を対比的に描いている。

集団特性の違いによる一般的信頼への影響について，世界価値観調査データを分析したパクストンは，「開放的団体（connected associations：他の種類の団体にも所属しているという人が多い団体）」と「孤立団体（isolated association：その団体にしか所属していない人が多い団体）」の区別を設けて分析を行っている（Paxton 2007）。その結果として，まず，どのようなタイプの集団であれ所属することは一般的信頼を高めるが，開放的団体に所属することは孤立団体への所属よりも有意に効果が高くなっていることを報告している。パクストンは，開放的団体では，友人の友人も信頼するというケースが多くなり友達の輪が広がる，規範や道徳がネットワークを通じて広く共有される，さまざまなタイプの人々と交わることによって知的柔軟性があがる，和解，妥協，寛容，他人の動機を推し量る能力などを学ぶ，「われわれ（We）」という感覚が広範囲に広がる（反対に孤立団体では，集団外の人々を「彼ら（they）」とみなす感覚が強まる），といったメカニズムが働くことによって一般的信頼が高まるのではないかと考察している。

不平等や人種差別など，社会的な不寛容さがソーシャル・キャピタルに与え

第Ⅰ部　社会秩序・信頼・関係

る悪影響については，多くの論者で一貫して指摘されている。たとえばカワチ
らは，人々の健康・幸福状態が自身の所得水準だけでなく同じ社会の他の人々
の所得水準にも依存していること，つまり自分が下層階級に属するという認識
によってストレスを受けてしまうという相対所得仮説から現代社会の人間関係
と健康への影響について論じている（Kawachi & Kennedy 2002＝2004）。またア
スレイナーは，不平等が外集団への信頼の低さと腐敗の文化を発展させ，さら
なる不平等を生み出すメカニズムを「不平等の罠」と呼んでいる（Uslaner
2008＝2011）。

　ここまでみてきたように，対面的な基礎集団の安定性が土台となりつつもそ
こに埋没するのではなく，開放的な集団に参加したり，集団間を架橋する水平
的で幅広い関係を構築することで，一般的な他者に対する信頼感が醸成される
というメカニズムが，ソーシャル・キャピタル論において想定されていること
がわかる。反対に，内集団びいきや家族主義や派閥主義，人種間の棲み分けや
不平等による階層間の断絶などが過剰になると，集団間をつなぐ弱い紐帯や開
放的な集団の形成が困難になり，幅広い他者に対する信頼感を損ない，経済等
の社会的交換や行政や制度の機能不全などを引き起こしてしまうのである。

## 4　信頼のレベルと範囲

　一般的信頼を測定する際に広く用いられている標準的な質問「一般的にいっ
て，人は信用できると思いますか？　それとも用心するにこしたことはないと
思いますか？」の「一般的な人（most people）」とはそもそも，どの範囲を指
すのだろうか。国や地域の文化，同じ国内でも居住地域によって異なるのでは
ないか。実際に，一般的信頼の測定尺度において想定される「他者一般」が回
答者によって異なることが林・与謝野（2004）などによって指摘されている。
　フクヤマも，「信頼のレベル」と「信頼の範囲（radius of trust）」はそれぞれ
重要であると指摘する（Fukuyama 2001：14）。フクヤマによれば，信頼のレベ
ルは，それがどんな範囲を意味するのであれ，信頼できる範囲の人々の間に規

46

範が共有され，協調行動を促すことができる強さを示している。信頼のレベルが高ければ高いほど，集団内においては協調的な関係性が強く形成されることになる。一方で後者は，協力関係が形成される範囲の広さに関する問題である。その範囲が広ければ広いほど，協力し合える人々の範囲が広がり，より包括的な社会の諸問題に対処可能となることを意味する。

　この信頼の範囲の問題に関してデルヘイらは，世界価値観調査第五波（2005〜2007年実施）に新たに組み込まれた，さまざまな種類の人々に対する信頼を問う質問項目を用いて取り組んでいる（Delhey, Newton & Welzel 2011）。彼らはまず，信頼のレベル（標準質問）が国や地域ごとにどの程度の範囲を意味するのかについて検討している。信頼関連の質問項目のうち，「イングループ」として家族，近隣，個人的な知り合いへの信頼を，「アウトグループ」として初めて会った人，異なる宗教の人，異なる国籍の人への信頼を当て，一般的信頼への回答がイン・アウトグループどちらへの信頼と関連性が深いかを分析し，信頼の範囲変数としている。次に，信頼のレベル変数（標準質問）と信頼の範囲変数の相関は弱いものにとどまること（$r = .25$），すなわち一般的な他者へ強い信頼をもちつつも，想定される範囲が狭い国や地域などがあることを見出している。さらに範囲変数と市民性を表す変数との相関は，9項目中7項目で一般的信頼の標準質問のそれよりも高い係数となっていること，すなわちソーシャル・キャピタルの指標として範囲変数の方が有望であることが報告されている。

　これまでの議論で示唆されるように，「一般的にいって人は」というワーディングで家族などの仲間集団を想起し，これには高いレベルの信頼をおくが，その他の範囲の人々については想定すらしておらず，信頼していないという社会もありうる。つまり，信頼のレベルが高ければすなわち範囲も広い，もしくはその逆，という線形の相関関係が必ずしも成立しているわけではないという点を確認する必要がある。ゆえに，一般的他者に対する信頼のレベル（標準質問）は，単純にそれだけをもって理論上の「一般的信頼」の多寡と同一視すると，効果が疑問視されてしまうのである。そして，ソーシャル・キャピタル論

第Ⅰ部　社会秩序・信頼・関係

が想定している一般的信頼とは，より広範囲な人々と関係を結び，協調関係を生み出すことのできるような人々の特性，すなわち範囲の拡大を含んだ概念なのである。

## 5　量的調査による「信頼の範囲」の分析

これまでの問題意識を踏まえ，信頼の範囲の問題について，量的調査データの分析を通じて考察を進める。以下の分析では，「ソーシャル・キャピタルの政策含意——その醸成要因と地域差の研究」（研究代表者：稲葉陽二〔日本大学〕）に基づいて行った郵送調査「暮らしの安心・信頼・社会参加に関するアンケート」のデータを使用している。[3] 本調査は2013（平成25）年10月中旬から1月初旬にかけて行われ，信頼，規範，ネットワークなどのソーシャル・キャピタルを調査対象としている（稲葉 2014）。全国21大都市，その他の市区町村から100地点を無作為抽出し，20歳から79歳までの住民を母集団として，各地点の住民基本台帳から無作為に各地点100人，計1万人を抽出して調査票を郵送し，3,575票の有効回答（回答率35.8％）を得た。

本章の分析で主に用いた信頼項目は，以下のようなものである。まず一般的信頼の標準質問にあたる項目として，「あなたは，一般的に人は信頼できると思いますか。それとも信頼できないと思いますか」を使用した。次に信頼の範囲に関し，「（健康・老後・子育てなど）日常生活の問題や心配事について，あなたは，相談したり頼ったりする人や組織がありますか」という質問項目のうち「範囲」の対象として「近所の人々」「家族」「親戚」「友人・知人」「職場の同僚」の5項目を利用した。範囲変数に用いた項目はすべて5件法で測定されているが，これに対し「大いに頼りになる」もしくは「ある程度頼りになる」と答えた場合に1（それ以外を0）とし，上記5項目の合計値を算出し，頼りになる集団の範囲とした。一般的信頼のレベル変数，および信頼の範囲変数の単純集計は表2-1の通りである。

なお，本章で信頼の範囲変数として用いたこの質問項目のワーディングでは

48

表2-1 一般的信頼および信頼の範囲変数の単純集計表

| 一般的信頼 | | $N$ | % | 有効% | 信頼の範囲 | $N$ | % | 有効% |
|---|---|---|---|---|---|---|---|---|
| 1 | 注意するに越したことはない | 487 | 13.6 | 14.1 | 0 | 254 | 7.1 | 8.3 |
| 2 | | 85 | 2.4 | 2.5 | 1 | 474 | 13.3 | 15.4 |
| 3 | | 189 | 5.3 | 5.5 | 2 | 570 | 15.9 | 18.6 |
| 4 | | 202 | 5.7 | 5.9 | 3 | 701 | 19.6 | 22.8 |
| 5 | 両者の中間 | 1114 | 31.2 | 32.3 | 4 | 686 | 19.2 | 22.3 |
| 6 | | 408 | 11.4 | 11.8 | 5 | 387 | 10.8 | 12.6 |
| 7 | | 500 | 14.0 | 14.5 | | | | |
| 8 | | 251 | 7.0 | 7.3 | | | | |
| 9 | ほとんどの人は信頼できる | 210 | 5.9 | 6.1 | | | | |
| 有効合計 | | 3446 | 96.4 | 100 | 有効合計 | 3072 | 85.9 | 100 |
| 欠損値 | | 129 | 3.6 | | 欠損値 | 503 | 14.1 | |
| 合　　計 | | 3575 | 100 | | 合計 | 3575 | 100 | |

「相談・頼り」という，ネットワークの実態に近い，やや信頼からはみ出る内容が含まれていることに，分析の解釈上注意が必要である。ただしこの項目は，単に付き合いのある人々を数え上げたり，所属している集団の種類を合算したりするものではなく，回答者が主観的・抽象的に頼りにしていることを測定するものとなっている。そのため，調査対象者が信頼している交際圏の多様さ，さまざまな文脈でつながりうる他者をどの程度広範に，横断的に信頼しているかどうかをある程度把握できるものと考える。

## 6　信頼のレベル変数と範囲変数による比較——分析結果

　まず信頼のレベル変数（標準質問）と範囲変数の2変量の相関係数は，0.217とそれほど高いものとはなっていない（1％水準で有意）。単に一般的な人々を強く信頼することと広い交際圏をもつこととは，関連性をもちつつも一致しているわけではないことが確認される。
　次に，一般的信頼と信頼の範囲とで，他の変数との関連性がどのように違うかを比較するため，両変数を従属変数とする個人レベルの重回帰分析を行った（表2-2）。一般的信頼は「旅先」や「見知らぬ土地の人」への信頼と関連が非

第Ⅰ部　社会秩序・信頼・関係

表2-2　一般的信頼および信頼の範囲変数の規定要因（個人レベル）

| 説明変数（個人） | 被説明変数（個人） | | | |
|---|---|---|---|---|
| | 一般的信頼 | | 信頼の範囲 | |
| | $\beta$ | $p$ | $\beta$ | $p$ |
| 性別（男性＝1，女性＝0） | −0.041 | ＊＊ | −0.020 | |
| 年齢（実数） | 0.032 | ＊ | −0.109 | ＊＊ |
| 世帯収入（階級中央値で実数変換） | 0.048 | ＊＊ | 0.094 | ＊＊ |
| 最終学歴（教育年数変換 9-18） | 0.024 | | −0.038 | † |
| 都市規模（3＝21大市，2＝その他市，1＝町村） | −0.032 | ＊ | −0.065 | ＊＊ |
| 「旅先」「見知らぬ土地」の人への信頼（1-9＝信頼・強） | 0.647 | ＊＊ | 0.080 | ＊＊ |
| 他者との協力志向（1-5＝そう思う）注1 | 0.093 | ＊＊ | 0.104 | ＊＊ |
| 一般化された互酬性（1-3＝そう思う）注2 | 0.060 | ＊＊ | 0.200 | ＊＊ |
| 地域での活動状況①地縁的な活動（1-7＝頻度・高） | 0.010 | | 0.131 | ＊＊ |
| 地域での活動状況②スポーツ・趣味（1-7＝頻度・高） | 0.014 | | 0.064 | ＊＊ |
| 調整済み決定係数 | 0.487 | ＊＊ | 0.126 | ＊＊ |
| N | 3075 | | 2719 | |

注：被説明変数「一般的信頼」は，値・大＝信頼・強い（1-9）
　　被説明変数「信頼の範囲」は，値・大＝範囲・広い（0-5）
　　$p$＝＊＊＊1％水準で有意，＊5％水準で有意，†10％水準で有意
　　注1…「他者と協力してものごとに取り組むと，困難な問題でもたいてい解決できる」
　　注2…「人を助ければ，今度は自分が困っているときに誰かが助けてくれるように世の中はでき
　　　　ている」

常に高く，次いで他者と協力して問題解決を目指す姿勢および一般化された互
酬性とも関連性を保っている。山岸（1998）の指摘するような「他者の信頼性
についてのデフォルト値」が高い，人間一般に対するポジティブな姿勢が，一
般的信頼のレベルには強く反映されていることがうかがえる。ただし，地縁的
な活動，スポーツ・趣味の活動への参加頻度に関する変数との関連性は見られ
ない。

　一方で信頼の範囲変数は，「旅先」や「見知らぬ土地の人」への信頼との関
連が標準質問よりは下がるものの有意性を保ち，他者との協力志向との関連性
が信頼のレベルのそれより若干高く，一般化された互酬性との関連性が大幅に
高くなっている。つまり，信頼の範囲が広い人は，他者の存在をより協力志
向・互酬的な意味でポジティブに受け止めていることがわかる。また，地域で
の活動頻度に関する項目とも有意に関連性をもっている。交際圏の拡大と，社

会参加の経験，他者との協力志向という向社
会性が相互に関連し合っているメカニズムが
あることがうかがえる。これらの結果から，
信頼の範囲変数の方が，ソーシャル・キャピ
タル論の想定するメカニズムに近い結果を示
しているということができるだろう。

　ソーシャル・キャピタル概念をどのような
ものと捉えるのかについては論者ごとに違い

表2-3　一般的信頼および信頼の
　　　　範囲の地域レベル変数の
　　　　記述統計量

|  | 一般的信頼 | 信頼の範囲 |
|---|---|---|
| 有効度数 | 100 | 100 |
| 平均値 | 5.05 | 2.72 |
| 中央値 | 5.06 | 2.71 |
| 標準偏差 | 0.46 | 0.35 |
| 最小値 | 3.86 | 1.33 |
| 最大値 | 6.00 | 3.53 |

があるが，その特徴の一つとして，集団や社会の特性を表すものであるという
点は重要である。これを踏まえ，信頼に関する2つの変数を地域レベルで集約
して分析を行ってみよう。以下の分析では，市区町村を単位とする100の調査
地点ごとに平均値を算出し，地域変数として使用した。表2-3は，信頼のレ
ベルおよび信頼の範囲を地域レベルに集約した変数の記述統計である。ここで
は割愛したがヒストグラムに表すと概ね釣鐘型の分布をしており，極端な偏り
や外れ値は少なくなっている。また，地域レベル変数としての両変数の相関係
数は0.319とある程度の関連性をもっている（1％水準で有意）。

　次に表2-4は，地域レベル変数としての信頼のレベル変数と信頼の範囲変
数の規定要因について分析を行ったものである[4]。まず一般的信頼のレベル変数
から見てみると，個人レベルと同様に，「旅先」や「見知らぬ土地」で出会う
人への信頼との関連性が突出して高く，それ以外で有意とみなされる変数が見
られない。都市規模，ジニ係数といった地域変数との関連性も有意とはなって
いない。そのため，一般的信頼のレベルは個人の他者一般に対する信念を集約
したものに過ぎないのではないかとも考えられる。

　これに対し信頼の範囲変数では，都市規模が小さいほど，ジニ係数が小さい
ほど範囲が広がる傾向がみられる[5]。先の議論で確認した通り，地域の収入格差
が大きいことがもたらす悪影響については多くの論者が一貫して指摘している
点である。信頼の範囲変数がジニ係数とマイナスの関連性をもち，信頼のレベ
ル変数がそうなっていないことは，信頼の範囲変数の方がソーシャル・キャピ

第Ⅰ部　社会秩序・信頼・関係

表2-4　一般的信頼および信頼の範囲変数の規定要因（地域レベル）

| 説明変数（地域） | 被説明変数（地域） | | | |
|---|---|---|---|---|
| | 一般的信頼 | | 信頼の範囲 | |
| | $\beta$ | $p$ | $\beta$ | $p$ |
| 年齢（実数） | 0.102 | | −0.146 | |
| 最終学歴（教育年数変換 9-18） | 0.047 | | 0.049 | |
| 平均世帯収入（外部データ） | 0.073 | | 0.156 | |
| 都市規模（3＝21大市，2＝その他市，1＝町村） | −0.071 | | −0.244 | ＊ |
| ジニ係数（外部データ） | −0.177 | | −0.288 | † |
| 「旅先」「見知らぬ土地」の人への信頼（1-9＝信頼・強） | 0.621 | ＊＊ | 0.173 | ＊ |
| 他者との協力志向（1-5＝そう思う）注1 | 0.009 | | 0.275 | ＊＊ |
| 一般化された互酬性（1-3＝そう思う）注2 | 0.120 | | 0.168 | † |
| 地域での活動状況①地縁的な活動（1-7＝頻度・高） | −0.058 | | 0.321 | ＊＊ |
| 地域での活動状況②スポーツ・趣味（1-7＝頻度・高） | 0.139 | | 0.018 | |
| 調整済み決定係数 | 0.452 | ＊＊ | 0.414 | ＊＊ |
| $N$ | 99 | | 99 | |

注：被説明変数「一般的信頼」は，値・大＝信頼・強い（1-9）
　　被説明変数「信頼の範囲」は，値・大＝範囲・広い（0-5）
　　$p$＝＊＊＊1％水準で有意，＊5％水準で有意，†10％水準で有意
　　注1…「他者と協力してものごとに取り組むと，困難な問題でもたいてい解決できる」
　　注2…「人を助ければ，今度は自分が困っているときに誰かが助けてくれるように世の中はできている」

タルの理論的な想定と合致していることを示唆している。また，他者との協力志向，地域活動の頻度が高い地域では信頼の範囲も広くなっていることが確認される。

　信頼の範囲変数が都市規模との関連性を強くもっていることから，信頼の範囲変数は単に「広さ」を表すのではなく，コンパクトな街や地域で家族・近隣から職場までが「包括的」な関係になっていることを示していると解釈することもできよう。確かに，地域においてそこに住む人々の信頼の範囲が平均して広いということは，複数の文脈で人々がつながる可能性が高く，密度の高い関係性が構築されていることを表していると見ることもできる。しかし，「旅先」や「見知らぬ土地」で出会う人への信頼や一般化された互酬性との関連性も見られることから，必ずしも外部の他者に対して閉鎖的・排他的な関係を志向しているわけではないことも分析結果から示唆されている。さらに確認のため，

第2章 信頼のレベルと信頼の範囲

表2-5 地域レベルの被説明変数に対する一般的信頼および信頼の範囲の効果

| 説明変数（地域） | 被説明変数（地域） | | | |
|---|---|---|---|---|
| | 生活満足度 | | 主観的健康感 | |
| | $\beta$ | $p$ | $\beta$ | $p$ |
| 年齢（実数） | 0.043 | | −0.305 | ＊＊ |
| 最終学歴（教育年数変換 9-18） | 0.144 | | 0.222 | † |
| 平均世帯収入（外部データ） | 0.197 | | 0.128 | |
| 都市規模（3＝21大市，2＝その他市，1＝町村） | 0.055 | | 0.034 | |
| ジニ係数（外部データ） | −0.194 | | −0.017 | |
| 一般的信頼（1-9＝信頼・強） | 0.101 | | −0.004 | |
| 信頼の範囲（0-5＝範囲・広） | 0.452 | ＊＊ | 0.357 | ＊＊ |
| 地域での活動状況①地縁的な活動（1-7＝頻度・高） | 0.001 | | −0.014 | |
| 地域での活動状況②スポーツ・趣味（1-7＝頻度・高） | 0.160 | | 0.131 | |
| 調整済み決定係数 | 0.269 | ＊＊ | 0.350 | ＊＊ |
| N | 99 | | 99 | |

注：被説明変数「生活満足度」は，値・大＝満足（1-5）
　　「あなたは，現在のご自身の生活に満足していますか」
　　被説明変数「主観的健康感」は，値・大＝良好（1-4）
　　「あなたは，普段ご自分で健康だと思いますか」
　　$p$＝＊＊1％水準で有意，＊5％水準で有意，†10％水準で有意

　都市規模変数で「町村」に該当する9地域を欠損値として除外して表2-4と同様の分析をしたところ，偏回帰係数と有意確率の傾向にはほぼ変化がなかった。つまり，田舎町であるかどうかだけではなく，都会においても信頼の範囲が広がることの効果は，同じように確認されるのである。
　次に，地域の政策目標となりうる変数に対し，2つの信頼変数が関連性をもつかどうか分析したのが表2-5である。生活満足度，主観的健康感の両方とも，信頼の範囲変数との関連が強く出ており，信頼のレベル変数は有意とはなっていない。つまり，ある地域において，信頼のレベルの平均値が高いこと，すなわち一般的他者を「強く」信頼する人々が多いことよりも，「幅広い」他者を信頼し頼りに思っている人が多い地域の方が，生活満足度や健康などに対して説明力をもっているといえるのである。
　今回利用した調査データの特性やワーディングに注意しつつ，また現段階では「日本においては」という但し書きがつくものの，信頼のレベル変数は地域

第I部　社会秩序・信頼・関係

変数として利用することの有用性に疑問があり，ソーシャル・キャピタルの代
理指標と考えることは難しいといわざるを得ないであろう。一方で，信頼の範
囲変数は，協力志向の高い人々が多く，地域活動への参加頻度も高く，人々が
幅広い他者に対する信頼感をもっているという，ソーシャル・キャピタル論が
想定するような関係性の測定に有効であると考えられるのである。

## 7　信頼の範囲の広がり方

　最後に，信頼の範囲変数で使用した5項目の相互関係から，信頼の広がり方
について分析をしていこう。まず表2-6は，「相談したり頼ったりする人」の
うち「家族」と「友人・知人」の2項目について，「大いに頼りになる」「ある
程度頼りになる」の合算と「どちらともいえない」「あまり頼りにできない」
「全く頼りにできない」の合算の2カテゴリでクロス集計し，全体％を算出し
たものである。そもそも「家族」と「友人・知人」両方「頼りになる」と答え
る人が59.0％と多数派であるが，「家族は頼りにならないが，友人・知人は頼
りになる」，という人は3.5％と非常に少数にとどまる。常識的に考えて当然の
ことではあるが，家族の方がよりイングループ（内集団）であるといえる。こ
れを，「家族＞友人・知人」と表現しておこう。

　次に表2-7のクロス集計表から，「友人・知人」と「親戚」の比較を行って
みると，これも両方「頼りになる」と答える人が多数派であるが，どちらか一
方のみを頼りとする割合は，「友人・知人」の方がやや多い程度である。この
関係を「友人・知人≧親戚」とする。このような比較を5項目について行い整
理すると，「家族」＞「友人・知人≧親戚」＞「職場の同僚≦近所の人々」と
いう，日本におけるイングループ（内集団）・アウトグループ（外集団）の序列
を見出すことができる。

　この結果を整理すると，イングループを信頼せず，アウトグループを信頼す
る（≒範囲が広がる）というケースは少数派にとどまることが確認される。当然，
諸事情により家族に問題を抱え，友人・知人や職場の同僚の方が信頼を置くこ

54

表2-6 「家族」と「友人・知人」のどちらが頼りになるのか（％）

| 相談・頼り：友人・知人 | 相談・頼り：家族 | | |
|---|---|---|---|
| | どちらとも・頼りにできない | 頼りになる | 合計 |
| どちらとも・頼りにできない | 9.0 | 28.4 | 37.5 |
| 頼りになる | 3.5 | 59.0 | 62.5 |
| 合　計 | 12.5 | 87.5 | 100.0 |

表2-7 「友人・知人」と「親戚」のどちらが頼りになるのか（％）

| 相談・頼り：親戚 | 相談・頼り：友人・知人 | | |
|---|---|---|---|
| | どちらとも・頼りにできない | 頼りになる | 合計 |
| どちらとも・頼りにできない | 23.8 | 16.0 | 39.8 |
| 頼りになる | 13.8 | 46.5 | 60.2 |
| 合　計 | 37.5 | 62.5 | 100.0 |

とができるという人などもいるであろうし，そのような人々をネガティブに捉えるべきではないことはいうまでもない。また，家族という集団を過度に特別視するべきではなく，別の形態の基礎集団が同じ役割を果たしうるのではないかと考えることもできよう。

　しかし，信頼の範囲は，より親密な集団，結合型の関係性をステップにして広がるという傾向，およびそのようにして広がった信頼の範囲が，ソーシャル・キャピタル論が示唆するような諸変数との関連性をもち，地域レベルの変数としても有効であるという点が本章の分析から指摘できる知見であり，政策的にも重要な示唆を含んでいるといえるだろう。基礎集団は大事だが，閉鎖的集団（儒教的家族主義など）になってはならない。「結合」「橋渡し」の両立こそ，ソーシャル・キャピタル論における「一般的信頼」と考えられる。

# 8　理論と指標の往復，日本の実情に合った調査方法の確立 —— 今後の課題

　本章では，ソーシャル・キャピタル論における一般的信頼について検討を行ってきた。一般的な他者に対する信頼の強さ（レベル）を測定する標準質問は，

第Ⅰ部　社会秩序・信頼・関係

「旅先」や「見知らぬ土地」の人々への信頼と関連が非常に高いなど，「人間一般に対する楽観的態度」といったものと関連が深いと考えられる。このような態度がベースとなることで，幅広い人間関係の構築につながる可能性は十分にある。また個人レベルで他者との協力志向や一般化された互酬性ともある程度関連することから，この一般的信頼のレベルを問う質問が，個人レベルでソーシャル・キャピタルの指標として用いられることにも，一定の合理性はあるといえるだろう。

　一方で，信頼（相談・頼り）の範囲変数は，個人レベルだけでなく地域レベルでも，見知らぬ人々への信頼や協力志向や一般化された互酬性といった幅広い他者を信頼する傾向に加え，地域活動への参加などとも関連しており，ソーシャル・キャピタル論の想定するような豊かな社会関係を測る指標としてより適切である可能性が高い。これらのことから，ソーシャル・キャピタルが蓄積されるプロセスとは，他者一般に対する信頼が「強まる」というよりも，「範囲が広がる」という意味で「一般化（generalized）」すると考えた方が，測定面でも，理論的にも，実りがあると考えられる。

　そして信頼の範囲拡大は，ある地域社会や集団内で，複数の文脈で包括的な関係性が生まれることを示唆している。分析結果からも，地域レベルで生活満足度や主観的健康感など身近で具体的な目標変数に対する説明力が信頼のレベル変数より高く，ジニ係数などの地域指標とも関連しており，集団・地域間比較において適切な指標となっている。信頼の範囲が広いことは，複数の文脈でつながる他者と日常的に協力し合っていることを示していると考えられる。そして信頼の範囲の広さと，地域での活動参加頻度の高さ，および問題解決において他者と協調する志向の強さは，相互に規定し合い，好循環（もしくは悪循環）を生み出していると考えられる。そのように理解すると，信頼の範囲変数の方が地域変数として有用性があることの説明もしやすい。

　そして信頼の範囲の広がりは，基礎集団への信頼がステップになる可能性が高い。分析結果から，信頼の範囲が広がる際には，イングループでの密な関係を土台としつつも，そこに閉鎖されずにあふれ出すことが必要なのではないか

という点が指摘できる。これはソーシャル・キャピタル論の結合型・橋渡し型の区別とその両立可能性について重要な問題提起を行うものである。パットナムもいうように，何らかの関係性が結合的であるのか橋渡し的であるのか，明確に区別することは極めて困難である（Putnam 2000 = 2006：21）。いかなる公的組織といえども，どんなに開放的で自発的な橋渡し性の強い集団でも，インフォーマルで強い紐帯をその中に含んでいるだろう。むしろ，その連続性を許容し，信頼の範囲拡大・一般化という視点から，そのメカニズムや諸条件を理論・調査によって解明していくことにこそ意義があると考えられる。

　本章での分析はデータの都合などもあり，限定された種類の身近な集団のいくつかを取り上げ，頼りになる範囲を調べるというものであった。これに対し海外における一般的信頼やソーシャル・キャピタルの研究では，宗教やエスニシティなどの点で異質な他者をどの程度信頼し交流していくか，という意味合いが重要視されている。本章で行った日本データに関する分析でも，収入階層間の分断が少ないことと地域の一体性とに関連があることが示唆されているが，より異質な他者へと信頼の範囲が広がることを適切に捉えられるよう，今後調査方法を改善していく必要がある。しかしその際にも，宗教や人種間の分断や棲み分けといった現象が多くの一般市民にとってリアリティをもたない日本では，欧米で使われている指標をそのまま導入するのではなく，実情に合った質問文や選択肢を工夫していくことが求められるだろう。


注
⑴　JGSS の調査概要および質問項目については，JGSS のホームページを参照（http://jgss.daishodai.ac.jp/surveys/sur_top.html，2017年11月 9 日アクセス）。
⑵　世界価値観調査（World Values Survey）の日本調査および日本語の調査票については電通総研・日本リサーチセンター（2004）を参照。
⑶　本調査は，科学研究費2012〜2015年度基盤研究（A）「ソーシャル・キャピタルの政策含意─その醸成要因と地域差の研究」（研究代表者：稲葉陽二〔日本大学〕）に基づいて行った。調査の概要は稲葉（2014）を参照されたい。
⑷　調査地点の平均収入およびジニ係数は，青山学院大学の西川雅史教授が2010年度

第Ⅰ部　社会秩序・信頼・関係

市町村別納税者データを用いて算出されたものを使用した。なお，ジニ係数および平均収入データの算出ができなかった調査地点が1カ所あったため，ここでの分析はそれを除いた99地点を対象に行っている。

(5)　範囲変数作成に利用した「相談・頼り」5項目のうち「職場の同僚」については，職業変数で「無職」「主婦」および年齢変数で高齢者層などで無回答が多くなっていた。そのため，個人レベルでこの「職場の同僚」が欠損値となっているため範囲変数も欠損値となっているケースを地域変数作成の際に除外すると，極端なケース不足や偏りのある地域が生じてしまう恐れがある。これを避けるため，地域レベル変数に集約する際には，職業（10区分）×年齢（20～34，35～49，50～64，65～の4区分）×性別（2区分）による80カテゴリに分け，各カテゴリでの「職場の同僚」質問回答ケースの平均値を四捨五入した値を算出し，欠損値に代入して補正を行った上で地域平均値を算出した。なお，個人レベルの分析の際，および他の4項目（「家族」「友人・知人」「親戚」「近所の人々」）については補正は行っていない。

## 参考文献

稲葉陽二（2014）「日本の社会関係資本は毀損したか——2013年全国調査と2003年全国調査からみた社会関係資本の変化」『政経研究』51(1)，1-30頁。

小藪明生・濱野強・藤澤由和（2006）「ソーシャル・キャピタルにおける一般的信頼の規定要因に関する検討」『新潟医療福祉学会誌』6(1)，48-55頁。

電通総研・日本リサーチセンター編（2004）『世界60カ国価値観データブック』同友館。

林直保子・与謝野有紀（2004）「一般的信頼と他者の想定——誰が誰を信頼するのか？」『日本心理学会第68回大会発表論文集』日本心理学会大会準備委員会，258頁。

山岸俊男（1998）『信頼の構造——こころと社会の進化ゲーム』東京大学出版会。

山岸俊男（1999）『安心社会から信頼社会へ——日本型システムの行方』中央公論新社。

Alesina, A. & E. La Ferrara（2002）"Who Trusts Others?" *Journal of Public Economics* 85, pp. 207-234.

Coleman, J. S.（1988）"Social Capital in the Creation of Human Capital" *American Journal of Sociology* 94, S95-S120.（＝2006，金光淳訳「人的資本の形成における社会関係資本」野沢慎司編監訳『リーディングス　ネットワーク論——家族・コミュニティ・社会関係資本』勁草書房，205-241頁）

Delhey, J., K. Newton & C. Welzel（2011）"How General Is Trust in 'Most' People? Solving the Radius of Trust Problem" *American Sociological Review* 76(5), pp. 786-807.

Fukuyama, F. (1995) *Trust : The Social Virtues and the Creation of Prosperity*, Free Press. (＝1996, 加藤寛訳『「信」無くば立たず』三笠書房)

Fukuyama, F. (2001) "Social Capital, Civil Society and Development" *Third World Quarterly* 22(1), pp. 7-20.

Kawachi, I. & B. P. Kennedy (2002) *The Health of Nation : Why Inequality Is Harmful to Your Health*, The New Press. (＝2004, 西信雄・高尾総司・中山健夫監訳・社会疫学研究会訳『不平等が健康を損なう』日本評論社)

Paxton, P. (2007) "Association Memberships and Generalized Trust : A Multilevel Model across 31 Countries" *Social Forces* 86(1), pp. 47-76.

Putnam, R. D. (1993) *Making Democracy Work : Civic Traditions in Modern Italy*, Princeton University Press. (＝2001, 河田潤一訳『哲学する民主主義——伝統と改革の市民的構造』NTT出版)

Putnam, R. D. (2000) *Bowling Alone : The Collapse and Revival of American Community*, Simon & Schuster. (＝2006, 柴内康文訳『孤独なボウリング——米国コミュニティの崩壊と再生』柏書房)

Uslaner, E. M. (2008) *Corruption, Inequality, and the Rule of Law : The Bulging Pocket Makes the Easy Life*, Cambridge University Press. (＝2011, 稲葉陽二訳『不平等の罠——腐敗・不平等と法の支配』日本評論社)

(小藪明生)

| 第3章 | 人間関係の変容と孤立 |
|---|---|

## 1 孤立者のソーシャル・キャピタル

　ソーシャル・キャピタル（以下，社会関係資本）を個人の財と見なした場合に「いかなる関係を保有するか」ということは重要である。というのも，人々が保有する関係の質が彼ら／彼女らの財を規定するからだ。翻っていえば，個人レベルで社会関係資本を測定するにあたり，孤立者は，社会関係資本を保有しないと見なされる。本章は，孤立者に焦点を当て，社会関係資本のあり方を検討する。

　以下では，まず，孤立に関する基礎的研究を整理し，その後，各種統計データから日本社会の人間関係の実情を検討する。最後に，前述の点を踏まえ，孤立および関係性を検討する際に考慮すべき諸問題を議論していく。

## 2 迫り来る孤立の恐怖

### （1）関係の選択化と格差の存在

　現代社会の関係性のありようを形容するのに相応しい言葉は何だろうか。希薄化，間接化（SNS化）等さまざまなものが思い浮かぶ。孤立も現代社会の関係のありようを表す重要なキーワードである。

　本章では，それら諸現象を幅広く説明する概念として「個人化」を挙げたい。個人化とは社会を構成するさまざまな単位が個人に分割される現象を指す。[1]その際，意識レベルの個人化と実体レベルの個人化がある。意識レベルの個人化とは，個人の決定や選択をとりわけ重視する心性であり，実体レベルの個人化

とは，人々の所有物の個別化や年金などのシステムの個人対応化である。

　人間関係においても，目黒（1987）が「家族の個人化」に言及した1980年代後半から個人化の傾向が指摘されている。すなわち，人間関係の維持・構築において，社会の役割に埋め込まれる部分が縮小し，諸個人の選択と決定に委ねられる部分が拡大している。この「人間関係の選択化」は現代社会における孤立と密接に関連する。

　旧来的な農村のように，強固な役割構造を内包する集団に人々が埋め込まれている社会では，そこに暮らす人が人間関係を選択・決定する自由は極めて少ない。生命の維持と共同が結びついていた社会では，所属集団の拘束は絶大なものであった。人々は集団への埋没と引き替えに，自らの生命を維持していたのである。

　一方，現代社会のように，人々の生命維持を事業者および国の提供するサービスが補償するようになると，人々が固有の人と付き合う必然性は低下する。それとともに，私たちを縛り付けていた血縁や地縁の拘束は揺らぎ，人間関係には感情の入る余地が増してゆく。私たちは今や「自らの好み」に応じて関係を形成・維持する自由を手に入れたのである。

　人間関係における選択の余地の拡大とともに，孤立にまつわる2つの言説が登場した。そこで次に，孤立をめぐる2つの議論を検討しよう。

## （2）孤立をめぐる2つの議論——「お一人様」言説と孤立死の問題

　閉鎖的集団からの解放は，個人の関係形成の自由をもたらしただけでなく，関係から撤退する自由をももたらした。今や，夫婦であっても，お互いの感情が一致しなければ，さしたる抵抗もなく離婚することができる。それどころか，一定の資産とインターネット環境さえ整えれば，人とほぼ会わない生活も可能である。

　このような生活を関係からの積極的撤退と捉え，肯定的に解釈しているのがいわゆる「お一人様」言説である。上野千鶴子が2007（平成19）年に執筆した『おひとりさまの老後』は75万部以上売り上げ，ベストセラーとなっている。

第Ⅰ部　社会秩序・信頼・関係

この書籍の中で上野は，誰もがいずれは一人になるのだから，一人を怖れる必要はない，と「一人」の生活の利点を綴っている。

　しかし，こういった議論は，孤立をめぐる言説では少数派である。むしろ圧倒的に多いのは，孤立を関係の希薄と捉え問題視する議論である。孤立死をめぐる一連の議論はその最たるものといってよい。[2] 関係を資本と見なす社会関係資本研究でも，孤立は資本の欠損を表すため，当該状態を問題視する視座に立つ。社会関係資本研究の言説に照らせば，孤立者は社会関係資本がもたらす諸利得を毀損されているのである。

### （3）噛み合わない議論と孤立を意識する社会

　この2つの議論は，あまり噛み合っていない。前者の議論からすれば，後者の議論は，「一人」の生活を「避けるべきもの」「寂しいもの」として，誇張しすぎるきらいがある。それゆえ，「一人」がもたらす内省などの産物や関係を避けたい人々の希望はないがしろにされる。

　その一方，前者の議論が強調されすぎると，「一人」の生活は自己選択・自己決定のプロセスで解釈されやすく，それが排除問題に至る可能性を軽視してしまう。実際のところ，関係の維持・形成に自己選択・自己決定の論理が適用されるようになると，関係からの排除問題は深刻になる。以下，簡単に説明しよう。[3]

　関係の維持・形成の選択化について想いを馳せる際，私たちは選択の正の側面にのみ目を向けがちである。つまり，自らが“自由に”“好みの相手と”関係を構成できる可能性に目を向けがちだ。しかし，ここで重要なのは相手にも選択の自由はあるということだ。もう少し踏み込んでいうと，関係の維持・形成の選択化は，選択の自由と引き替えに「選ばれない恐怖」も引き連れてくるのである。

　以上の状況を念頭に置きつつ，次節以降では，公開されたデータを基に，日本社会における孤立および人間関係の実情を検討してゆこう。

第3章　人間関係の変容と孤立

## 3　孤立の実情

### （1）「孤立化」の進行

　まず，日本社会における孤立の実情を確認しておきたい。とはいっても，日本社会において「孤立化」が進行しているのか，あるいは，関係が「希薄化」しているのか証明するのは殊の外難しい。その最大の理由は，孤立あるいは希薄化の定義および測定の問題にある。

　関係の実情を測定する方法は研究者によって異なる。孤立についていえば，石田（2013a）で述べたように，固有の人間関係の保有，非保有で区別する2値型の捉え方と，さまざまな測定水準を設けて連続量のように捉える方法の2つがある。しかし，異なった方法によって抽出される「孤立者」の数は，それぞれに異なるため，日本社会でどの程度の人が孤立しているのか，明確に論じることは難しい。

　たとえば，「過去1年間相談した相手がいない」場合を「孤立」とみなすケースと，「1週間会話した相手がいない」場合を「孤立」とみなすケースでは，当然ながら結果として示される孤立者の値は異なる。

　人間関係の希薄化の証明はさらに困難である。そもそも，何をもって希薄とするか，ということについて議論の一致は見られない。

　定義の不明確さは，議論の乱立と反証の容易さにつながる。これについて，若者研究を例に説明しよう。若者研究では，既存の「若者の関係希薄化」論の根拠の薄弱さについてデータを基に指摘され，現在の若者の関係は「希薄化」ではなく「選択化」であるといわれている（辻 1999；松田 2000）。若者の人間関係については，現在，この見解が主流となっている。

　しかし，これについては異なったデータを用いて異論を唱えることもできる。たとえば，内閣府が2010（平成22）年と2013（平成25）年に実施した「若者の意識に関する調査」では，悩みがあっても相談しない人の比率は，2010年調査の一般群11.6％から2013（平成25）年は15.7％に増えている。また，OECDが学

63

第 I 部　社会秩序・信頼・関係

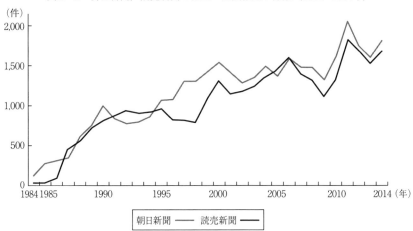

図 3-1　朝日新聞，読売新聞の孤立・孤独報道の件数（1984～2014年）

生の国際比較を目的として2003（平成15）年に行った調査（Programme for International Student Assessment）では，「孤独を感じている」と回答した15歳の学生の比率は，日本の若者だけが顕著に高い（29.8％）。第2位のアイスランド（10.3％）の3倍近くの若者が孤独を感じている。これらのデータから現在の若者の関係の"薄さ"を強調することも可能である。

　一方で，これらのデータの不備を指摘することも可能だ。内閣府の調査は，2010（平成22）年が15～39歳，2013（平成25）年が13～29歳を対象とし，調査対象にバラツキがある。OECD調査は横断的比較であり時系列調査でないことから希薄「化」の論拠としては薄弱である。

　この事例からもわかるように，結局の所，孤立に関するデータは定義が曖昧であることに加え，時系列的な比較をできるものがほとんどない。したがって，関係の希薄や孤立を社会の趨勢と判断するには，さらなる調査，検討が必要である。

　しかしながら，現在の日本社会が孤立現象に敏感か否か，についてはある程度実証可能だ。図3-1を見てほしい。この図は，主要2紙（「朝日新聞」「読売新聞」）に「孤立」または「孤独」という言葉が掲載された記事の件数を，両

社の記事検索システムにより算出したものである。検索期間は1984（昭和59）年から2014（平成26）年までである。[4]

　この図を見ると，孤立・孤独を報じた記事は，若干の上下動はあるものの，1984（昭和59）年からほぼ一貫して増えていることがわかる。特徴的な部分をまとめると，まず，バブルに入る1987（昭和62）年から1988年くらいにかけて上昇する。その後バブル崩壊から数年は，件数は変わらず，金融機関の破綻が取り沙汰された1998（平成10）年前後に再び上昇していく。さらに，NHKスペシャルで無縁社会の報道がなされた2010（平成22）年，震災が発生した2011（平成23）年に数値はピークに達する。その後数値はいったん落ち込むものの，2010（平成22）年よりも前の数字を下回ることはない。

　単純に1984（昭和59）年と2014（平成26）年だけを比べると，1984（昭和59）年は読売38件，朝日129件なのに対し，2014（平成26）年は読売1,690件，朝日1,819件である。この数値だけを見ても，近年，私たちが孤立や孤独を強く意識するようになってきたことがわかる。したがって，実際の孤立者の数はさておき，私たちの意識下に，孤立・孤独が強く刻印されていることは疑いない。

## （2）「孤立死」の増加

　孤立死の増加傾向についても確認しておこう。孤立と同様に孤立死も定義が定まっていない。「誰にも看取られず死を迎えた」という点では共通するものの，発見までの期間，居住形態（一人暮らしか否か）など定義はさまざまである。しかしながら，「死」という客観的判断が容易な現象を対象としているため，長期的な統計さえ確保されていれば，ある程度の趨勢判断は可能である。

　図3－2は孤立死の統計が経年的にとられている東京都監察医務院，独立行政法人都市再生機構（UR），松戸市，岐阜県のデータから孤立死の推移と孤立死率をまとめたものである。孤立死率は，孤立死の発生件数を同じ年の死亡総数で除したものである。なお，この図は2004（平成16）年から2013（平成25）年までの推移を見ているが，すべてのデータがあるのは東京都23区と松戸市のみである。

図3-2 孤立死件数の推移

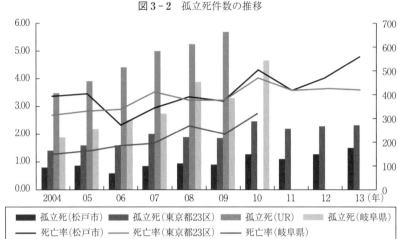

注：(1)孤立死の定義は以下の通りである。松戸市は「(1)一人暮らし (2)死亡時に在宅 (3)誰にも看取られることなく死亡 (4)50歳以上」、東京23区は「自宅でなくなった65歳以上の一人暮らし」、URは「団地内で発生した死亡事故のうち、病死または変死の一態様で、死亡時に単身居住している賃借人が、誰にも看取られることなく賃貸住宅内で死亡した事故（自殺及び他殺は除く）」、岐阜県は「1人住まいで、自宅、自室（病院、病室、介護施設を含む）で病死しているのを発見されるなどして、検視の対象となった数」である。
(2)東京23区は件数が多いので、孤立死件数／10としている。
(3)孤立死率（孤立死件数／死亡総数）が左軸、孤立死件数が右軸。
出所：東京都監察医務院、独立行政法人都市再生機構（UR）、松戸市、岐阜県のデータを基に筆者作成。

　この図を見ると、孤立死件数および孤立死率ともに、多少の上下動があるものの、全般的には右肩上がりの傾向にあることがわかる。新聞記事だけを見ると、孤立や孤独は無縁社会報道や震災報道が一段落した後に落ち着いたように見える。しかし、その後も、孤立死の件数は着実に増えているのである。つまり、関係的資源を失った末に、死に至る人が日本社会では着実に増えているのだ。
　では、今後、孤立および孤立死の傾向は、どのように変化していくのだろうか。これについて、さまざまな調査結果を用いて検討し、最後に日本社会における孤立問題について再度議論しよう。

第3章　人間関係の変容と孤立

## 4　孤立を防ぐ関係群

### （1）私たちのサポート源

　まず，既存の調査結果を基に，これまで，あるいは現時点において私たちはどのような人に頼ってきた／頼っているのか確認しておこう。参考とするのは，「悩みの相談相手」を特定した諸調査結果である。若年層，高齢層，日本社会全般の順序で確認していきたい。

　若年層は，前節でも挙げた内閣府の「若者の意識に関する調査」から見てみよう（表3-1）。これを見ると，若年層の主要なサポート源は家族・親族と友人であることがわかる。若者の友人重視傾向は，浅野（2011）など他の研究でも指摘されている。

　しかし，サポートネットワークで友人が重要な位置を占めるのは，若年層に限られる。図3-3～4は，内閣府が実施した「高齢者の生活と意識に関する国際比較調査」および「高齢者の健康に関する意識調査」のサポートネットワークの内訳である。なお，「高齢者の生活と意識に関する国際比較調査」は60歳以上，「高齢者の健康に関する意識調査」は55歳以上を対象としている。

　これを見ると，高齢者のサポート源は配偶者と子どもを中心とした親族に集中していることが明らかである。若年層で多くを占めていた「友人・知人」の回答は，ほとんどの調査で2割を切っている。ここから，多くの人々は若年期から壮年期への過程で，友人中心型から家族・親族中心型にネットワークを再編していると考えられる。

　そこで最後に，20歳から89歳までと幅広い層を対象にしたJGSS2003の相談ネットワークの調査結果を見てみよう（図3-5）。これを見ると，配偶者，親子，他親族と友人にサポート関係が分散していることがわかる。つまり，若年と壮年で見られた特徴が現れている。

　しかしながら，この結果については注意が必要である。というのも，石田（2011）の追加分析から明らかなように，JGSS2003の回答者の45.9％は，サポ

67

第Ⅰ部　社会秩序・信頼・関係

**表3-1　若年層の悩み事，心配ごとの相談相手**

| 質問項目 | | 回　答(%) | |
|---|---|---|---|
| 2010 | 2013 | 2010 | 2013 |
| 親 | 父 | 44.1 | 20.7 |
| | 母 | | 47.3 |
| きょうだい | きょうだい | 21.7 | 17.5 |
| 祖父母 | 祖父母・親類 | 1.7 | 3.7 |
| 配偶者 | 配偶者 | 30.5 | 8.5 |
| 友人・知人 | 近所・学校の友だち | 65.4 | 38.0 |
| | 学校先輩 | | 5.5 |
| | 職場上役・先輩 | | 3.7 |
| | 恋人 | | 11.6 |
| 学校の先生 | 先生 | 2.8 | 7.7 |
| 職場の同僚 | 職場同僚 | 15.4 | 7.2 |
| カウンセラー・精神科医 | カウンセラー，相談員 | 1.0 | 3.7 |
| 自治体の専門機関の人 | | 0.3 | |
| × | 宗教関係 | — | 0.6 |
| × | 団体・グループ | — | 7.1 |
| ネット | ネット | 2.4 | 4.1 |
| × | テレビ・ラジオ | — | 0.4 |
| その他 | その他 | 2.2 | 2.0 |
| 相談しない | 相談しない | 11.6 | 15.7 |
| × | わからない | — | 8.3 |
| 無回答 | × | 0.2 | — |

注：質問項目の×印の箇所は，当該の項目が設定されていないことを意味する。
出所：「若者の意識に関する調査」(内閣府) を基に筆者作成。

ート源として親族以外の人を挙げていないからだ。言い換えると，回答者の半数弱は，親族を失うとサポート源も喪失するのである。

　したがって，若年層はさておき，「一生」という長いタイムスパンで見た場合，家族・親族のサポートは日本社会では極めて重要だといえよう。特に高齢層にとって，その存在の大きさは際立っている。では，日本に住む人々にとってサポート源の中心を占める家族・親族に何が起きているのか，引き続きデー

第3章 人間関係の変容と孤立

図3-3 高齢者の「心の支えとなっている人」

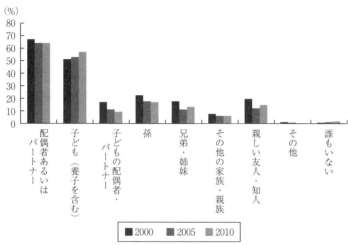

出所:「高齢者の生活と意識に関する国際比較調査」および「高齢者の健康に関する意識調査」(内閣府)を基に筆者作成。

図3-4 高齢者の心配ごと・悩み事の相談相手

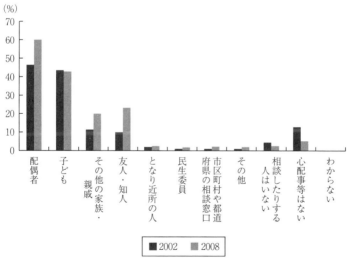

出所:図3-3と同じ。

タから確認しよう。

図3-5 JGSS2003からみた悩み事の相談相手

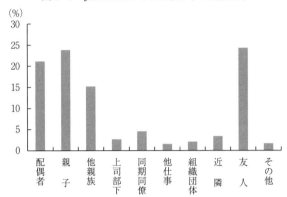

## （2）揺らぐ基礎的関係としての家族

「無縁」や「孤立」を強調する言説でたびたび指摘されるように，家族関係はすでに危険水域に突入している。その際，最もよく用いられるデータが生涯未婚率の推移と単身世帯率の推移である。

周知のように，これらの数値は戦後から一貫して上昇している（図3-6）。国立社会保障・人口問題研究所が2005（平成17）年の国勢調査を基に算出した将来推計は人々に大きな衝撃を与えた。国立社会保障・人口問題研究所の長期推計によれば，2030年において，男性の生涯未婚率は29.5％，女性の生涯未婚率は22.6％になるとのことだ。

単身世帯率も同様の傾向を示す。戦後から一貫して上昇している単身世帯率は，2010（平成22）年の国勢調査で3割を超え，先に挙げた長期推計では，37.4％になると予測されている。

この数値を基に，一時は「男性の3人に1人，女性の4人に1人は未婚」「3世帯に1世帯は一人暮らし」という文言が書籍の中に踊った。人々の不安を過剰に煽る言説は慎んだ方がよいが，実際の生涯未婚率や単身世帯率は，推計を上回る可能性も秘めている。

2005年データを基に立てられた長期推計の正確さは，2010（平成22）年のデータを使って確認できる。2010（平成22）年の生涯未婚率と単身世帯率の実測

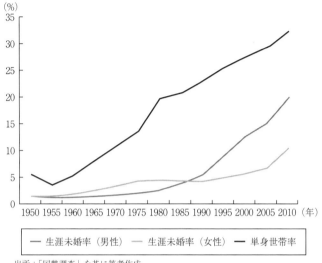

図3-6 生涯未婚率と単身世帯率の推移

出所:「国勢調査」を基に筆者作成。

値と推計値を比較すると,いずれも実測値の方が上回っている[5]。このような傾向に鑑みると,今後,家族・親族関係の動揺は,私たちの予想以上に早く進む可能性がある。

　人々のサポート源の中心に家族・親族がいるのは事実であるし,意識面でも多くの人は家族を「最優先」に考えている[6]。しかし,こうした期待は,家族を結びつける力とはならず,個人化の勢いの方が遙かに勝っているというのが現状である。

（3）家族外に求められるつながり

　家族・親族関係に動揺が見られる中,行政が期待を寄せているのが地域のつながり,および人々のニーズを媒介に自発的に結ばれるつながりである。まず,地域に関する言説やデータから見ていこう。

1）求められる地域関係と醒めた住民

　2000（平成12）年の社会福祉法の成立とともに,地域は福祉の拠点としての

第Ⅰ部　社会秩序・信頼・関係

役割を強く期待されるようになった。社会福祉法では，法律上初めて地域福祉という言葉が用いられ，「社会福祉法の目的の1つとして地域福祉の推進が盛り込まれた」（牧里 2008：27）。武川（2006）は，福祉問題が地域に集約化される様相を「地域福祉の主流化」と述べ，今や「現代日本の地方行政，地方自治，地域社会などに関係する諸問題が地域福祉のなかに集約的に表現される」（武川 2006：ⅱ）と指摘している。

　「地域福祉の主流化」とともに，社会福祉行政の地方分権化と福祉計画化が行われ，それと同時に住民同士による「支え合い」も強く求められるようになった。2008（平成20）年3月に「これからの地域福祉のあり方に関する研究会」が出した報告書『地域における「新たな支え合い」を求めて──住民と行政との協働による新しい福祉』では，住民による「支え合い」の重要性が随所に強調されている。近年では住民が主体的に関わる地域福祉の場を称して「福祉コミュニティ」という言葉も用いられている（牧里 2012）。

　家族のつながりの揺らぎとともに重荷を背負わされることになった地域だが，戦後日本の地域社会の歴史は，そこから「絆」や「つながり」を削ぎおとす軌跡でもあった。経済成長を第1目標に据えた産業政策は，都市部に人口を集約させ，地方では過疎問題，都市部では過密問題を発生させた。これにより，地方は人口の縮小による孤立のリスクを背負い，都市部は共同性の喪失による孤立のリスクを背負った。

　このような事情を受け，行政は1960年代後半から「コミュニティ政策」を通じて「つながりの再生」を図っている。しかし，コミュニティ政策は，成長を基軸とした基本路線に対して，「焼け石に水」といった効果しかもたず，地域のつながりは徐々に削がれていった。その結果，地方では人口減少による共同性の喪失，すなわち，「限界化」（大野 2005）が，都市部では孤立死・孤独死問題が指摘されるようになった。データからも地域交流の盛り上がりを確認することはできない。

　図3-7～8は，「国民生活選好度調査」（内閣府）において，近所づきあいの実態および近所づきあいのあり方を尋ねた回答の集計である。2000（平成12）

第3章　人間関係の変容と孤立

図3-7　住民の近所づきあいの実態

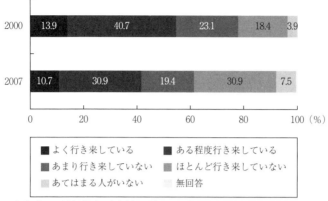

出所:「国民生活選好度調査」(内閣府) を基に筆者作成。

図3-8　人びとの近所づきあいの志向

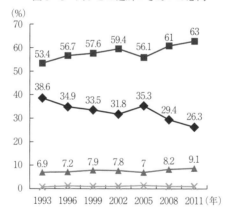

注:「自分の住んでいる地域の人と交流があることは大切だ」という
　　質問に対する意見。
出所:図3-7と同じ。

　年と2007 (平成19) 年を比べると，隣近所と「行き来」する人は着実に減少している。近所づきあいのあり方についても，「住んでいる地域の人びとと交流

73

第Ⅰ部　社会秩序・信頼・関係

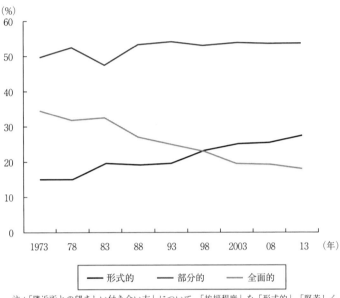

図3-9　近隣の人との付き合いの意向

注：「隣近所との望ましい付き合い方」について，「挨拶程度」を「形式的」，「堅苦しくなく話し合える」を「部分的」，「相談，助け合い」を「全面的」としている。
出所：「日本人の意識調査」（NHK放送文化研究所）を基に筆者作成。

があること」を「大切」と感じている人はほぼ一貫して減少し，必要性を感じない人，あるいは，ゆるやかに必要性を意識する人（「どちらかといえばそうである」の回答）が増えている。2000（平成12）年，2007（平成19）年と，データはやや古いものの，隣近所との付き合いは着実に減っているといえよう。

　同様の傾向は，「日本人の意識調査」（NHK放送文化研究所）からも確認できる。「隣近所との望ましい付き合い方」については，「形式的」な付き合いを望む人は1973（昭和48）年からほぼ一貫して上昇し，「全面的」な付き合いを望む人はほぼ一貫して減少している（図3-9）。

　以上のデータから，行政の高い期待とは裏腹に，住民の近隣に対する意識は下落していることが明らかである。第4節第1項のサポート源の分析でも「近隣」がほとんど挙げられていないことからもわかるように，近隣関係は，多くの人にとってサポート源ではないし，サポート源として活用したいとも思われ

ていないのである。

　郊外社会の「つながりづくり」について分析した石田（2015c）は，行政のコ
ミュニティ施策が空振りに終わり，施策開始から50年を経た今でも，地域のつ
ながりづくりは"うまくいっていない"ことを実証した。地域関係は，行政の
高い期待とほど遠い状況におかれているのである。

### ２）第三のつながり――「新しい公共性」へ

　血縁，地縁を活用し難いとなると，私たちはどのような連帯を構築すればよ
いのだろうか。その間隙を埋める役割を期待されているのが，人々のニーズ，
自発性に基づく第三のつながりである。第４節第３項１）で挙げた「新たな支
え合い」には，ニーズと自発性を基軸として結びつく「新たな」つながりも推
奨されている。民主党政権では，「新しい公共」として，これらのつながりが
奨励された。

　鳩山首相の第173回臨時国会・総理所信表明演説（2009〔平成21〕年10月）に
おいては，「『新しい公共』とは，人を支えるという役割を，『官』と言われる
人たちだけが担うのではなく，教育や子育て，街づくり，防犯や防災，医療や
福祉などに地域でかかわっておられる方々一人ひとりにも参加していただき，
それを社会全体として応援しようという新しい価値観です」と説明されている。

　この姿勢は自民党政権になっても継承され，2015（平成27）年３月には，内
閣府の共助社会づくり懇談会から『共助社会づくりの推進について――新たな
「つながり」の構築を目指して』という報告書が出されている。ここでも，冒
頭から「支援する・支援されるといった一方的な関係や他者への依存ではなく，
互いに支え合い，多様な主体による有機的な結び付きを構築し，共に課題を解
決していくという共助の精神」（共助社会づくり懇談会 2015：1）が強調されてい
る。

　人々のニーズを通じた結びつきの中心として期待されているのが，NPOや
ボランティア活動である。しかし，これについても行政の思惑通りに増えてい
るわけではない。総務省の「社会生活基本調査」から，ボランティアに携わる
人の推移を見ると，1986（昭和61）年から25％前後でほぼ変わらない（図３-

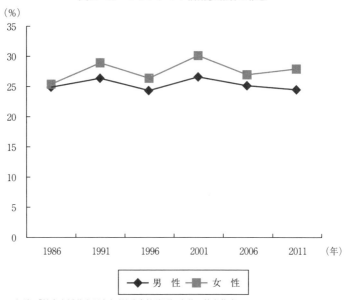

図3-10 ボランティア活動参加者の推移

出所:「社会生活基本調査」(総務省統計局) を基に筆者作成。

10)。それどころか,ボランティアへの意欲を見ると,積極的に参加したい人は緩やかに減少し(図3-11),それほど参加を望まない人が増えている。

一つ希望的な数値も挙げておこう。NPOの認証法人数は,1998(平成10)年度には,わずか23だったのが2014(平成26)年度には5万90になっている(内閣府)。ここから,共助を担う機関は増えているといえる。とはいえ,人々のサポート源に「団体」や「機関」が挙げられるケースは少ない。したがって,NPOにより,対人的なサポート機能がどの程度代替されるのか,今後注目すべきである。

3) 新たなつながりの模索

「第三のつながり」に位置づけられるのは,共助,NPOだけではない。新たなつながりを結ぶ試み,つながりを補完する試みは,現在進行形で模索されている。前者の例としては,血縁に代わる新たな居住形態としてのルームシェアやコレクティブハウス,後者の例としては,関係を親しい人に代わって取り持

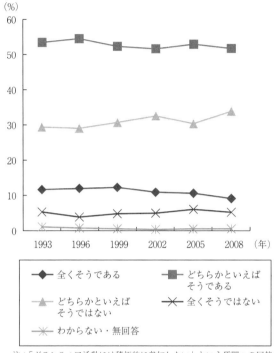

図3-11 ボランティアへの参加意欲

注：「ボランティア活動には積極的に参加したい」という質問への回答。
出所：「国民生活選好度調査」（内閣府）を基に筆者作成。

つ商用サービスが挙げられる。具体的には，友人補完ビジネスやロボット・コミュニケーションである。しかし，これらについては，現象としても新しいため，データ及び研究の蓄積も途上である。

### （4）人間関係の実情——孤立を中心に

以上の分析を基に，いったん，日本社会の人間関係の実情を，孤立をテーマとしつつまとめておこう。

まず，日本社会において人間関係が希薄化し，孤立が進んでいるか否かについては，データの不足もあり簡単には断定できない。経年的に孤立者が減っているデータもあれば，増えているデータもある。また，若年層についても友人

第Ⅰ部　社会秩序・信頼・関係

数の増減などは調査によって結果が異なっている。

　しかしながら，私たちの社会が孤立・孤独を強く意識するようになっていることは疑いない。「朝日新聞」「読売新聞」において，「孤立」「孤独」をキーワードに記事検索をかけると，抽出される件数は顕著に増えている。

　孤立死についても，2000年代以降の統計しかないものの，統計を取っている地域ではいずれも増加している。死亡件数のみならず，全体の死亡数に占める孤立死率も増えていることから，孤立に至った後に発生する死は確実に増えているといえる。では，孤立死が増える中，孤立を意識する私たちの人間関係は，どうなっているのだろうか。

　私たちのサポート源をより細かく見ていくと，若年層以外は家族・親族を中核としている。したがって，血縁関係の動揺が孤立のリスク拡大に寄与することは間違いない。にもかかわらず，そもそも家族を形成できない人が増えている。生涯未婚率は国立社会保障・人口問題研究所の推計以上の速さで高まり，単身世帯率も同様の傾向を示している。

　家族に代わってサポートを提供する存在として期待される地域の力もそう強くはない。私たちの多くは，近所の人には頼らないし，"濃密な"近所づきあいも期待していない。「新しい公共」として行政が期待するボランティアも，その気運は高まってこない。唯一，明確に数値の上昇を見せたのはNPOの団体数くらいであった。こうした関係状況が私たちの孤立への意識を敏感にさせているのだろう。

　したがって，日本社会の人間関係は，孤立化・希薄化については，データからの実証は難しいものの，血縁，地縁が動揺する中，孤立死は増え，孤立への感度が増している状況にある。いわゆる「選択縁」に位置づけられない血縁，地縁のますますの動揺は，関係構築が自己選択に強く彩られることを物語っている。このような中，私たちはどのような困難に直面し，孤立および関係性の問題に対処していく必要があるのか。最後に，その点について検討しよう。

## 5 関係性の問題

### （1）格差問題と孤立のリスク──関係論的不安の時代へ

　これまで見てきたように，個人化とともに非選択的な関係は縮小し，人間関係は自己選択の余地が増している。こうした変化は，人から選ばれる資源をもつ人に多くの人を集め，そうした資源をもたない人に関係から疎外される状況をもたらす。この状況が，先鋭的に現れているのが婚姻である。

　個人化とともに結婚は「するべきもの」から「したい人がするもの」に変化しつつある。各種世論調査においても，「結婚はすべき」という意見は年々縮小している。しかしその一方で，若年層を中心に結婚願望は相変わらず高止まりしている。[7] つまり，「結婚する・しないは各人の自由だけど私はしたい」と多くの人が考えているのだ。

　こうした中，図3-6に見たように，結婚しない／できない人は着実に増えている。その背後に見られるのは，結婚を通じた関係性の選別である。結婚への到達に経済的，人的資源の格差があることは，すでに山田（2004）や水落（2010）に指摘されている。石田（2013b）は結婚情報センターを介した「婚活」を事例に，人々の"露骨な"選別過程を詳述した。

　結婚情報センターを介した「婚活」には結婚を望む男女のプールが存在し，それぞれは写真（見た目），学歴（人的資源），収入・仕事（経済的資源），プロフィール文章等を勘案しながら，まだ見ぬ相手に交際を申し込む。そこで両者の希望が一致すれば対面し，さらに，感情的一致が見られれば交際へと進んでいく。

　「理想の相手」を効率的に検索できるよう整備されたシステムは，結果として「理想から外れた人」を効率的に疎外していく。外見を含む諸資源に恵まれた人は，多くの異性からの「申し込み」を受け，また，自らの「申し込み」を「お断り」される可能性も少ない。

　一方，資源に恵まれない人は，相手からの「申し込み」も少なく，また，自

らの「申し込み」は，にべもなく「お断り」され対面にも至らない。保有資源が少ないながらも，結婚を夢見てセンターに登録した彼ら／彼女らは，「自らに見向きをしてくれる人はいない」という冷たい事実を突き付けられ，自己承認すらも毀損される。

こうした現象は，選択縁に位置づけられる友人関係でも発生しうる。選択的な友人関係は，選択的であるからこそ，それを多くもつ人と，あまりもたない人の明暗を分けさせる。しかも，現代人は，友人の多寡，連絡の多寡を記録として残す端末——ケータイ，スマホ——を個別にもっている。友人に選ばれないことを怖れる若者は，「ぼっち」という言葉を生み出し，「一人」の状態に過敏に反応している。

とはいえ，「選ばれた人」にも安心は訪れない。選択的な関係は，個々人の感情という危うい基盤に支えられている。そのため，その基盤が崩れれば——相手が嫌だと感じれば——関係は容易に解消される。したがって，多くの人々は，存在論的不安のみならず，いつ関係から放り出されるかわからない「関係論的不安」にさらされる。今や，多くの人が孤立のリスクに怯える時代なのである。人々の不安心理を投影するかのように，孤立報道は増加している。

## （2）孤立リスクへの対処

では，こうしたリスクにどのように対処すればよいのだろうか。仮に，関係性が資本（社会関係資本）であるならば，それがない人は人生のさまざまな局面で不利な状況に立たされる。この不利を是正するため，各人が一人でも生活していけるセーフティネットを構築するというのも，一つの方策だろう。単身世帯の急増に警鐘を鳴らした藤森（2010）は，そういった政策を推奨している。

しかし，単身対応の方策は2つの点で問題を孕む。第1は孤立のさらなる拡大である。日本社会において，関係性の希薄が意識されるようになったのは，従来関係を通じて処理してきた物事を，物品や専門サービスを通じて処理するようになったからである。人は，人と関わらなくてもよいシステムを作り上げたのだ。

単身でも生きていけるシステムの構築は，関係からの撤退をさらに容易にし，結果として，関係性の市場化・選別化をより前進させる恐れがある。いわゆる，「生活保障はしたのだから，関係性は自分の努力で見つけてください」という筋立てだ。したがって，単身生活を保障するシステムの確立は，孤立化および関係の自由市場化をいっそう進める可能性を否定できないのである。

第2に，承認の問題である。関係性を通じて担っていたものを市場を通じたサービスや行政のサービスにより代替することはある程度までは可能である。しかしながら，現時点において，関係性によってしか担えないものもあるはずである。その典型として「承認」の問題が挙げられる。

「認めてもらっている」「受け入れられている」という帰属感，承認は，親密な関係以外から入手することは難しい。したがって，これらは行政や市場のサービスにはあまりなじまない。関係の自由選択化に付随する孤立リスクの拡大は，関係性から承認を得られる人，得られない人を明確に分断する可能性もある。交際する異性がいる人，友人関係に恵まれた人を「リア充」と形容し，ネットやアニメ，ゲームなどにしかつながりを見出せない人を下に見がちな現代社会は，すでにそうした状況に突入しているのかもしれない。

## （3）関係性の担保と自己決定

だからといって，関係性を何らかの形で担保するシステムの構築は難しい。というのも，関係性を担保するシステムは，搾取構造の叢生，自己決定権の侵害という2つの点で，現在，主流となっている価値観と鋭く反発するからだ。

私たちは，固有の関係性に固有の役割を背負わせるシステムから，差別や搾取の構図を読みとり批判してきた。旧来的な農村共同体，男女別に役割の分かれた夫婦への批判は，その典型である。こうした関係性を桎梏と捉え，そこから解放され，関係性の重みを縮減することは，近代社会の目標の一つであった。

努力の甲斐あって，私たちの関係性は，役割の重みから解放されつつある。その一方で，軽くなった関係性は，「心理的感情」という負荷をかけて，つなぎ止めなければならなくなった。その結果が，他者からの好感情の獲得競争を

第Ⅰ部　社会秩序・信頼・関係

通じた関係の自由市場化である。

　この個人感情優先の流れの中で，新たに関係性を担保するシステムをつくれば，それは何らかの差別構造の再編と批判される可能性が高い。仮に，首尾良くそうしたシステムを確立できたとしても，第2の問題，すなわち，自己決定権の侵害問題が立ち現れる。

　孤立死を扱う中で，最も難しいのが，「孤立を望む人」「かまってほしくない人」への対処である。すなわち，彼ら／彼女らの「かまわれたくない」自己決定をどこまで尊重するかという問題である。実際のところ，孤立している人を「放っておけば死に至りそうな人」「排除された人」と“外側”から決めつけ，彼ら／彼女らの“内側”に入り込むことの是非は，人によって分かれよう。したがって，自己決定の観点から見ても，関係性を担保するシステムの構築は難しい。

　私たちが自立・自律した主体を目指せば，その裏側に関係性の問題は分かちがたく存在する。孤立にまつわる一連の議論は，私たちが「個人」を重視する価値観とどのように折り合い，その際に生じる関係格差や承認，関係論的不安の問題とどのように向き合うかという非常に“重い”テーマに行き着くのである。

　　注
(1)　詳細は鈴木編（2015）を参照されたい。
(2)　孤立死を社会問題として捉えた代表的な議論は，NHK「無縁社会プロジェクト」取材班編（2010）である。それ以外については，石田（2011）や石田（2015b）に詳細にまとめられている。
(3)　これらの議論の詳細については，石田（2015a）を参照されたい。
(4)　「朝日新聞」は「聞蔵ビジュアルⅡ」，「読売新聞」は「ヨミダス文書館」から検索した。なお，対象とする年を1984（昭和59）年までとしたのは，それ以前になると「朝日新聞」のデータベースのあり方が変わるからである。ちなみに，それ以前の件数は，1984（昭和59）年よりもさらに減少する。
(5)　生涯未婚率の2010（平成22）年の推計値は，男性19.1％，女性10.0％だったが，実測値は20.1％と10.6％だった。単身世帯率については，推計値31.2％，実測値

32.4％である。

⑹　「国民生活に関する世論調査」（内閣府）において，「日頃の生活の中で，充実感
　　を感じる」時を尋ねた質問では，1975（昭和50）年から一貫して「家族団らんの
　　時」がトップであり，「国民性の研究全国調査」（統計数理研究所）において，「あ
　　なたにとって一番大切なもの」を尋ねた質問でも，「家族」が1983（昭和58）年か
　　らトップである。

⑺　NHK放送文化研究所の「日本人の意識調査」では，結婚を「するのが当然」と
　　考えている人は，1993（平成５）年から2013（平成25）年にかけて一貫して減少し，
　　「男女共同参画社会に関する世論調査」（内閣府）では，「結婚は個人の自由である
　　から，結婚してもしなくてもどちらでもよい」という意見に「賛成」の人は，1992
　　（平成４）年から上昇し，2004（平成16）年，2007（平成19）年にはいったん下が
　　ったものの，2009（平成21）年には再び上昇した。2009年には48％の人が賛成，
　　22％の人が「どちらかと言えば賛成」と答えている。一方，結婚願望については，
　　国立社会保障・人口問題研究所の「出生動向基本調査」において若年未婚者に結婚
　　の意思を尋ねると，2010（平成22）年でも男性の86.3％，女性の89.4％が「いずれ
　　結婚するつもり」と答えている。

⑻　詳細は石田（2015b）を参照されたい。


**参考文献**

浅野智彦（2011）『若者の気分　趣味縁からはじまる社会参加』岩波書店。

石田光規（2011）『孤立の社会学――無縁社会の処方箋』勁草書房。

石田光規（2013a）「孤立する人々の特性」稲葉陽二・藤原佳典編著『ソーシャル・キ
　　ャピタルで読み解く社会的孤立――重層的予防策とソーシャルビジネスへの展望』
　　ミネルヴァ書房，37-55頁。

石田光規（2013b）「婚活の商人と承認との不適切な関係」『現代思想』41(12)，
　　120-130頁。

石田光規（2015a）「資本主義経済システムにおける人間関係の外部性」鈴木宗徳編
　　『個人化するリスクと社会――ベック理論と現代日本』勁草書房，119-162頁。

石田光規（2015b）「個人化社会における孤立と孤立死」鈴木宗徳編『個人化するリ
　　スクと社会――ベック理論と現代日本』勁草書房，188-220頁。

石田光規（2015c）『つながりづくりの隘路――地域社会は再生するのか』勁草書房。

上野千鶴子（2007）『おひとりさまの老後』法研。

NHK「無縁社会プロジェクト」取材班編（2010）『無縁社会――“無縁死”三万二千
　　人の衝撃』文藝春秋。

大野晃（2005）『山村環境社会学序説――現代山村の限界集落化と流域共同管理』農

第Ⅰ部　社会秩序・信頼・関係

　　文協。

共助社会づくり懇談会（2015）『共助社会づくりの推進について――新たな「つなが
　　り」の構築を目指して』（内閣府主催懇談会報告書）。

これからの地域福祉のあり方に関する研究会（2008）『地域における「新たな支え合
　　い」を求めて――住民と行政の協働による新しい福祉』（http://www.mhlw.go.
　　jp/shingi/2008/03/dl/so331-7a.pdf）。

鈴木宗徳編（2015）『個人化するリスクと社会――ベック理論と現代日本』勁草書房。

武川正吾（2006）『地域福祉の主流化――福祉国家と市民社会Ⅲ』法律文化社。

辻大介（1999）「若者のコミュニケーションの変容と新しいメディア」橋元良明・船
　　津衛編『子ども・青少年とコミュニケーション』北樹出版，11-27頁。

藤森克彦（2010）『単身急増社会の衝撃』日本経済新聞出版社。

牧里毎治（2008）「住民主体をめぐる地域福祉理論」井岡勉監修，牧里毎治・山本隆
　　編『住民主体の地域福祉論――理論と実践』法律文化社，22-32頁。

牧里毎治（2012）「住民参加で読み解く岡村地域福祉論」右田紀久惠・白澤政和監修，
　　牧里毎治・岡本榮一・高森敬久編著『自発的社会福祉と地域福祉』（岡村理論の継
　　承と展開②）ミネルヴァ書房，118-144頁。

松田美佐（2000）「若者の友人関係と携帯電話利用――関係希薄化論から選択的関係
　　論へ」『社会情報学研究』（4），111-122頁。

水落正明（2010）「男性に求められる経済力と結婚」佐藤博樹・永井暁子・三輪哲編
　　『結婚の壁――非婚・晩婚の構造』勁草書房，129-143頁。

目黒依子（1987）『個人化する家族』勁草書房。

山田昌弘（2004）『希望格差社会――「負け組」の絶望感が日本を引き裂く』筑摩書
　　房。

（石田光規）

# 第Ⅱ部　社会の諸領域におけるソーシャル・キャピタル

|     |     |
| --- | --- |
| 第4章 | 親子のかかわり方と学業成績 |
|     | ——家庭内ソーシャル・キャピタルの教育効果 |

## 1 なぜソーシャル・キャピタルに教育効果があるのか

### (1) ソーシャル・キャピタルと子どもの教育達成

　本章では，特に家庭内での親子の相互関係に注目して，教育とソーシャル・キャピタル（以下，社会関係資本）の関連を検討する。海外では教育分野に限っても膨大な数の社会関係資本の効果の研究がなされており，社会関係資本そのものを把握するレベルやその効果の捉え方も多岐にわたっている。露口(2011)の整理によれば，教育に関係する社会関係資本は，①家庭内社会関係資本，②クラス社会関係資本，③学校社会関係資本，④地域社会関係資本の4つの次元として把握でき，それぞれの次元において複数の指標が用いられ，学業成績，退学抑制，大学進学促進等のさまざまな教育効果を有していることが明らかにされているという。

　しかしなぜ，社会関係資本が学業成績や教育達成にとって有益な効果を持つと考えられてきたのだろう。社会関係資本と人的資本形成に関する論考の嚆矢である Coleman（1988＝2006）では，メカニズムは次のように説明されている。Coleman にとって社会関係資本は，恩義と期待，情報の流通可能性，社会規範の3つの形態をとり，行為者の目的を達成するための資本を意味していた。彼の社会関係資本論の特徴は，社会関係資本の機能の仕方を左右するものとして世代間閉鎖性（intergenerational closure）に着目するところにある（金光 2006）。親子関係に即していえば，親が子どもの友だちの親と知り合いであることで，世代間閉鎖性が生み出される。子ども同士のみならず親同士が知り合いなら，たとえば親同士で行動規範や罰則についての共通了解を形成し，自分の子ども

を叱る時に子どもの友だちの親を味方につけることができるし、また互いの子どもを監視することもできる。このようにして世代間閉鎖性は、子育て中の保護者にとって社会関係資本として機能し、子どもの人的資本形成にも資するとされる。

そして、Coleman は特に次世代の人的資本形成にとって社会関係資本が重要な役割を担うと捉えていた。彼の議論では、「家庭における社会関係資本」と「コミュニティにおける社会関係資本」のいずれもが肝要であるとされる。家庭内社会関係資本とは「親と子の関係のこと」で、仮に両親の人的資本（＝両親の教育程度）が高かったとしても「家族関係というかたちをとった社会関係資本によって補完されないなら、子どもの教育上の成長には無関係」(Coleman 1988＝2006：224) であり、具体的には家庭内の大人の存在と、大人が子どもに向ける注意や関心の程度として測られる。一方、コミュニティ内の社会関係資本とは、前述の世代間閉鎖性に見られるような保護者同士の関係性や学校をはじめとするコミュニティの諸機関との関係性を指している。コミュニティ内の大人に構造的な閉鎖性が見られる時に、社会関係資本が存在する。これら、家庭内および家庭外の社会関係資本によって、子どもの教育達成が促進され、人的資本に転換されることとなるのである。

この論文の発表以降、海外では社会関係資本の理論をめぐって実証的な研究が積み重ねられてきた。教育と社会関係資本の関連を検討した研究の多くがColeman の理論に依拠しており (Dika & Singh 2002)、たとえば Carbonaro (1998) では世代間閉鎖性と第12学年のテストスコア、GPA、退学率の関係が検討され、数学のテストスコアを向上させ退学率を抑制するという結果が得られている。しかし、同じデータを用いた Mogan & Sørensen (1999) では、少なくとも公立学校においては、Coleman の指摘する閉鎖性の正の効果は確認されないと結論づけている。

本章で注目する家庭内社会関係資本については、中学生で親子間で学校関連の会話を行うことが成績を高める効果 (Ho & Willms 1996) や、保護者の教育期待が数学のテストスコア向上や退学抑制に効果をもつこと (Carbonaro 1998)

などの知見が得られている。学業成績に対する学校社会関係資本と家庭内社会関係資本の影響を比較した研究もなされており，双方が効果を持つものの家庭内社会関係資本の影響力の方が強いと述べられている（Dufur, Parcel & Troutman 2013）。

　日本を対象にした実証研究の蓄積は海外に比べると，それほど多いとはいえない（露口 2011）。しかし，いくつかの研究ではミクロデータを用いて社会関係資本が子どもの教育達成に及ぼす効果について検討されている（志水ら2012；Matsuoka 2014；松岡 2015；垂水 2015；石田 2016等）。それらの研究から，保護者や子どもの社会関係資本が学力にプラスの効果をもたらしたり，学校適応をうながしたり，社会ネットワークの閉鎖性によって学習時間が多くなることがわかっている。個人のレベルに関心の中心を向けるものとは若干異なるが，露口は学校レベルの信頼を軸とした社会関係資本に焦点を当てて研究を行っている（露口 2012）。

　ただし，これらの研究で注目されているのは，保護者の学校関与（Matsuoka 2014；松岡 2015；垂水 2015）であったり，ネットワークの閉鎖性（石田 2016）であったりと，むしろ家庭外の社会関係資本の方であり，家庭内社会関係資本のあり方にはあまり関心が払われてきたとはいえない。加えて，分析の対象も小学生や中学生という一定の年齢集団に限定されており，一般化という点では疑問も残る。一方，社会関係資本という文脈に明示的に位置づけられるわけではないが家庭内での親子関係についての研究もなされており，たとえば中澤（2015）では，コミュニケーションをはじめとする母子間の親子関係や進学希望について検討されている。しかし，中澤の場合も分析の対象となっているのは，高校生に限られている。

### （2）親子のかかわり方への注目

　Coleman（1988＝2006）の理論に立ち戻ってみると，子どもの人的資本形成のためには，家庭外社会関係資本のみならず，家庭内に社会関係資本が存在していることが重要なはずである。親同士のネットワークの効果が発揮されるた

めには，そもそも親子がつながっているという前提条件が満たされる必要がある。コールマン自身は子どもに対する注意や関心の程度として家庭内社会関係資本を措定し，その指標として一人親やきょうだい数といった家族形態や大学進学に関する期待，親への相談頻度を用いている[2]。しかし，物理的に注意や関心を払うことが可能だったとしても，必ずしもそれがなされるとは限らない。また，人的資本に転換されるためには，接触の頻度よりはかかわり方の方が重要かもしれない。

　そこで，本章では，親子のかかわり方に焦点を当てて家庭内社会関係資本が子どもの学業成績に及ぼす効果について検討する。親子のかかわり方に注目した場合，子どもの発達段階に応じて，かかわり方の作用の仕方も変化するのではないか，という疑問が喚起される。後に見るように親子の関係性のあり方は，小学生の間は密接であるが，学校段階が上がるにつれてその程度は薄くなっていく。であれば，子どもの発達段階に応じた適切なかかわり方というものを想定しても，それほど不自然ではないだろう。すでに指摘したように，少なくとも日本を対象にした研究の多くは，その対象を義務教育段階の子どもに限定しており，高校生でも社会関係資本が子どもの成績に影響を及ぼすかどうかは明らかになっていない。そこで本章では，小学校，中学校，高校生を比較し，学校段階ごとの家庭内社会関係資本の影響力の違いについても明らかにする。

## 2　家庭内ソーシャル・キャピタルのとらえ方

### （1）親子ペアの調査データ

　本章では，東京大学社会科学研究所とベネッセ教育総合研究所の共同研究プロジェクトで2015（平成27）年7〜8月に実施した「子どもの生活と学びに関する親子調査2015（JLSCP2015）[3]」のデータを用いる。この調査は，全国の小学校1年生から高校3年生までの子どもとその保護者（親子ペア）を対象とし，子どもと保護者それぞれから回答を得ている。そのため，親子双方についてより実態に即した行動や意識の情報を得ることができるというメリットがある。

第Ⅱ部　社会の諸領域におけるソーシャル・キャピタル

子どもについては小学校４年生以降のみが対象となっているので，小４以降の子どもと保護者両方の回答が得られたケースを分析の対象とする。

## （２）家庭内ソーシャル・キャピタルの測り方

　家庭内社会関係資本，具体的には親子のかかわり方について，「親子間の会話の話題」「（保護者の）子育て法」「親子間の信頼関係」の３つの観点から把握していく。１つ目の指標は子ども側から見た親子のかかわり方を，２つ目の指標は保護者側から見た親子のかかわり方を，３つ目の指標は相互の認識の一致／不一致を軸に信頼関係を見たものである。それぞれ以下のように指標化した。

　　　親子間の会話の話題：「学校での出来事」「友だちのこと」「勉強や成績の
　　　　　　　　　　　　　こと」「将来や進路のこと」「社会のニュース」とい
　　　　　　　　　　　　　うトピックについて父，母それぞれと会話する頻度
　　　　　　　　　　　　　（「よく話す」から「まったく話さない」をそれぞれ３点，
　　　　　　　　　　　　　２点，１点，０点とした）について，父母の平均点を
　　　　　　　　　　　　　算出（０〜３点）。
　　　保護者の子育て法：子どもに対するかかわり（「とてもあてはまる」から「ま
　　　　　　　　　　　　ったくあてはまらない」の４点尺度）について「教える」
　　　　　　　　　　　　「ほめてのばす」「統制・抑圧」に関連するそれぞれ３
　　　　　　　　　　　　項目の合計点（３〜12点[4]）。
　　　親子間の信頼関係：親子それぞれについて，子どもの気持ちが「分かる
　　　　　　　　　　　　（＝保護者）／分かってくれる（＝子ども）」と「分から
　　　　　　　　　　　　ない（＝保護者）／分かってくれない（＝子ども）」の
　　　　　　　　　　　　２区分に分け，それらを掛け合わせて，「両者とも分
　　　　　　　　　　　　かる／分かってくれる」「親のみ分かる」「子のみ分か
　　　　　　　　　　　　ってくれる」「両者とも分からない／分かってくれな
　　　　　　　　　　　　い」の４つのタイプに分類した。

第4章　親子のかかわり方と学業成績

表4-1　分析に用いる変数

| 変　数 | 子ども票 | 保護者票 | |
|---|---|---|---|
| 子どもの学業成績 | ○ | | 中高生は国語，数学，理科，社会，英語の5科目の自己申告の学年内成績（5段階）の合計，小学生は国語，算数，理科，社会4科目の自己申告のクラス内成績（5段階）の合計を算出し，学年ごとに偏差値換算 |
| 親子間信頼関係 | ○ | ○ | 本文にて説明の通り |
| 子ども性別 | | | 調査対象の子どもの性別 |
| 母学歴 | | ○ | 最後に通った学校について「高校以下」「専門・各種，短大」「大学・大学院」の3つのカテゴリーに分けた |
| 父学歴 | | ○ | |
| 世帯年収（10万円） | | ○ | 昨年1年間の世帯全体の収入（税込）のカテゴリーの中間値（10万円） |
| 教育費（千円） | | ○ | 調査対象の子どもについての月平均のカテゴリーの中間値（千円） |
| きょうだい数 | | ○ | 子ども全員の数 |
| 私立学校ダミー | | ○ | 調査対象の子どもの通っている学校の設置主体が国立もしくは私立の場合に1 |
| 保護者社会関係資本 | | | |
| 　　　友人と過ごす・話をする | | ○ | ふだんの生活における頻度（よくある，ときどきある，あまりない，まったくない）を頻度の高い順に4点，3点，2点，1点と数値化 |
| 　　　地域の行事に参加する | | ○ | |
| 　子どもの学校の活動に参加・協力 | | ○ | |
| 子育て情報源数 | | ○ | 子育てや教育の情報を得る先（MA）について，「子どもの友だちの親」，「友人」，「職場の知人」，「学校の先生」，「塾の先生」の合計点（0〜5点） |
| 子育て法 | | | |
| 　　　　　勉強を教える | | ○ | |
| 　　　　　ほめてのばす | | ○ | 本文にて説明の通り |
| 　　　　　統制・抑圧 | | ○ | |
| 親との会話の話題 | | | |
| 　　　　学校での出来事 | ○ | | |
| 　　　　友だちのこと | ○ | | |
| 　　　勉強や成績のこと | ○ | | 本文にて説明の通り |
| 　　　将来や進路のこと | ○ | | |
| 　　　社会のニュース | ○ | | |
| 子ども学校適応スコア | ○ | | 学校生活について「授業が楽しい」「友だちと過ごすのが楽しい」「尊敬できる先生がいる」「運動会や遠足（文化祭）などの学校行事が楽しい」「自分のクラスが好きだ」「自分の学校が好きだ」（とてもあてはまる，まあまああてはまる，あまりあてはまらない，まったくあてはまらない）を当てはまる順に4点から1点に数値化した後，主成分得点を算出 |

91

第Ⅱ部　社会の諸領域におけるソーシャル・キャピタル

　なお、「親子間の信頼関係」については、認識が一致しているのが最初と最後のタイプ、真ん中の２つは認識が不一致のタイプとなる。最初のタイプが最も信頼関係が高いと考えられるが、残りの３つについては、それぞれに信頼関係という点では難がある。たとえば「親のみ分かってくれる」というタイプの方が実際問題としては、子どものストレスは高まるかもしれない。

　これらのほかに、分析には家庭の社会経済的状況に加えて、保護者の社会関係資本や子どもの学校適応の変数も用いるが、それらについては表４-１にまとめている。

## 3　子どもの成長と親子のかかわり方

　子どもの成長とともに保護者のかかわり方は変化する。子どもが小さいうちは、直接の保護や庇護の対象であるが、子どもが成長して自立心や独立心が芽生えてくれば、間接的に見守るという姿勢に重心を移さざるを得ない。[5]子育てに費やす時間という点から考えても、子どもが成長するにしたがって長時間学校に滞在するようになれば、種々の行動を子どもに任せておけるようになるので保護者が自由になる時間は増えると考えられる。学級階段ごとの家庭内での親子関係のあり方には、どのような違いがみられるのだろうか。

　親との会話の話題の違いをみてみよう（表４-２）。保護者と一番よく話すのは、どの学校段階でも「学校での出来事」である。子どもにとって生活の中心は学校にあり、そこで起こったことを話そうと思ったら、自然と学校の話題になるのだろう。ただし、学校段階が上がると、この話題を話す頻度は低下する。同じく、低下するのは「友だちのこと」と「勉強や成績のこと」である。「友だちのこと」も身近な話題ではあるが、中学校、高校と親子の会話の中心ではなくなっていく。子どもが成長して親とは違う自分の世界を持つことを反映しているのかもしれない。「勉強や成績のこと」を最もよく話しているのも小学生である。学校での勉強が難しくなり、高校受験を控えた中学生の方が勉強や成績を話題にしていそうなものだが、そうはなっていない。一方で、中学生や

第4章　親子のかかわり方と学業成績

表4-2　親との会話と子育て法の平均値（学校段階別）

| | 小4-6生 | | 中学生 | | 高校生 | |
|---|---|---|---|---|---|---|
| 親との会話の話題 | 平均値 | 標準偏差 | 平均値 | 標準偏差 | 平均値 | 標準偏差 |
| 　学校での出来事 | 2.11 | (0.72) | 1.91 | (0.75) | 1.79 | (0.76) |
| 　友だちのこと | 1.99 | (0.73) | 1.77 | (0.75) | 1.59 | (0.77) |
| 　勉強や成績のこと | 1.99 | (0.79) | 1.95 | (0.75) | 1.75 | (0.73) |
| 　将来や進路のこと | 1.33 | (0.89) | 1.56 | (0.83) | 1.73 | (0.74) |
| 　社会のニュース | 1.27 | (0.92) | 1.35 | (0.85) | 1.34 | (0.81) |
| 子育て法 | | | | | | |
| 　勉強を教える | 8.14 | (1.96) | 7.33 | (2.11) | 6.19 | (2.11) |
| 　ほめて伸ばす | 10.25 | (1.37) | 10.09 | (1.43) | 10.07 | (1.47) |
| 　統制・抑圧 | 7.33 | (1.44) | 7.13 | (1.47) | 6.72 | (1.48) |

出所：JLSCP2015データを基に筆者作成。

高校生になると「将来や進路のこと」がよく話されるようになる。中学生や高校生で「勉強や成績のこと」について話す頻度が減少するのは，この話題が将来や進路のことを絡めて話されるようになるからだとも考えられる。「社会のニュース」が親子の話題となることは少ないが，それでも小学生よりは，中学生や高校生の方が話題にする傾向にある。小学生のうちは，社会のニュースを子どもが理解することが難しい場合が多く，話題にのぼることが少ないのだと考えられる。

　子育て法についてはどうだろうか。表4-2には，すべての子育て法の得点が小学生の保護者で最も高く，高校生で最も低いことが示されている。変化が最も大きいのは「勉強を教える」であり，小学生と高校生の差は2ポイント近くになる。高校生になると学習内容の難易度が高まり，教える力量がある保護者も限定されるため，数値が低くなるのだろう。「勉強を教える」ほどではないが，「統制・抑圧」も減少している。小学生のうちは子どもの自主性に完全に任せることに危なっかしさが伴い，子どもの側も保護者の思惑に従うのかもしれないが，高校生になると，ある程度子どもの自主的な判断に任せておいても大丈夫ということなのかもしれない。「ほめてのばす」は，どの学校段階でも最も得点が高く，数値の変化も小さい。多くの親は，できるだけ子どもを肯定しようと心がけており，それは学校段階が上がってもあまり変わらない。

93

第Ⅱ部　社会の諸領域におけるソーシャル・キャピタル

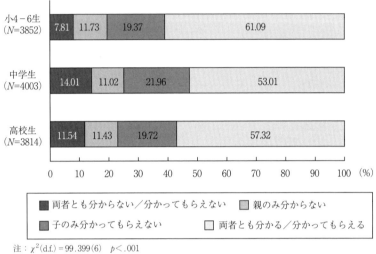

図4-1　親子間の信頼関係（学校段階別）

注：$\chi^2$(d.f.) = 99.399(6)　$p<.001$
出所：表4-2と同じ。

　このように，子どもの成長に伴なって，直接的な庇護や保護の対象から，ある意味対等に近いものへと親子関係は変化する。親子間の信頼関係は，どう変化するのだろうか。図4-1には，子どもの気持ちについての親子の認識類型の分布を示している。一見して分かるのは，どの学校段階でも思いのほか信頼関係を築いている親子ペアが多いことである。小学生や高校生の場合は約6割，中学生でも半数以上の親子がお互いに子どもの気持ちが「分かる／分かってもらえる」と回答している。反対に，「両者とも分からない／分かってもらえない」が最も多いのは，中学生の場合でありその比率は14％にのぼる。小学生の場合は8％に満たないので，第2次反抗期に差しかかると，お互いの不信感は高まるといえる。ただし，高校生ではこの類型は若干減少するので，親子間の不信は子どもの成長に伴う一過性のものであると判断される。「親のみ分からない」の比率と「子のみ分かってもらえない」の比率には，学校段階による大きな差はないが，強いて言えば中学生で「子のみ分かってもらえない」の比率が高くなるようである。おそらくこれも，第2次反抗期の成長プロセスを反映したものであろう。

## 4　親子間の信頼関係を促進する要因

　前項で確認したように子どもが第2次反抗期を迎える中学校段階では，親子間の不信が高まる傾向にあった。この親子の信頼関係はどのような要因で促進されたり，阻害されたりするのだろうか。それを確かめるために親子の信頼類型を従属変数にした多項ロジット分析を行った（表4-3）。「両者とも分かる／分かってくれる」を基底にしているので，分析結果は信頼関係が最も強固に構築されているペアに比較して，それぞれの類型にどの程度なりやすいかということが示されている。

　小学生，中学生，高校生のいずれの結果でも，本人や家庭の社会経済地位関係の変数には有意なものは少なく，(6)親子間の信頼関係は属性的な変数にはあまり左右されないことがわかる。

　保護者の社会関係資本に注目すると，高校生では有意な効果を持つ変数はなく，小学生の場合も有意な変数は少ない。一方，中学生の場合は，子どもの学校の活動に参加・協力すれば，「両者とも分からない／分かってくれない」もしくは「親のみ分からない」，つまり親側は分からないとは思わなくなること，「友人と過ごす・話をする」の場合にも「親のみ分からない」になりにくくなることが示されている。一方，「地域の行事に参加する」ことは「親のみ分からない」になりやすいという結果となっている。地域の行事への参加は，小学生の「子のみ分かってくれない」へのなりやすさも高めており，保護者の地域への関与が高いほど，理解が損なわれる方向に作用するという点で，他の2つの保護者の社会関係資本とは性質を異にしている。子育て情報源数が有意となる学校段階はない。

　家庭内社会関係資本の効果に目を転じよう。すべての学校段階で子育て法は同様の効果を持っており，「ほめてのばす」かかわり方は親子間の信頼関係を築くが，「統制・抑圧」的なかかわり方は，信頼関係を損なうことが示されている。「勉強を教える」ことの効果が確認されるのは，高校生の「親のみ分か

表4−3　親子間信頼関係類型を規定する要因

| vs. 親子とも分かる／分かってくれる | 小4~6生 両者分からない 係数 | 小4~6生 親のみ分からない 係数 | 小4~6生 子のみ分かってくれない 係数 | 中学生 両者分からない 係数 | 中学生 親のみ分からない 係数 | 中学生 子のみ分かってくれない 係数 | 高校生 両者分からない 係数 | 高校生 親のみ分からない 係数 | 高校生 子のみ分かってくれない 係数 |
|---|---|---|---|---|---|---|---|---|---|
| 性別　男子 | -.139 | -.096 | .134 | .259* | .005 | -.180 | -.073 | .073 | .123 |
| 母学歴（vs. 高校以下）短大・専門 | -.339 | -.303 | -.022 | .032 | .194 | .103 | .113 | -.125 | .028 |
| 母学歴　大学・大学院 | -.465* | -.202 | .035 | .057 | .416* | .110 | -.045 | -.041 | -.051 |
| 父学歴（vs. 高校以下）短大・専門 | .166 | .001 | .055 | .023 | .102 | .063 | .437* | .531* | .238 |
| 父学歴　大学・大学院 | .316 | .175 | .028 | -.160 | -.242 | -.083 | .217 | .218 | .120 |
| 世帯年収 | .001 | -.001 | .000 | .002 | .002 | .003* | .001 | -.002 | -.002 |
| 教育費 | -.001 | -.003 | .001 | -.002 | -.009* | -.002 | -.001 | -.003 | .004 |
| きょうだい数 | -.022 | .067 | -.011 | -.031 | .110 | -.104 | -.071 | .027 | -.108 |
| 私立学校ダミー | .615 | -.455 | .817*** | .281 | .224 | .027 | .069 | -.051 | .005 |
| 保護者SC　友人と過ごす・話をする | -.211* | -.067 | -.086 | .028 | -.315*** | -.062 | -.107 | -.121 | -.005 |
| 保護者SC　地域の行事に参加する | .162 | .121 | .144* | .033 | .211* | .004 | .036 | .015 | .081 |
| 保護者SC　子どもの学校の活動に参加・協力 | -.068 | -.145 | -.004 | -.284** | -.258** | .009 | -.158 | -.046 | -.046 |
| 子育て情報源数 | .044 | -.080 | -.050 | -.017 | .047 | .041 | .065 | .060 | .074 |
| 子育て法　勉強を教える | -.073 | -.056 | -.054 | -.056 | -.033 | -.041 | -.063 | -.083* | .029 |
| 子育て法　はめてのばす | -.248*** | -.169*** | -.164*** | -.344*** | -.162*** | -.117*** | -.340*** | -.220*** | -.236*** |
| 子育て法　統制・抑圧 | .649*** | .447*** | .159*** | .647*** | .384*** | .187*** | .543*** | .452*** | .220*** |
| 親との会話　学校での出来事 | -.367* | -.562*** | -.494*** | -.366* | -.004 | -.152 | -.276 | -.203 | -.158 |
| 親との会話　友だちのこと | -.144 | .153 | .151 | -.325* | -.300* | -.086 | -.315* | .000 | -.076 |
| 親との会話　勉強や成績のこと | -.392** | -.129 | -.152 | -.342*** | -.364*** | -.250*** | .111 | -.237 | -.174 |
| 親との会話　将来や進路のこと | .027 | .164 | -.011 | .049 | -.021 | -.005 | -.247 | .028 | .019 |
| 親との会話　社会のニュース | .022 | .020 | .036 | -.089 | .016 | -.114 | -.122 | -.057 | -.045 |
| 定数 | -1.874* | -1.382* | .696 | .439 | -.525 | .553 | .150 | -.907 | .435 |
| 尤度比カイ自乗（自由度） | 444.25(63) | | | 613.91(63) | | | 479.06(63) | | |
| 有意性確率 | .000 | | | .000 | | | .000 | | |
| AIC | 5872.463 | | | 6549.841 | | | 5748.758 | | |
| N | 2920 | | | 2979 | | | 2718 | | |

注：*p<0.05, **p<0.01, ***p<0.001。
出所：表4−2と同じ。

らない」型についてのみである。したがって，親からの接触という点からいえ
ば，肯定的に子どもとかかわることによって子どもとの信頼関係が育まれるも
のの，親の思惑通りにしようとすると信頼関係は構築されず，それは子どもの
年齢にかかわらず一貫しているといえよう。

　親子間の話題には，学校段階による違いが見られる。小学生の場合，「学校
での出来事」についての会話は信頼関係を高め，「勉強や成績のこと」を話す
と「両者とも分からない／分かってくれない」にはなりにくい。中学生では，
「学校での出来事」が有意なのは「両者とも分からない／分かってくれない」
のみであり，代わりに「勉強や成績のこと」がすべての類型で有意となってい
る。また，「友だちのこと」も「両者とも分からない／分かってくれない」と
「親のみ分からない」について有意である。いずれの場合も係数の符号は負で
あるので，これらの話題を話すと親子間の信頼関係が高まると解釈できる。高
校生では，「両者とも分からない／分かってくれない」で「友だちのこと」の
みマイナスで有意となっており，信頼関係が崩壊しているペアでは友だちのこ
とを話さない傾向にあるといえる。ただし，因果の方向性という点では，逆の
方向での作用，すなわち，ある話題を親と話すことができるのはすでに信頼関
係があるからだ，と解釈することも可能である。その意味では上記の解釈には
留意が必要となるが，いずれにせよ，親子の会話がどのような話題によって成
り立っているかと信頼関係の関連の仕方が学校段階によって異なっているとい
える。子どもが小学生のうちは，「学校での出来事」という最も身近な話題と
関連があり，中学生では「勉強や成績のこと」という身近ではあるが，多少セ
ンシティブな話題の関連がみられ，高校生では親子間の会話の話題との関連は
それほど見られなくなる。このような変化は，おそらく親が知りたいと思う子
どもの情報の重点の変化を反映していると考えられる。高校受験に否応なく巻
き込まれる中学生親子の最大の関心事は「勉強や成績のこと」であり，この情
報を親子間で共有できていることが信頼関係の構築につながるのではないだろ
うか。高校生で話題による信頼構築への効果が低いのは，子どもの通学する学
校の種類や希望する進路が多様化するからかもしれない。

第Ⅱ部　社会の諸領域におけるソーシャル・キャピタル

以上より，親子の信頼関係は，主に親子の接触の仕方に規定されているといえる。親の子育て法の効果はどの学校段階でも変わらず，肯定的な接触をすれば信頼が高く，統制・抑圧的な場合は信頼関係が損なわれる。また，親子の会話の話題が持つ効果は学校段階によって異なり，それは成長に伴う関心のシフトを反映している。保護者の社会関係資本の効果は，家庭内の親子の接触の仕方に比べれば大きいとはいえないが，中学校段階においては，保護者が子どもの学校に関与したり，自身の友人と過ごしたりすることのプラスの効果が確認された。

## 5　家庭内ソーシャル・キャピタルと子どもの成績の関係

最後に子どもの成績に対する社会関係資本の効果を確認しよう。表4-4には学校段階ごとに子どもの成績（自己申告のクラス／校内成績の偏差値）を従属変数とする重回帰分析（OLS）を行った結果を示している。モデル1には家庭の社会経済的状況を示す変数と保護者の社会関係資本関連の変数を投入し，モデル2にはそれに追加して家庭内での親子相互関係と子どもの学校適応を投入している。調整済み決定係数を見ると，小中高すべての学校段階で，モデル2の説明力が大幅に増加しており，家庭内社会関係資本や子どもの学校適応は学業成績に大きく影響していることがまず指摘できる。

結果を細かく見ていこう。先程の親子の信頼関係の結果とは異なり，小中段階では，世帯の社会経済的状況がモデル1，モデル2ともに有意な効果を持っている。基本的には，親の学歴が高く，世帯年収や教育費が多い方が成績が良く，きょうだい数が多いと成績が悪いというこれまで幾度となく確認されてきた傾向が示されている。他方，高校でこれらの変数は有意ではないのは，この段階では学力と学校とに明確な対応関係があるため，どの学校に通うかという部分に社会経済的状況の効果が吸収されてしまっているからであろう。

保護者の社会関係資本については，中学生と高校生のモデル1で「子どもの学校の活動に参加・協力」することがプラスで有意となっている。保護者が子

98

表 4-4　学業成績の規定要因

| | 小4-6生 | | | | 中学生 | | | | 高校生 | | | |
|---|---|---|---|---|---|---|---|---|---|---|---|---|
| | モデル1 | | モデル2 | | モデル1 | | モデル2 | | モデル1 | | モデル2 | |
| | 係数 | 標準誤差 | 係数 | 標準誤差 | 係数 | 標準誤差 | 係数 | 標準誤差 | 係数 | 標準誤差 | 係数 | 標準誤差 |
| 性別　男子 | .199 | .359 | .762* | .351 | -.328 | .347 | -.040 | .331 | -.521 | .404 | -.258 | .401 |
| 母学歴（vs. 高校以下）　短大・専門 | 1.109* | .469 | .916* | .449 | 1.308** | .435 | 1.087** | .411 | -.145 | .494 | -.262 | .480 |
| 大学・大学院 | 3.162*** | .554 | 2.830*** | .532 | 3.380*** | .527 | 3.076*** | .507 | .590 | .618 | .379 | .612 |
| 父学歴（vs. 高校以下）　短大・専門 | .585 | .558 | .353 | .558 | .798 | .542 | .580 | .511 | -1.293 | .667 | -1.112 | .647 |
| 大学・大学院 | 1.705*** | .459 | 1.242* | .441 | 3.150*** | .434 | 2.604*** | .409 | .428 | .500 | .348 | .485 |
| 世帯年収 | .013* | .006 | .014* | .006 | .008 | .006 | .005 | .006 | -.007 | .006 | .003 | .006 |
| 教育費 | .092*** | .015 | .075*** | .015 | .039** | .012 | .032** | .012 | -.007 | .013 | -.014 | .013 |
| きょうだい数 | -.592* | .230 | -.343 | .222 | -.919*** | .221 | -.724** | .210 | -.337 | .274 | -.265 | .266 |
| 私立学校ダミー | -2.011 | 1.288 | -1.969 | 1.235 | -2.669*** | .571 | -2.510*** | .543 | .420 | .441 | .628 | .428 |
| 保護者SC　友人と過ごす・話をする | .068 | .254 | -.296 | .245 | -.080 | .245 | -.326 | .234 | -.286 | .281 | -.366 | .275 |
| 地域の行事に参加する | -.187 | .264 | -.227 | .253 | .247 | .242 | .084 | .228 | -.269 | .267 | -.221 | .261 |
| 子どもの学校の活動に参加・協力 | .541 | .297 | .267 | .285 | .947*** | .263 | .473 | .252 | .584* | .274 | .168 | .270 |
| 子育て情報源数 | -.095 | .166 | -.065 | .159 | -.305* | .152 | -.212 | .143 | -.535*** | .187 | -.446* | .181 |
| 子育て法　勉強を教える | | | -.014 | .095 | | | -.095 | .083 | | | -.139 | .101 |
| ほめてのばす | | | .276* | .139 | | | .358** | .125 | | | .254 | .148 |
| 統制・抑圧 | | | .115 | .127 | | | -.292* | .120 | | | -.370* | .143 |
| 親との会話　学校での出来事 | | | .864* | .375 | | | -.290 | .390 | | | -.132 | .481 |
| 友だちのこと | | | -1.489*** | .352 | | | -1.077*** | .368 | | | -1.746*** | .461 |
| 勉強や成績のこと | | | 2.413*** | .276 | | | 4.103*** | .323 | | | 3.309*** | .440 |
| 将来や進路のこと | | | -.161 | .240 | | | -.642* | .271 | | | -.348 | .423 |
| 社会のニュース | | | 1.147*** | .220 | | | .628** | .237 | | | .191 | .305 |
| 親子信頼（vs. 親子とも分かる）　子どもも分からない/分かってもらえない | | | -1.867** | .688 | | | -2.618*** | .536 | | | -2.726*** | .668 |
| 親のみ分からない | | | -1.448* | .572 | | | -.760 | .563 | | | -1.220 | .667 |
| 子どものみ分かってもらえない | | | -.648 | .460 | | | -.915* | .420 | | | -1.537** | .521 |
| 子ども　学校適応スコア | | | 1.065*** | .202 | | | .832*** | .172 | | | 1.157*** | .213 |
| 定数 | 45.675*** | 1.201 | 39.078*** | 2.033 | 45.823*** | 1.109 | 42.869*** | 1.835 | 50.803*** | 1.185 | 51.499*** | 2.063 |
| 調整済み決定係数 | .068*** | | .149*** | | .076*** | | .182*** | | .009*** | | .073*** | |
| AIC | 21145.887 | | 20894.995 | | 21627.484 | | 21278.788 | | 18421.196 | | 18269.071 | |
| N | 2870 | | 2870 | | 2953 | | 2953 | | 2473 | | 2473 | |

注：*p<0.05，**p<0.01，***p<0.001
出所：表4-2と同じ。

99

どもの学校に一定のかかわりを持っている場合は，子どもの成績が高いということができる。一方，子育て情報源数は中学生と高校生でマイナスであり，保護者の情報源数が多いほど成績が低いということになる。

子育て法に関しては，学習成果に直接つながると思われる「勉強を教える」の効果は，いずれの学校段階においても確認されなかった。有意ではないものの係数の符号は負なので，保護者が子どもに勉強を教えるほど成績が悪い傾向があることになる。一方で，「ほめてのばす」子育て法は，小中学校段階ではプラスの，「統制・抑圧」的子育て法は中高段階でマイナスの有意な効果を持っている。ここからわかるのは，学業に対する直接的でないかかわり方の方が成績との関連が強いということである。ただし，逆の方向での因果関係，すなわち子どもの成績や育ち方が心配だから多くの子育て情報源に頼らざるを得ず，（統計的に有意ではないものの）また，子どもの成績が悪いため保護者が教えざるを得ない状況にある可能性は捨てきれない。

親子の会話内容については逆で，「勉強や成績のこと」という学業と関連が高い会話は，どの学校段階でも成績を高める有意な効果がある。また「友だちのこと」についての会話の頻度が高いと成績が悪いというのも，学校段階に共通した傾向である。小中学校段階では「社会のニュース」の会話にプラスの効果が見られることも共通している。小学校段階では，「学校での出来事」の頻度が高いと成績が高く，中学校段階では「将来や進路のこと」を話した方が成績が低い傾向があることも示されている。以上の親子関係の2つの側面から得られた結果を総合すると，勉強を教えるといった保護者の直接的な関与ではなく，勉強について会話をするとか，ほめてのばすなど向学習的な幅広い関与の仕方の方が学業達成との関連があるといえる。Carbonaro（1998）では，保護者の進学期待に学業成績を高め退学を抑制するという独自の効果があり，社会関係資本は特定の価値や期待と結びつくことで効果を発揮する可能性が指摘されているが，特定の文脈——すなわち直接具体的な関与ではなく，ゆるやかな関与に効果がある——という点では本分析の結果と類似している。小中学校で「社会のニュース」の話題がプラスに効いているのも，そのような話題を通じ

て，子どもの興味関心を幅広く喚起することに成功しているからなのかもしれ
ない。

　親子間の信頼関係も，子どもの学業成績に影響している。「両者とも分から
ない」という類型では，子どもの成績が低い傾向がある。小学校では，「親の
み分からない」場合，中高段階では「子のみ分からない」場合も成績が低くな
る傾向があり，信頼関係の構築も子どもの学業成績にとって重要な要因となり
うることが示されている。先に親子間の会話の内容について検討した際，「友
だちのこと」は成績と負の関連があることを指摘した。一方で，少なくとも中
高段階においては，この話題は親子間の信頼関係に寄与することは，先の分析
から明らかになっている。であるならば，子どもの「友だち」についての会話
は，親子間の信頼関係を強めるという回路を通じてのプラスの効果と直接的な
負の効果という２つの打ち消し合う効果が併存しているということもできる。

## 6　家庭内ソーシャル・キャピタルの持つ効果
### ── どのようなかかわり方がよいのか

　ここまでわかったことを再度まとめておこう。子どもの発達に伴って親子関
係は変化する。小学生であれば，保護者は密接に子どもに関与するが，成長と
ともにその度合いを低め，親子間の会話の内容も「学校での出来事」や「友だ
ちのこと」という身近な日常生活の出来事から「将来や進路のこと」へとシフ
トしていく。親子間の信頼関係は総じて高い傾向があるが，それでも中学生で
はお互いに「気持ちが分からない／分かってもらえない」と思っているペアの
比率が高くなる。このような親子間の信頼関係との関連が強いのは，家庭の社
会経済的な立ち位置ではなく，家庭内社会関係資本の方である。どの学校段階
でも，保護者の肯定的なかかわりは信頼関係を高めるという結果が得られた。
また，学校段階によって信頼が高くなる話題が異なることも示された。

　家庭の社会経済的地位は親子間信頼関係には影響しなかったものの，子ども
の学業成績には影響を持っている。ただし，それらの要因を統制してもなお家
庭内社会関係資本にも強い影響力が認められる。親のかかわり方という点では，

第Ⅱ部　社会の諸領域におけるソーシャル・キャピタル

直接的な介入よりも間接的な介入の方が子どもの学力形成に資する可能性がある。「勉強を教える」ことの効果は親子間の信頼関係の形成にはほとんど影響せず，何よりも子どもの学業成績への効果は確認されなかった。それよりも「ほめてのばす」という肯定的なかかわり方や親子の会話の話題として「勉強や成績のこと」を話す方が学業成績にはプラスに作用する。また，小中学校段階では，「社会のニュース」についての会話も学業成績に正に作用する。子どもの学習に直接かかわることではなく，それとなく興味関心を喚起したり，ほめたり応援したりといったいわば見守り型のかかわり方の方が成績を高めていると考えられる。統制・抑圧的な子育て法が総じてネガティブな効果を持っていることも，見守り型のかかわり方がポジティブな効果を持つことの裏返しであろう。同様のかかわり方でも学校段階によって効果の有無が異なっているが，それはおそらく発達段階に応じて子どもの関心が呼び起こされる刺激が異なるからであると考えられる。

　学校段階ごとの違いという点からは，保護者の社会関係資本や家庭内社会関係資本と親子間の信頼関係や学業成績との関連が最も強いのは，中学校段階であるといえる。中学生では，保護者の学校活動への関与に信頼関係を高める効果と学業成績を高める効果の両方が確認された。また，学業成績については，子育て法や会話の話題についても有意な効果のある変数が他の学校段階に比べて多く，親子間の相互関係による影響が相当強いことが示唆される。なぜ中学校段階なのかの解釈を導くことは容易ではないが，子どもが第2次反抗期にあることが理由の一つとして考えられよう。子ども側に独立心や自立心が芽生えるため，それまで密着関係にあった親子関係を変容させる必要が生じると想定されるからである。まだ未熟な子どもの側から出せるシグナルは不器用なものにならざるを得ないので，適切な保護者側のかじ取りが肝要となるのかもしれない。

　社会関係資本と教育に関する研究の射程の広さを考慮すれば，本章で明らかにできたのは，そのごくごく一部分に過ぎず，残されている課題は山積みである。そのうちのいくつかを述べて，筆を置くこととしたい。

第4章　親子のかかわり方と学業成績

　第1の点として，データの制約が挙げられる。本章で扱ったデータは一時点の調査から得られたものであり，因果的メカニズムの妥当性という点では問題があることは否めない。たとえば，保護者が「ほめてのばして」いるから成績が良いのか，成績が良いから「ほめてのばす」ことができるのかを区別することができないのである。会話についても同様で，勉強や成績のことを話すから成績が伸びると解釈したが，逆にそれなりに成績がよい子どもだけが保護者と気まずくならずに「勉強や成績のこと」を話せるのかもしれない。この課題を一定程度解決するために，もう少し精緻な分析に耐えるデータを集めることが必要である。

　第2の点として，グループごとの社会関係資本の効果の違いを検討することが挙げられる。本章の関心の一つは学校段階ごとの違いを明らかにすることにあったので，社会階層による効果の違いについてはまったく検討できていない。高田（2008）や志水ら（2012）で指摘されているように，むしろ低階層の家庭ほど社会関係資本が有効に機能するのだとしたら，そこには政策的な介入の余地があり，実践的にはこの点が明らかになることで得られる社会的な利益は大きい。これと関連して，保護者がどのような「価値」を子どもに伝えているのかについての検討も不十分である。保護者の社会観や価値観によって，家庭内社会関係資本の意味内容も異なってくるため，その作用の仕方も一律ではないことは想像に難くない。これらの点を明らかにできれば，社会関係資本と教育の関連を検討することの学問的な意義のみならず社会政策的な意義も高めることとなるだろう。日本を対象とした多くの検討がなされていくことが今後期待される。

## 付　記

「子どもの生活と学びに関する親子調査2015（JLSCP2015）」は，東京大学社会科学研究所・ベネッセ教育総合研究所共同研究「子どもの生活と学び」研究プロジェクトが実施した調査である。データの使用にあたっては，同プロジェクト（石田浩先生〔代表・東京大学〕，耳塚寛明先生〔お茶の水女子大学〕，秋田喜代美先生〔東京大学〕，松下佳代先生〔京都大学〕，佐藤香先生〔東京大学〕，有田伸先生〔東京大学〕，藤原

第Ⅱ部　社会の諸領域におけるソーシャル・キャピタル

翔先生〔東京大学〕）の許可を得た。記して謝意を表する。

## 注

(1)　少し古いレビューになるが，Dika & Singh（2002）では，"social capital"や
"social capital and education"をキーワードとして各種のデータベースで検索した
結果が示され（p.36 Table1），1990年代後半に飛躍的に社会関係資本関連の文献が
増加していることが示されている。そこで用いられているデータベースの一つ
ERIC を用いて，2000年代以降の変化を見たところ，2002年以降も順調に文献数は
増加しており，特に2010年代前半には毎年250報以上の文献数がヒットした。

(2)　家族形態や進学期待については退学を抑制する効果が見られるが，親と相談する
頻度の効果は有意なものではないという結果が得られている。

(3)　「子どもの生活と学びに関する親子調査2015（JLSCP2015）」の詳しい調査設計や
サンプルサイズについては，ベネッセ教育総合研究所（2016）を参照されたい。

(4)　教える：勉強を教える，勉強のやり方を教える，勉強のおもしろさを教える。
　　　ほめてのばす：いいことをしたときにほめる，失敗したときにはげます，子ども
　　　　　　　　　　がやりたいことを応援する。
　　　統制・抑圧：何にでもすぐ口出しをする，親子で意見が違うときは親の意見を優
　　　　　　　　　先する，子どもに約束したことを守らない。

(5)　一次的社会化と二次的社会化（渡辺 2014）における親役割の違いということも
できる。田中（2009）は，ソーシャライザーとしての親役割の変化や課題について
指摘している。

(6)　子どもの性別から私立学校ダミーまでの変数だけを用いて推定しても，小学生，
中学生，高校生のすべてにおいてモデルは有意ではなく，これらの変数によっては
親子間の信頼関係は予測できない。

## 参考文献

石田賢示（2016）「社会ネットワーク構造と教育における人的資本形成——日本にお
ける社会ネットワーク閉鎖性仮説の検証」東京大学社会科学研究所　パネル調査プ
ロジェクト・ディスカッションペーパーシリーズ No.99。

稲葉陽二（2007）『ソーシャル・キャピタル——「信頼の絆」で解く現代経済・社会
の諸課題』生産性出版。

稲葉陽二（2011）『ソーシャル・キャピタル入門——孤立から絆へ』中公新書。

金光淳（2006）「著者紹介・文献解題　ジェームズ・コールマン」野沢慎司編・監訳
『リーディングス　ネットワーク論——家族・コミュニティ・社会関係資本』勁草
書房，239-241頁。

志水宏吉・中村瑛仁・知念渉（2012）「学力と社会関係資本──『つながり格差』について」志水宏吉・高田一宏編著『学力政策の比較社会学 【国内編】 全国学力テストは都道府県に何をもたらしたか』明石書店，52-89頁。

高田一宏（2008）「同和地区における低学力問題──教育をめぐる社会的不平等の現実」『教育学研究』75(2)，180-191頁。

田中理絵（2009）「家族の拡大と子供の教育──役割遂行期（Ⅳ）」住田正樹・田中理絵『人間発達論』放送大学教育振興会，156-170頁。

垂水裕子（2015）「香港・日本の小学校における親と学校の関わり──家庭背景・社会関係資本・学力の関連」『比較教育学研究』51，129-150頁。

露口健司（2011）「教育」稲葉陽二・大守隆・近藤克則・宮田加久子・矢野聡・吉野諒三編『ソーシャル・キャピタルのフロンティア──その到達点と可能性』ミネルヴァ書房，173-196頁。

露口健司（2012）『学校組織の信頼』大学教育出版。

中澤渉（2015）「進学希望意識はどこで生まれるのか──母子間における接触と意見の一致／不一致に注目して」中澤渉・藤原翔編著『格差社会の中の高校生』勁草書房，99-114頁。

ベネッセ教育総合研究所編（2016）『速報版 子どもの生活と学びに関する親子調査2015』（http://berd.benesse.jp/shotouchutou/research/detail1.php?id=4848，2017. 11.8)

松岡亮二（2015）「父母の学校活動関与と小学校児童の学校適応──縦断データによる社会資本研究」『教育社会学研究』96，241-262頁。

渡辺秀樹（2014）「一次的社会化から二次的社会化へ──家族を越えて」渡辺秀樹・竹ノ下弘久編著『越境する家族社会学』学文社，87-104頁。

Carbonaro, W. J. (1998) "A Little Help from My Friend's Parents : Intergenerational Closure and Educational Outcomes" *Sociology of Education* 71(4), pp. 295-313.

Coleman, J. S. (1988) "Social Capital in the Creation of Human Capital" *American Journal of Sociology* 94, S95-S120.（＝2006，金光淳訳「人的資本の形成における社会関係資本」野沢慎司編・監訳『リーディングス ネットワーク論──家族・コミュニティ・社会関係資本』勁草書房，205-238頁。）

Dika, S. L. & K. Singh (2002) "Applications of Social Capital in Educational Literature : A Critical Synthesis" *Review of Educational Research* 72(1), pp. 31-60.

Dufur, M. J., T. L. Parcel & K. P. Troutman (2013) "Does Capital at Home Matter More than Capital at School? Social Capital Effects on Academic Achievement" *Research in Social Stratification and Mobility* 31, pp. 1-21.

Ho, E.S-C. & J. D. Willms (1996) "Effects of Parental Involvement on Eighth-Grade

第Ⅱ部　社会の諸領域におけるソーシャル・キャピタル

Achievement" *Sociology of Education* 69(2), pp. 126-141.

Matsuoka, R. (2014) "An Empirical Investigation of Relationships between Junior High School Students' Family Socioeconomic Status, Parental Involvement, and Academic Performance in Japan" *Sociological Theory and Method* 29 (1), pp. 147-165.

Morgan, S. & A. Sørensen. (1999) "Parental Network, Social Closure, and Mathematics Learning: A Test of Coleman's Social Capital Explanation of School Effects" *American Sociological Review* 64(5), pp. 661-681.

(香川めい)

<table>
<tr><td>第5章</td><td>家族構造が子どもに及ぼすインパクト<br>——家族構造・ソーシャル・キャピタルと<br>　中学生の成績／自己肯定感との関連</td></tr>
</table>

## 1　家族構造が子どもに及ぼすインパクト
### ——ソーシャル・キャピタルからの説明の可能性

　ひとり親家族は30年来，増加傾向にある。全国母子世帯等調査によると，1983（昭和58）年には母子世帯71万8,000世帯，父子世帯16万7,000世帯と推計されていたのが，28年を経た2011（平成23）年には母子世帯123万7,000世帯，父子世帯22万3,000世帯と推計されている（厚生労働省 2012；総務省統計局 2011）。そうした中，近年とりわけ母子家族の貧困率の高さと，それに由来して子どもが経験しうる困難（進学をあきらめざるを得ない，親が多忙で一緒に過ごすことができない等）が問題として指摘されてきた（阿部 2008）。

　社会学の領域においても，ひとり親家族で育つことが子どもにどのようなインパクトを及ぼしうるかについての研究が，徐々に行われるようになってきた。先行研究によると，母子家族および父子家族出身者は，ふたり親家族出身者に比べて高校進学率，および短大・大学進学率が低い（稲葉 2011；余田 2012），母子家族および父子家族の子どもの学力は，ふたり親家族の子どもの学力よりも低く，父子家族の子どもの学力が特に低い（白川 2010）などの知見が得られている。

　そうした格差が生じるメカニズムについて，先行研究では，ひとり親家族の経済的困難が一定程度の説明力をもつことが指摘されてきた。しかし，家族の経済状態を考慮してもなお，母子・父子家族で育つことの，短大・大学への進学に対する不利な効果は残る（稲葉 2011；余田 2012），あるいは子どもの学力についても，父子家族の子どもの学力の不利は，経済的資源の不足だけでは十分に説明できない（白川 2010）と指摘されており，ひとり親家族で育つことが

子どもに対して及ぼすインパクトは，ひとり親家族の経済的困難からだけでは十分に説明できていない。

本章では，家族構造が子どもに及ぼすインパクトについて，ソーシャル・キャピタルの観点からの説明を試みる。母子家族の生活時間に関する研究では，日本の母子家族は欧米諸国と比べて母親の仕事時間が顕著に長く，育児時間が短いことが報告されている（田宮・四方 2007）。つまり日本の母子・父子家族が直面している困難は，経済的な問題だけではなく，親が子どもに十分な関心を向けることができない，親と子どもが共に時間を過ごすことができない，といった関係面での困難でもありうる。本章では，母子・父子家族の子どもが経験しうる関係面での不利を，ソーシャル・キャピタルという概念で捉え，分析する。

さらに本章では，父子・母子家族と並んで，ステップ関係をもつ家族（以下，ステップ家族）で育つことの，子どもに対するインパクトも検討する。ひとり親家族とふたり親家族の間にさまざまな差異があるのと同様に，ひとり親家族，ふたり親家族それぞれも多様であり，また多様化がすすんでいる（McLanahan & Percheski 2008；Teachman, Paasch & Carver 1996）。とりわけステップ家族は，新しい夫婦関係と以前からの親子関係，血縁の親と継親，現在の配偶者と元の配偶者といったように，世代および世帯を超えて複雑な関係を含んでいる（野沢 2005）。おそらくそのために，ステップ関係をもつ母親はそうではない母親に比べて家族生活上のストレーンを多く経験している（西村 2001）という知見もある。本章では，こうしたステップ家族がもつ関係上の難しさが，親子間のソーシャル・キャピタルを媒介して，子どもに何らかのインパクトを及ぼしているかどうかについても検討する。

## 2　家族研究とソーシャル・キャピタル概念——導入する意義

Coleman（1988）によると，ソーシャル・キャピタルとは，人々の関係性の中に備わる資源で，ある目標の達成を助けるようなものである。ソーシャル・

キャピタルはその機能によって定義される。具体的には，相互の義務と信頼，情報の伝達，規範の有効な作用などである。

　家族研究へソーシャル・キャピタル概念を導入することには，以下の２つの意義があると思われる。

　一つは，親の子どもに対するインパクトを，いくつかの側面に概念的に区別して検討することを可能にしたことである。Coleman（1988）は，「家族的背景」といわれてきたものは分析的には，経済資本，人的資本，ソーシャル・キャピタルの３つの異なる要素に分けられると論じる。そして「もし親が子どもの生活において重要な部分を成していないならば，（親の）人的資本は子どもには意味をもたないかもしれない」（Coleman 1988：S110）と述べて，親子間のソーシャル・キャピタルが，親の人的／経済資本の子どもに対するインパクトを媒介する可能性，あるいはソーシャル・キャピタルが，人的／経済資本とは独立に子どもにインパクトをもつ可能性を示唆している。

　もう一つは，ソーシャル・キャピタル概念によって，家族が子どもに提供する環境と，コミュニティが子どもに提供する環境とを接合し，家族とコミュニティの相互作用，あるいはコミュニティに埋め込まれた家族，という視点をひらいたことである。これらの視点は，子どもにとっての家族がもつ意味を相対化し，新たな分析の可能性をひらく。たとえば，家族が不利を抱える場合に，コミュニティは補完的な役割を果たしうるか，といった機能的代替（＝functional substitution〔Mirowsky & Ross 2003〕）という分析課題を，家族研究に取り込むことができる。あるいはまた，家族そのものが特定の文脈におかれていることに注目し，家族の子どもへのインパクトが，家族が埋め込まれているコミュニティによって，いかに条件づけられているかという分析の可能性もひらかれる。

## 3　ソーシャル・キャピタルの子どもへのインパクト

　ソーシャル・キャピタルが子どもにどのようなインパクトを持ちうるかにつ

第Ⅱ部　社会の諸領域におけるソーシャル・キャピタル

いて，海外では，子どもの成績，退学，欠席，問題行動，メンタルヘルスなど
さまざまな側面に対するインパクトが検討されてきた（Caughy, O'Campo &
Muntaner 2003 ; Crosnoe 2004 ; Furstenberg ＆ Hughes 1995 ; Israel, Beaulieu ＆
Hartless 2001 ; Teachman, Paasch & Carver 1996）。これらの研究によると，ソー
シャル・キャピタルの複数の側面，すなわち，家庭内ソーシャル・キャピタル，
コミュニティ・ソーシャル・キャピタル，家族とコミュニティのつながりの三
側面ともに，その保有は子どもにポジティブな効果をもつことが指摘されてい
る。

　ただし，これらの先行研究においては，分析上のいくつかの課題も指摘され
ている。その一つは，ソーシャル・キャピタルの測定である。Teachman et
al. (1996) は，Coleman が提示したソーシャル・キャピタルが概念的には魅力
的である一方で，その測定は必ずしも十分ではなかったと指摘している。その
理由の一つは，ソーシャル・キャピタルがその機能（function）によって定義さ
れる一方で，それを測定する段階では，そうした機能が存在すると想定される
社会関係（location）によって測定されるからだと思われる。その課題は持ち越
されたままであるが，一つの試みとして，ソーシャル・キャピタルには諸側面
があると想定して，子どもの諸々の帰結に対して，ソーシャル・キャピタルの
どのような側面がより関連するのかが検討されている（Furstenberg & Hughes
1995 ; Teachman et al. 1996）。こうした分析から，ソーシャル・キャピタルの諸
機能を，分析的に明らかにしていくことが可能になると思われる。

　またもう一つの課題として，ソーシャル・キャピタルのネガティブな効果，
あるいはネガティブな効果をもつような文脈的要因を明らかにしていくことが
挙げられる。ソーシャル・キャピタルのポジティブな効果が強調されがちだが，
公衆衛生学の分野では，ソーシャル・キャピタルのネガティブな効果も注目さ
れてきた（Kawachi & Berkman 2014）。またソーシャル・キャピタルが子どもに
ネガティブな効果をもつとしたら，それがどのような文脈で起こっているのか
（たとえばコミュニティの疲弊〔Caughy et al. 2003〕等）を明らかにしていくことも
課題である。

110

## 4 家族構造の子どもへのインパクト

　海外では，家族構造が子どもへもたらす帰結について，子どもの学校での成績，達成度テストのスコア，留年，退学，問題行動，抑うつ傾向など，幅広い側面について検討されている。それらの研究の多くで，ひとり親・ステップ家族の子どもは，初婚継続家族の子どもに比べて，学業面で不利であり，また行動面・心理面でも問題を抱えやすいことが指摘されている（Barrett & Turner 2005；Carlson & Corcoran 2001；Thomson, Hanson & McLanahan 1994）。

　さらに，ひとり親・ステップ家族の子どもの学業面・行動面・心理面での不利を説明するメカニズムに関する研究も重ねられている。その知見の一つは，母子家族で暮らすことの子どもの成績への影響は，低収入と貧困によってかなりの部分が説明される（Thomson et al. 1994），収入をコントロールすると，母子家族と子どもの問題行動の多さ，読解力・数学のスコアの低さの関連は有意でなくなる（Carlson & Corcoran 2001）等，母子家族の子どもの困難の多くは，母子家族の経済的資源の乏しさによって説明されるというものである。

　このように家族構造の子どもへのインパクトは，家族の経済的資源によって説明されるという議論の一方で，ソーシャル・キャピタルという概念を用いないまでも，ソーシャル・キャピタルの一側面である，家族の関係的側面が，経済的資源とは独立に，家族構造の子どもへのインパクトを媒介しているという議論がある。たとえば Thomson et al.（1994）では，ステップ家族の子どもの問題行動の多さや社会性の低さは，親からのサポートの少なさによって説明されると論じられており，また親からの情緒的サポートや認知的刺激（Carlson & Corcoran 2001）や支援的な家族関係（Barrett & Turner 2005）は，家族構造と子どもの学力や行動，心理状態との関連を媒介する要因として，経済的資源とは独立の効果をもっていると論じられている。

　日本でも，前述したように母子・父子家族で育つことで子どもに不利が生じていることを示す研究がある。ただしそれらの研究は，教育達成という，子ど

第Ⅱ部　社会の諸領域におけるソーシャル・キャピタル

もが成人期に達した段階での格差を検討したものが多く，不利が生じるプロセスには十分に踏み込めていない。また，子どもに不利が生じるメカニズムについて，ほぼ，経済的要因のみからの説明が試みられており，ソーシャル・キャピタルの観点からの検討はほとんどなされていない。唯一，親子の関係的要因を考慮し，父子家族の子どもの学力の不利は関係的側面によっては説明されないと指摘した白川（2010）も，親子の会話という限定的な側面の効果しか検討できていない。さらに，コミュニティのソーシャル・キャピタルという観点からの研究は，行われていない。ソーシャル・キャピタルの概念的広がりを考えると，子どもを取り巻く関係性のより多様な諸側面について取り上げ，家族構造の子どもへのインパクトを検討していく必要があるだろう。

## 5　本章の問い——家族構造・ソーシャル・キャピタルの子どもへのインパクト

　以上のような先行研究の知見をふまえて，本章では母子・父子・ステップ家族で暮らすことが子どもに及ぼすインパクトについて，ソーシャル・キャピタルの観点から検討する。

　第1の問いは，家族構造によって，保有するソーシャル・キャピタルに差異があるのか，である。Coleman（1988）の議論に沿って，本章ではソーシャル・キャピタルを，家庭内ソーシャル・キャピタルとコミュニティ・ソーシャル・キャピタルに分けて検討する。母子・父子・ステップ家族の子どもは，初婚継続家族の子どもに比べて，親の離婚や再婚によって，親からの支援が受けにくくなるだけではなく，学校や地域で関係的資源を得ることも困難になる可能性がある。たとえば，アメリカでの研究では，ひとり親・ステップ家族の子どもは，初婚継続家族の子どもよりも転校をともなう転居を経験するケースが多く，それがひとり親・ステップ家族の子どもの退学の多さを一定程度説明すると指摘されている（Astone & McLanahan 1994）。その背後には，転居をともなう転校によって，学校や地域に関連する情報が得にくくなったり，教師や友人との関係が切断されるなど，コミュニティ・ソーシャル・キャピタルが喪失

第5章　家族構造が子どもに及ぼすインパクト

されやすいことが想定されている。そこで本章では，家族構造とソーシャル・キャピタルの関連を，家庭内およびコミュニティ・ソーシャル・キャピタルの2つの側面から検討する。

第2の問いは，ソーシャル・キャピタルは，家族構造の差異が子どもに及ぼすインパクトを説明しうるか，である。ソーシャル・キャピタルは，親の人的／経済資本の影響をコントロールしても，家族構造が子どもに与えるインパクトについて，何らかの説明力をもつのか，また，家庭内およびコミュニティ・ソーシャル・キャピタルのどのような側面が，家族構造が子どもに与えるインパクトを，よりよく説明するのか，について検討する。

なお本章では，家族構造とソーシャル・キャピタルの子どもへのインパクトとして，中学校3年生の時期の子どもの学校での成績と自己肯定感に注目する。これまで日本で行われてきた家族構造の子どもへのインパクトに関する研究の多くは，成人した段階での教育達成に注目したものが多くを占めており，そこに至るプロセスとしての，学齢期における成績に注目した研究，また子どもの心理面に注目した研究はほとんど行われてこなかった。本章では，中学校3年生の時期の子どもの学校での成績と自己肯定感に注目することによって，成人に至るプロセスにおいて，母子・父子・ステップ家族で暮らすことが子どもにどのようなインパクトをもちうるかを明らかにできると同時に，家族構造とソーシャル・キャピタルの諸側面が，子どもの学業面と心理面において，異なる効果を持ちうるかについても分析する。

## 6　「親と子の生活意識に関する調査，2011」——分析対象および変数の説明

### （1）「親と子の生活意識に関する調査，2011」

用いたデータは，内閣府子ども若者・子育て施策総合推進室が2011（平成23）年に実施した「親と子の生活意識に関する調査，2011」である。この調査では全国の，2011年時点で中学3年生であった子どもに対する調査と，その保護者に対する調査の2種類の調査を行っている（子調査：有効回収数3,192票，回収率

113

第Ⅱ部　社会の諸領域におけるソーシャル・キャピタル

79.8%, 保護者調査：有効回収数3,197票, 回収率79.9%）。本章の分析は, 子どもと保護者のデータをマッチングしたデータを用いる。分析の対象とするのは, 初婚継続・ステップ・母子・父子家族のいずれかに属する子どもで, 以下に説明する変数のすべてに欠損のないケース（$N=2,361$）である。

### （2）従属変数：中学生の成績と自己肯定感,
### 　　　独立変数：家族構造とソーシャル・キャピタル

　従属変数は, 中学生の学校での成績と自己肯定感である。学校での成績は「あなたの成績は学年の中でどのくらいですか」という質問に対して, 「上のほう」「やや上のほう」「まん中あたり」「やや下のほう」「下のほう」の5件で尋ねている。これらの回答を「上のほう」＝5点〜「下のほう」＝1点と得点化した。

　自己肯定感は「私は自分自身に満足している」「自分には長所があると感じている」という項目それぞれへのあてはまりの度合いを「そう思う」〜「そう思わない」の4件で尋ねた設問を用いる（$r=.16$　$p<.001$）。それぞれの項目について「そう思う」＝4点〜「そう思わない」＝1点と得点化し, 2項目の平均値を算出し, 分析に用いた。

　独立変数は, 家族構造とソーシャル・キャピタルである。

　家族構造は, 初婚継続家族, ステップ家族, 母子家族, 父子家族の4カテゴリーを作成した。母子・父子家族は, 回答した保護者の性別および配偶者の有無によって判別した。初婚継続・ステップ家族の判別は, 回答した保護者に配偶者がいる場合に, 回答した保護者, 配偶者それぞれの子どもとの関係（実母／実父, 継母／継父であるか）を尋ねた設問で, 両親ともに実母／実父である場合は初婚継続家族, 母親か父親のいずれかが継親である場合はステップ家族とした。

　ソーシャル・キャピタルは, 家庭内ソーシャル・キャピタルとコミュニティ・ソーシャル・キャピタルに分けて検討する。家庭内ソーシャル・キャピタルはさらに, 関係的側面と教育への関心に分ける（章末の資料5-1に, ソーシャ

ル・キャピタルの各変数の定義を示す）。

　家庭内ソーシャル・キャピタルの関係的側面は，親子の会話の頻度，家庭の雰囲気，親が子どもに寄り添う態度によって測定する。「親が子どもに寄り添う態度」とは，親が子どもを理解しようとし，積極的に子どもに話をし，何かを伝えようとする態度を指している。教育への関心は，親の子どもへの教育期待と，子どもの教育を重要視する態度によって測定する。

　コミュニティ・ソーシャル・キャピタルは，子どもが学校や地域社会でとりむすんでいる関係性によって測定する。具体的には，なんでも話せる友人・つきあっている彼氏／彼女の有無，地域での活動への参加の度合い，親以外の大人との関係性の有無である。

　コントロール変数として，性別（女子＝1のダミー変数），親の経済資本としての世帯収入，親の人的資本としての教育年数を用いる。世帯収入は，税込み年収の回答に，「100万円未満」に50，以下各カテゴリーの中央値（万円単位）を当該カテゴリーの代表値とみなし，得点を与えた（「1,200万円以上」にはその直前のカテゴリーと等間隔の1,275という得点を与えた）。後に結果を示す重回帰分析においては，前述のようにあてはめたカテゴリー中間値を，さらに100で割った値を用いた。親の教育年数は，父親・母親のそれぞれについて「中学校」＝9，「高等学校」＝12，「専門学校（高等学校卒業後に進学するもの）」＝13，「高等専門学校・短期大学」＝14，「大学」＝16，「大学院」＝18と得点化し，母子家族については母親の，父子家族については父親の値を用い，初婚継続およびステップ家族については父親と母親の教育年数の平均値を算出し，分析に用いた。

## 7　家族構造・ソーシャル・キャピタルの中学生の成績および　自己肯定感との関連

### （1）家族構造とソーシャル・キャピタルの関連

　まず，家族構造とソーシャル・キャピタルの関連について検討する。表5−1に，ソーシャル・キャピタル変数，および後の重回帰分析で用いる変数につ

第Ⅱ部　社会の諸領域におけるソーシャル・キャピタル

**表5-1** 初婚継続・ステップ・母子・父子家族ごとのソーシャル・キャピタル変数等の平均値

| | 初婚継続<br>($N=1984$) | ステップ<br>($N=49$) | 母子<br>($N=283$) | 父子<br>($N=45$) | |
|---|---|---|---|---|---|
| 性別ダミー（女子＝1） | 0.47 | 0.51 | 0.53 | 0.51 | $p=$ns |
| 成績 | $3.10^{(2)(3)(4)}$ | $2.14^{(1)(3)}$ | $2.70^{(1)}$ | $2.29^{(1)}$ | $p<.001$ |
| 自己肯定感 | 2.65 | 2.41 | 2.63 | 2.42 | $p<.05$ |
| 世帯収入 | $678.86^{(2)(3)(4)}$ | $528.57^{(3)}$ | $272.17^{(1)(2)(4)}$ | $483.89^{(1)(3)}$ | $p<.001$ |
| 母教育年数 | $13.33^{(2)(3)}$ | $12.27^{(1)}$ | $12.73^{(1)}$ | | $p<.001$ |
| 父教育年数 | $14.07^{(2)(4)}$ | $12.84^{(1)}$ | | $12.78^{(1)}$ | $p<.001$ |
| 親教育年数（父母の平均） | $13.70^{(2)(3)(4)}$ | $12.55^{(1)}$ | $12.73^{(1)}$ | $12.78^{(1)}$ | $p<.001$ |
| 家庭内ソーシャル・キャピタル：<br>関係的 | | | | | |
| 　親との会話 | $2.74^{(3)}$ | $2.52^{(3)}$ | $2.93^{(1)(2)(4)}$ | $2.53^{(3)}$ | $p<.001$ |
| 　家庭の雰囲気の温かさ | $3.42^{(4)}$ | 3.29 | $3.43^{(4)}$ | $3.00^{(1)(3)}$ | $p<.05$ |
| 　親が子どもに寄り添う態度 | $2.91^{(3)}$ | 2.81 | $3.03^{(1)}$ | 2.77 | $p<.01$ |
| 家庭内ソーシャル・キャピタル：<br>教育への関心 | | | | | |
| 　親の子どもへの教育期待 | $4.40^{(2)(3)(4)}$ | $3.33^{(1)}$ | $3.72^{(1)}$ | $3.51^{(1)}$ | $p<.001$ |
| 　親の教育重視態度 | 3.04 | 2.82 | 2.97 | 2.97 | $p<.05$ |
| コミュニティ・ソーシャル・キャ<br>ピタル | | | | | |
| 　何でも話せる友人 | 3.51 | 3.51 | 3.50 | 3.62 | $p=$ns |
| 　つきあっている彼氏・彼女 | $1.48^{(3)}$ | 1.63 | $1.67^{(1)}$ | 1.78 | $p<.01$ |
| 　参加したことのある地域活動 | $1.89^{(2)}$ | $1.37^{(1)}$ | 1.77 | 1.64 | $p<.01$ |
| 　親以外の大人 | 2.52 | 2.37 | 2.40 | 2.09 | $p=$ns |

注：(1)　初婚継続家族とのあいだに有意差あり（$p<.05$）
　　(2)　ステップ家族とのあいだに有意差あり（$p<.05$）
　　(3)　母子家族とのあいだに有意差あり（$p<.05$）
　　(4)　父子家族とのあいだに有意差あり（$p<.05$）
出所：「親と子の生活意識に関する調査，2011」。

いて，初婚継続・ステップ・母子・父子家族ごとの平均値および平均値の差を，分散分析によって検討した結果を示している。家族構造ごとの，ソーシャル・キャピタルの差異に注目すると，家庭内ソーシャル・キャピタルの関係的側面（会話・家庭の雰囲気の温かさ・子どもに寄り添う態度）については，母子家族，次いで初婚継続家族の子どもに値が高く，ステップ家族と父子家族で低い傾向にある。教育への関心のうち，子どもへの教育期待はステップ・母子・父子家族に比べて初婚継続家族で高い。コミュニティ・ソーシャル・キャピタルについ

第5章　家族構造が子どもに及ぼすインパクト

**表5-2　ソーシャル・キャピタルの各変数に関する重回帰分析の結果**

| | 家庭内ソーシャル・キャピタル：関係的 | | | 家庭内ソーシャル・キャピタル：教育への関心 | | コミュニティ・ソーシャル・キャピタル | | | |
|---|---|---|---|---|---|---|---|---|---|
| | 会話 | 雰囲気 | 寄り添う態度 | 教育期待 | 教育重視態度 | 友人 | 彼氏・彼女 | 地域活動 | 親以外の大人 |
| 家族構造 (Ref. 初婚継続家族) | | | | | | | | | |
| ステップ家族 | $-.183^*$ | $-.134$ | $-.079$ | $-.679^{***}$ | $-.152$ | $-.032$ | $.091$ | $-.456^{**}$ | $-.067$ |
| | (.090) | (.104) | (.048) | (.149) | (.094) | (.111) | (.148) | (.166) | (.234) |
| 母子家族 | $.247^{***}$ | $.053$ | $.174^{***}$ | $-.164^*$ | $.023$ | $-.044$ | $.130^\dagger$ | $.002$ | $-.007$ |
| | (.043) | (.050) | (.048) | (.072) | (.045) | (.054) | (.071) | (.080) | (.112) |
| 父子家族 | $-.179^\dagger$ | $-.411^{***}$ | $-.116$ | $-.524^{**}$ | $-.008$ | $.083$ | $.247$ | $-.176$ | $-.352$ |
| | (.094) | (.108) | (.105) | (.155) | (.098) | (.116) | (.154) | (.172) | (.243) |
| 女子ダミー | $.129^{***}$ | $.094^{**}$ | $.040$ | $-.190^{***}$ | $-.046$ | $.063^*$ | $-.035$ | $.187^{***}$ | $.193^{**}$ |
| | (.026) | (.030) | (.028) | (.042) | (.027) | (.032) | (.042) | (.047) | (.066) |
| 世帯収入 | $.011^*$ | $.014^*$ | $.011^\dagger$ | $.065^{***}$ | $.012^*$ | $-.022$ | $-.003$ | $.025^{**}$ | $.016$ |
| | (.005) | (.006) | (.006) | (.008) | (.005) | (.006) | (.008) | (.009) | (.013) |
| 親教育年数（父母の平均） | $.020^{**}$ | $-.012$ | $.009$ | $.255^{***}$ | $.049^{***}$ | $-.022^\dagger$ | $-.055^{***}$ | $.036^*$ | $.063^{**}$ |
| | (.009) | (.011) | (.010) | (.015) | (.010) | (.011) | (.015) | (.017) | (.024) |
| 定数項 | 2.332 | 3.452 | 2.694 | .556 | 2.316 | 3.800 | 2.268 | 1.145 | 1.464 |
| 調整済み決定係数 | .030 | .011 | .011 | .256 | .026 | .002 | .011 | .019 | .009 |
| $N$ | 2361 | 2361 | 2361 | 2361 | 2361 | 2361 | 2361 | 2361 | 2361 |

注：(1)　表中には非標準化係数を示す。カッコ内は標準誤差。
　(2)　$^\dagger p<.10$，$^*p<.05$，$^{**}p<.01$，$^{***}p<.001$
出所：表5-1と同じ。

ては，つきあっている彼氏／彼女をもつのは初婚継続家族の子どもには少なく，参加したことのある地域活動はステップ家族よりも初婚継続家族の子どもに多い。何でも話せる友人の有無と親以外の大人との関係性は，家族構造による差異はみられない。

　さらに表5-1から，中学生の成績・自己肯定感，および親の経済・人的資本についても，家族構造との関連を確認しておこう。初婚継続家族の子どもは，他の家族の子どもに比べて成績が有意に高い。自己肯定感については，初婚継続家族および母子家族の子どもは，ステップ・父子家族の子どもに比べて高い傾向がみられる。世帯収入は初婚継続家族が，ステップ・母子・父子家族より有意に高い。また母子家族の世帯収入は，初婚継続・ステップ・父子家族に比べて有意に低い。さらに親の教育年数については，初婚継続家族の母親の教育年数は，ステップ・母子家族より有意に長く，初婚継続家族の父親の教育年数は，ステップ・父子家族より有意に長い。すなわち，親の経済資本・人的資本

第Ⅱ部 社会の諸領域におけるソーシャル・キャピタル

双方において，初婚継続家族はステップ・母子・父子家族に比べて有利な状況にある。また経済資本については母子家族が，初婚継続・ステップ・父子家族に比べて，とりわけ不利な状況にあることも指摘できる。

　次に，家族構造とソーシャル・キャピタルの関連について，親の経済・人的資本と女子ダミーをコントロールした重回帰分析を行う。表5-2に，ソーシャル・キャピタルの各変数を従属変数とした重回帰分析の結果を示す。表5-2の結果は，表5-1の結果にほぼ重なる。ステップ家族の子どもは初婚継続家族の子どもに比べて，親との会話が有意に少なく，親の教育期待が有意に低く，地域活動への参加の度合いが有意に低い。

　一方，母子家族の子どもは初婚継続家族の子どもに比べて，親との会話が有意に多く，親が子どもに寄り添う態度をより多くみせており，親の教育期待が有意に低く，つきあっている彼氏・彼女がいる子どもが有意に多い。母子家族の子どもに親との会話が多い／親が寄り添う態度を強く見せているのは，初婚継続家族の親との会話／寄り添う態度を，母親・父親との会話の頻度／寄り添う態度の平均値で算出していることによると思われる。母親・父親との会話の頻度／寄り添う態度の平均値ではなく，母親との会話／寄り添う態度を従属変数として重回帰分析を行うと（表は省略），初婚継続家族と母子家族の子どもで，母親との会話の頻度／寄り添う態度に有意な差はみられなかった。

　さらに，表5-2で父子家族の子どもに注目すると，初婚継続家族の子どもに比べて，親との会話が有意に少なく，家庭の雰囲気を温かいと感じる度合いが低く，親の教育期待が有意に低いことが読み取れる。コミュニティ・ソーシャル・キャピタルに関しては，ステップ家族の子どもが初婚継続家族の子どもに比べて地域での活動の参加度合いが有意に低いが，全般的には家族構造による差異はあまりみられない。

　すなわち，家族構造とソーシャル・キャピタルの関連について，以下のようにまとめることができる。まず，ステップ家族および父子家族の子どもは，家庭内ソーシャル・キャピタルの関係的側面および親の教育への関心という側面の双方において，不利な状況にある。母子家族の子どもは，親の教育への関心

118

第5章 家族構造が子どもに及ぼすインパクト

（とりわけ教育期待）においては初婚継続家族より不利であるが，関係的側面においては初婚継続家族と同等のソーシャル・キャピタルを保有している。

## （2）家族内・コミュニティ・ソーシャル・キャピタル・家族構造と中学生の成績／自己肯定感

表5-3～4に，成績および自己肯定感に関する重回帰分析の結果を示す。表5-3～4ともに，モデル1は子どもの性別と家族構造のみ，モデル2は親の経済資本・人的資本の変数を加え，さらにモデル3からモデル5では，家庭内ソーシャル・キャピタルの関係的側面，親の教育への関心，コミュニティ・ソーシャル・キャピタルをそれぞれ加え，モデル6では子どもの性別，家族構造，親の経済・人的資本，およびすべてのソーシャル・キャピタル変数を投入している。

表5-3より，子どもの成績に対するソーシャル・キャピタルおよび家族構造の効果を検討しよう。モデル1では初婚継続家族の子どもに比べて，ステップ・母子・父子家族の子どもは自分の成績を低く評価していることがわかる。世帯収入と親の教育年数を投入したモデル2を見ると，母子家族については係数が小さくなり，統計的にも有意でなくなっている。つまり母子家族の子どもの成績の低さは，親の経済資本・人的資本の不利によって説明される。一方でステップ・父子家族の子どもは，親の経済資本・人的資本の効果を考慮しても，初婚継続家族の子どもに比べて学校の成績が有意に低い。

次にモデル3からモデル6より，家族構造と子どもの成績との関連における，ソーシャル・キャピタルの媒介効果について検討する。モデル2におけるステップ・母子・父子家族の係数と，モデル3～5の係数を比較したとき，教育への関心を投入したモデル4でステップ家族・父子家族の係数が最も小さくなっている。モデル4のステップ家族の係数は，モデル2のステップ家族の係数より40％小さく，モデル4の父子家族の係数はモデル2の父子家族の係数より37％小さい。

一方，モデル3およびモデル5で家庭内ソーシャル・キャピタルの関係的側

第Ⅱ部　社会の諸領域におけるソーシャル・キャピタル

### 表5-3　成績に対する重回帰分析の結果

| | モデル1 | モデル2 | モデル3 | モデル4 | モデル5 | モデル6 |
|---|---|---|---|---|---|---|
| 女子ダミー | .043 | .068 | .024 | .142** | .028 | .082† |
| | (.052) | (.050) | (.049) | (.047) | (.049) | (.047) |
| 家族構造（Ref. 初婚継続家族） | | | | | | |
| 　ステップ家族 | −.961*** | −.671*** | −.608*** | −.406* | −.610*** | −.333* |
| | (.183) | (.175) | (.173) | (.166) | (.173) | (.163) |
| 　母子家族 | −.401*** | −.055 | −.124 | .009 | −.041 | −.026 |
| | (.080) | (.084) | (.084) | (.080) | (.083) | (.079) |
| 　父子家族 | −.815*** | −.555** | −.463* | −.352* | −.490** | −.250 |
| | (.191) | (.182) | (.181) | (.173) | (.180) | (.171) |
| 世帯収入 | | .036*** | .032** | .011 | .032** | .006 |
| | | (.010) | (.010) | (.009) | (.010) | (.009) |
| 親教育年数（父母の平均） | | .207*** | .203*** | .107*** | .194*** | .102*** |
| | | (.018) | (.018) | (.018) | (.018) | (.018) |
| 家庭内ソーシャル・キャピタル：関係的 | | | | | | |
| 　親との会話 | | | .268*** | | | .160** |
| | | | (.051) | | | (.049) |
| 　家庭の雰囲気の温かさ | | | .113** | | | .105** |
| | | | (.041) | | | (.038) |
| 　親が子どもに寄り添う態度 | | | −.018 | | | −.033 |
| | | | (.048) | | | (.045) |
| 家庭内ソーシャル・キャピタル：教育への関心 | | | | | | |
| 　親の子どもへの教育期待 | | | | .388*** | | .362*** |
| | | | | (.024) | | (.023) |
| 　親の教育重視態度 | | | | .005 | | .014 |
| | | | | (.037) | | (.037) |
| コミュニティ・ソーシャル・キャピタル | | | | | | |
| 　何でも話せる友人 | | | | | .041 | .003 |
| | | | | | (.033) | (.031) |
| 　つきあっている彼氏・彼女 | | | | | −.093*** | −.072** |
| | | | | | (.024) | (.023) |
| 　参加したことのある地域活動 | | | | | .099*** | .084*** |
| | | | | | (.022) | (.021) |
| 　親以外の大人 | | | | | .082*** | .044** |
| | | | | | (.016) | (.016) |
| 定数項 | 3.081 | −.006 | −.973 | −.233 | −.182 | −.898 |
| 調整済み決定係数 | .025 | .115 | .140 | .211 | .143 | .239 |
| N | 2361 | 2361 | 2361 | 2361 | 2361 | 2361 |

注：(1)　表中には非標準化係数を示す。カッコ内は標準誤差。
　　(2)　†$p<.10$, *$p<.05$, **$p<.01$, ***$p<.001$
出所：表5-1と同じ。

面，コミュニティ・ソーシャル・キャピタルを投入した時には，ステップ・父
子家族の係数は小さくはなるが，それほど大きな変化ではない。モデル2と，
モデル3およびモデル5のステップ・父子家族の係数をそれぞれ比較すると，
家庭内ソーシャル・キャピタルの関係的側面，およびコミュニティ・ソーシャ

第5章　家族構造が子どもに及ぼすインパクト

表5-4　自己肯定感に対する重回帰分析の結果

| | モデル1 | モデル2 | モデル3 | モデル4 | モデル5 | モデル6 |
|---|---|---|---|---|---|---|
| 女子ダミー | -.156*** | -.154*** | -.194*** | -.151*** | -.183*** | -.202*** |
| | (.032) | (.032) | (.030) | (.032) | (.031) | (.030) |
| 家族構造 (Ref. 初婚継続家族) | | | | | | |
| ステップ家族 | -.239* | -.215† | -.153 | -.204† | -.204† | -.169 |
| | (.113) | (.114) | (.107) | (.115) | (.109) | (.105) |
| 母子家族 | -.011 | .013 | -.068 | .018 | .018 | -.047 |
| | (.050) | (.055) | (.052) | (.055) | (.052) | (.051) |
| 父子家族 | -.225† | -.205† | -.099 | -.192 | -.198† | -.127 |
| | (.118) | (.119) | (.111) | (.119) | (.114) | (.110) |
| 世帯収入 | | .001 | -.004 | .0002 | .0003 | .003 |
| | | (.006) | (.006) | (.006) | (.006) | (.006) |
| 親教育年数（父母の平均） | | .020† | .016 | .015 | .020† | .022† |
| | | (.012) | (.011) | (.012) | (.011) | (.011) |
| 家庭内ソーシャル・キャピタル：関係的 | | | | | | |
| 親との会話 | | | .151*** | | | .092** |
| | | | (.031) | | | (.032) |
| 家庭の雰囲気の温かさ | | | .133*** | | | .116*** |
| | | | (.025) | | | (.025) |
| 親が子どもに寄り添う態度 | | | .211*** | | | .191*** |
| | | | (.030) | | | (.029) |
| 家庭内ソーシャル・キャピタル：教育への関心 | | | | | | |
| 親の子どもへの教育期待 | | | | .025 | | -.003 |
| | | | | (.016) | | (.015) |
| 親の教育重視態度 | | | | -.040 | | -.018 |
| | | | | (.026) | | (.024) |
| コミュニティ・ソーシャル・キャピタル | | | | | | |
| 何でも話せる友人 | | | | | .197*** | .153*** |
| | | | | | (.021) | (.020) |
| つきあっている彼氏・彼女 | | | | | .034* | .036* |
| | | | | | (.015) | (.015) |
| 参加したことのある地域活動 | | | | | .004 | -.004 |
| | | | | | (.014) | (.013) |
| 親以外の大人 | | | | | .087*** | .044*** |
| | | | | | (.010) | (.010) |
| 定数項 | 2.727 | 2.449 | 1.071 | 2.529 | 1.490 | .641 |
| 調整済み決定係数 | .012 | .013 | .136 | .013 | .099 | .169 |
| N | 2361 | 2361 | 2361 | 2361 | 2361 | 2361 |

注：(1)　表中には非標準化係数を示す。カッコ内は標準誤差。
　　(2)　†$p<.10$, *$p<.05$, **$p<.01$, ***$p<.001$
出所：表5-1と同じ。

ル・キャピタルのそれぞれは，ステップ家族で暮らすことの不利の10％程度，父子家族で暮らすことの不利の12〜17％程度を説明するにとどまることがわかる。さらに家庭内およびコミュニティ・ソーシャル・キャピタルのすべてを投入したモデル6と，モデル2を比較すると，家庭内およびコミュニティ・ソー

第Ⅱ部　社会の諸領域におけるソーシャル・キャピタル

シャル・キャピタルは，ステップ家族で暮らすことの不利の50％，父子家族で暮らすことの不利の55％を説明することがわかる。

　すなわち，モデル6の父子家族の係数は依然として統計的に有意ではあるものの，ステップ家族・父子家族の子どもの成績の低さは，家庭内およびコミュニティ・ソーシャル・キャピタルの乏しさによって，一定程度説明されることがわかる。

　加えて，ソーシャル・キャピタルの主効果についても確認しておこう。モデル6の結果からわかるように，家庭内ソーシャル・キャピタルは，親の子どもへの教育（達成への）期待という教育に関連する側面だけではなく，親子の会話，家庭の雰囲気の温かさといった関係的側面も，子どもの成績に効果をもっている。それに加えて，子どもが学校や地域でソーシャル・キャピタルを保有することも，（つきあっている彼氏・彼女の効果を除いて）子どもの成績にプラスの効果をもつことがわかる。ただし，家庭内およびコミュニティ・ソーシャル・キャピタルのうち，子どもの成績を説明する鍵となるのは，親の子どもへの教育期待であるようだ。モデル3からモデル5の調整済み決定係数を見ると，教育への関心を投入したモデル4が最も説明力が高いことがわかる。加えて，モデル4で教育への関心を投入すると世帯収入の効果が有意ではなくなっている。つまり，子どもの成績に関連するのは，世帯収入そのものではなく，世帯収入に媒介される，親の子どもへの教育期待であることがわかる。

　次に表5-4より，自己肯定感に対するソーシャル・キャピタルおよび家族構造の効果を検討する。モデル1から，女子は男子より自己肯定感が低いこと，また初婚継続家族の子どもに比べて，ステップ・父子家族の子どもは自己肯定感が低い傾向が読み取れる（ただし父子家族の係数は10％水準で有意である）。モデル2で親の経済資本・人的資本を投入しても，ステップ・母子・父子家族の係数および決定係数にそれほど変化は見られない。

　モデル3からモデル6より，家族構造と子どもの自己肯定感との関連における，ソーシャル・キャピタルの媒介効果について検討する。モデル2におけるステップ・父子家族の係数と，モデル3〜5の係数を比較した時，家庭内ソー

シャル・キャピタルの関係的側面を投入したモデル3でステップ家族・父子家族の係数が最も小さくなっている。モデル2におけるステップ・父子家族の係数と，モデル3〜5の係数を比較した時，家庭内ソーシャル・キャピタルの関係的側面を投入したモデル3でステップ家族・父子家族の係数が最も小さくなり，統計的にも有意でなくなっている。モデル3のステップ家族の係数は，モデル2のステップ家族の係数より29％小さく，モデル3の父子家族の係数はモデル2の父子家族の係数より52％小さい。

　一方，モデル4およびモデル5で家庭内ソーシャル・キャピタルの教育への関心，コミュニティ・ソーシャル・キャピタルを投入した時には，ステップ・父子家族の係数は小さくはなるが，それほど大きな変化ではない。すなわち，ステップ家族・父子家族の子どもの自己肯定感の低さは，親子の会話の少なさ，家庭の雰囲気を温かいと感じられないといった家庭内ソーシャル・キャピタルの関係的側面の不利によって一定程度説明される。

　さらに，ソーシャル・キャピタルの主効果についても確認しておこう。モデル6より，子どもの自己肯定感と関連するのは，家庭内ソーシャル・キャピタルの関係的側面，およびコミュニティ・ソーシャル・キャピタルの何でも話せる友人，つきあっている彼氏／彼女の存在と親以外の大人との関係性であることがわかる。家族内での子どもを情緒的に支えるような関係性に加えて，学校や地域でそうした関係性をもつことも，子どもが自己肯定感を形成するためには重要であることが示唆される。さらに，子どもが学校や地域で，友人や仲間同士でとりむすぶ関係性が重要であるだけでなく，信頼し尊敬できる，あるいは自分のことを大切にし，気にかけてくれるような親以外の大人との関係性が，子どもの自己肯定感に関連していることは，確認しておいてよい。

　また，モデル3とモデル5の調整済み決定係数を比較すると，モデル3の方が値が大きいことから，家庭内ソーシャル・キャピタルの関係的側面の方がコミュニティ・ソーシャル・キャピタルよりも，子どもの自己肯定感に対してより大きな効果をもつことがわかる。モデル4から，家庭内ソーシャル・キャピタルのうち，親の教育への関心は，自己肯定感と有意な関連はみられないこと

第Ⅱ部　社会の諸領域におけるソーシャル・キャピタル

も確認できる。

## 8　家族構造が子どもにインパクトを及ぼすメカニズム

　本章では，①家族構造によって，子どもが保有するソーシャル・キャピタル
に差異があるのか，②ソーシャル・キャピタルは，家族構造の差異が子どもに
及ぼすインパクトを説明しうるか，の2つの問いを設定し，データ分析によっ
て検討した。分析の知見を確認しよう。

　中学生の子どもが保有するソーシャル・キャピタルは，どのような家族に暮
らしているかによって異なっていた。家庭内ソーシャル・キャピタルの関係的
側面は，ステップ家族・父子家族に暮らす子どもが，初婚継続家族の子どもに
比べて不利であった。初婚継続家族の子どもと比べて，ステップ家族・父子家
族の子どもは親との会話が有意に少なく，また父子家族の子どもは，家庭の雰
囲気を温かであると感じる度合いが低かった。一方，母子家族の子どもは，初
婚継続家族の子どもと比べて，親子の会話も多く，親が子どもに寄り添う態度
をより多く見せており，家庭内ソーシャル・キャピタルの関係的側面における
不利は見られなかった（ただし，初婚継続家族の「母親」と母子家族の「母親」の間
には，会話の頻度／寄り添う態度に有意差はみられない）。

　家庭内ソーシャル・キャピタルのもう一つの側面である教育への関心につい
ては，ステップ家族・母子家族・父子家族ともに，初婚継続家族に比べて有意
に低かった。とりわけ，子どもにどこまでの教育段階へ進んでほしいかという
教育への期待において，ステップ家族・母子家族・父子家族の子どもは，初婚
継続家族の子どもに比べて，低い段階までの進学しか期待されていなかった。

　コミュニティ・ソーシャル・キャピタルについては，全般的にはどのような
家族に暮らしているかによっての差異はあまり見られなかったが，ステップ家
族の子どもが初婚継続家族の子どもに比べて，地域での活動への参加度合いが
低かったことは，確認しておくべき点であろう。

　さらに本章では，ソーシャル・キャピタルが，家族構造と子どもの成績およ

第5章　家族構造が子どもに及ぼすインパクト

び自己肯定感との関連を媒介する効果をもつかどうかについても検討した。成績に関しては，ステップ家族および父子家族の子どもの成績の低さは，家庭内およびコミュニティ・ソーシャル・キャピタルによって，その不利の50〜55％が説明される。とりわけ子どもの成績に対しては，家庭内ソーシャル・キャピタルのうちの親の教育への関心という側面の効果が大きい。ただし家庭内ソーシャル・キャピタルの関係的側面およびコミュニティ・ソーシャル・キャピタルも，ステップ家族・父子家族で暮らすことの不利を部分的には説明する。一方，母子家族の子どもの成績の低さは，親の経済・人的資本によって，その多くが説明される。

　子どもの自己肯定感については，ステップ・父子家族の子どもの自己肯定感の低さは，親子の会話の少なさ，家庭の雰囲気を温かいと感じられないといった，家庭内ソーシャル・キャピタルの関係的側面によって，一定程度説明される。母子家族の子どもの自己肯定感は，初婚継続家族の子どもと有意な差は見られなかった。

　こうした知見から，ソーシャル・キャピタルは，子どもがひとり親家族・ステップ家族で暮らすことによって経験される不利をある程度まで説明するといえるだろう。とりわけ，父子家族およびステップ家族の子どもの不利の背景について，日本のこれまでの研究では経済的困難だけでは十分に説明されてこなかったが，本章の知見からは，そこには子どもたちが保有するソーシャル・キャピタルの乏しさがあると指摘できる。

　さらに本章の知見は，ステップ家族・母子家族・父子家族では，異なったメカニズムで子どもに不利が生じていることを示唆している。すなわち，母子家族の子どもの不利は，母親の経済・人的資本の乏しさによって生じており，それはとりわけ子どもの学業面での不利にあらわれる。母親の経済・人的資本が乏しいために，母子家族の子どもは，教育に関する親からの金銭的な投資を受ける機会が少ないことに加えて，親も経済的な苦しさから，子どもに高い教育段階までの進学を期待しにくい。そのことが結果的に，母子家族の子どもの学業面での不利につながっているのだろう。ここからは，母子家族の母親が経済

125

第Ⅱ部　社会の諸領域におけるソーシャル・キャピタル

力をつけるための支援，また母子家族の子どもの教育に関する経済的な支援の重要性が指摘できる。

　一方，ステップ家族および父子家族の子どもの不利は，親の経済・人的資本の問題に加えて，関係的側面，すなわちソーシャル・キャピタルの乏しさによっても生じている。ステップ家族・父子家族は親子の会話が少なく，親の教育期待が低く，また父子家族の子どもは家庭を温かい場所であると感じる度合いが低い。こうした家族関係上の困難や親からの期待の低さが，子どもの自己肯定感および学業面での不利にも関連している。むろん，ステップ家族と父子家族では，家族関係上の困難の質や困難の発生メカニズムは異なる可能性が高いため，不利を解消するためには異なるアプローチが必要だろう。ステップ家族においては，その複雑な関係を調整し，親子においても，その関係を（再）調整するような機会や働きかけが必要であるかもしれない。一方で父子家族においては，父親が経済力を失わずに，子どもとの時間がとれるような働き方が可能になるよう，支援することが必要なのかもしれない。いずれにしても本章の知見からは，ステップ家族および父子家族には，親が子どもに関心を向けることを可能にしていくような支援の必要性が指摘できる。

　加えて，ステップ家族の子どもの学業面での不利には，コミュニティ・ソーシャル・キャピタルの乏しさも（家庭内ソーシャル・キャピタルに比べると，その効果の度合いは小さいが）関連しているようだった。ステップ家族は，おそらく親の離婚や再婚によって，転居を強いられることも多く，地域での継続的な関係を築くことが難しい場合も多いと考えられる。そうした，地域とつながりをもちにくいことが，ステップ家族の子どもの学業面での不利に関連している可能性があることは，確認しておいてよい。Coleman（1988）は，コミュニティ・ソーシャル・キャピタルの機能の一側面として，世代間の包摂（intergenerational closure）を挙げ，子どもを取り囲む大人のネットワークが，子どもの行動を見守り導くような，規範と制裁のセットとしての効果をもち，それが子どもの学校でのパフォーマンスにもプラスの効果をもつと論じている。子どもの地域社会との関わりが，親以外の大人による見守りと導きのネットワークに

包摂されることであるなら，ステップ家族の子どもの不利は，そうしたネットワークに包摂される機会に乏しいことにもよると考えることができる。

　最後に，本章の分析の限界と今後の課題について述べたい。本章の分析では，ステップ家族と父子家族で暮らす子どもの不利に，ソーシャル・キャピタルの乏しさがあることを指摘したが，とりわけステップ家族の子どもの成績については，ソーシャル・キャピタルを考慮しても，有意に低く，説明しきれてはいない。今後は，本章で十分考慮できなかったソーシャル・キャピタルの別の側面からのアプローチも必要だろう。たとえば，本章で用いたコミュニティ・ソーシャル・キャピタルの指標は，子ども自身が学校や地域でとりむすんでいる関係に関するものが中心で，家族がコミュニティに包摂されているかどうかを，十分に測定できていない。家族の地域への定着性，親同士の地域でのつながり等も今後検討していく必要がある。加えて，ソーシャル・キャピタルの文脈的効果についての検討も必要だろう。コミュニティ・ソーシャル・キャピタルが子どもにインパクトを持ちうるとしても，その効果は「どのような」コミュニティでの関係であるかによって異なりうるからだ。

　また，本章では家族構造を，初婚継続／ステップ／母子／父子家族の４つに分類して分析を行ったが，それぞれの家族タイプにも，多様な家族が含まれている。たとえば，ステップ家族は継親子関係が母と子／父と子の間にあるか，あるいはその両方にあるかによって親子間で異なるソーシャル・キャピタルが保有されているかもしれない。母子／父子家族も，（子どもからみた）祖父母が同居しているかによって，子どもが保有するソーシャル・キャピタルは異なりうる。このような一つの家族タイプの中にある多様性を考慮した研究を行うことで，家族が子どもに及ぼすインパクトを，より精緻に理解できるようになるだろう。

　残された課題は多いものの，本章の分析からは，これまで十分に明らかにされてこなかった，ステップ家族・父子家族で暮らす子どもの不利には，親の経済・人的資本とは独立に，家庭内およびコミュニティ・ソーシャル・キャピタルの乏しさが関連していることが明らかになった。ソーシャル・キャピタルを

第Ⅱ部　社会の諸領域におけるソーシャル・キャピタル

手がかりに，家族の不利をカバーしうるようなコミュニティの可能性，家族と
コミュニティが子どもに対して相乗効果を発揮しうるような条件を明らかにし
ていくことは，家族研究が今後，その知見を社会へ還元していくための一つの
重要な作業となるだろう。


付　　記

二次分析に当たり，東京大学社会科学研究所附属社会調査・データアーカイブ研究セ
ンター SSJ データアーカイブから〔「親と子の生活意識に関する調査，2011」（内閣
府子ども若者・子育て施策総合推進室）〕の個票データの提供を受けた。


注

(1) family structure の訳語である。英語の文献では，single-mother families, step-
parent families などの家族の類型をあらわす語として，一般に family structure と
いう語が用いられている（たとえば，McLanahan & Percheski〔2008〕等）。


**参考文献**

阿部彩（2008）『子どもの貧困──日本の不公平を考える』岩波書店。

稲葉昭英（2011）「ひとり親家庭における子どもの教育達成」佐藤嘉倫・尾嶋史章編
　『現代の階層社会1　格差と多様性』東京大学出版会，239-252頁。

厚生労働省（2012）「平成23年全国母子世帯等調査結果報告」（http://www.mhlw.go.
　jp/seisakunitsuite/bunya/kodomo/kodomo_kosodate/boshi-katei/boshi-setai_h23/
　dl/h23_02.pdf，2016年3月22日アクセス）。

白川俊之（2010）「家族構成と子どもの読解力形成──ひとり親家族の影響に関する
　日米比較」『理論と方法』25(2)，249-265頁。

総務省統計局（2011）「政府統計の総合窓口　GL08020101」（http://www.e-stat.go.
　jp/SG1/estat/eStatTopportal.do，2016年3月22日アクセス）。

田宮遊子・四方理人（2007）「母子世帯の仕事と育児──生活時間の国際比較から」
　『季刊・社会保障研究』43(3)，219-231頁。

西村純子（2001）「家族構造と家族生活ストレーン──ひとり親，ふたり親，ステッ
　プ・リレイション」渡辺秀樹編『現代日本の親子関係』文部省科学研究費基盤研究
　（A）：家族についての全国調査（NFRJ98）報告書2-2，91-110頁。

野沢慎司（2005）「離婚・再婚とステップファミリー」吉田あけみ・山根真理・杉井
　潤子編著『ネットワークとしての家族』ミネルヴァ書房，139-157頁。

第5章 家族構造が子どもに及ぼすインパクト

余田翔平（2012）「子ども期の家族構造と教育達成格差──二人親世帯／母子世帯／父子世帯の比較」『家族社会学研究』24(1)，60-71頁。

Astone, N. M. & S. S. McLanahan (1994) "Family Structure, Residential Mobility, and School Dropout: A Research Note" *Demography* 31, pp. 575-584.

Barrett, A. E. & R. J. Turner (2005) "Family Structure and Mental Health: The Mediating Effects of Socioeconomic Status, Family Process, and Social Process" *Journal of Health and Social Behavior* 46, pp. 159-169.

Carlson, M. J. & M. E. Corcoran (2001) "Family Structure and Children's Behavioral and Cognitive Outcomes" *Journal of Marriage and Family* 63, pp. 779-792.

Caughy, M. O., P. J. O'Campo & C. Muntaner (2003) "When Being Alone Might Be Better: Neighborhood Poverty, Social Capital, and Child Mental Health" *Social Science & Medicine* 57, pp. 227-237.

Coleman, J. S. (1988) "Social Capital in the Creation of Human Capital" *American Journal of Sociology* 94 (Supplement), S95-S120.

Crosnoe, R. (2004) "Social Capital and the Interplay of Families and Schools" *Journal and Marriage and Family* 66, pp. 267-280.

Furstenberg, F. F. Jr. & M. E. Hughes (1995) "Social Capital and Successful Development among At-risk Youth" *Journal and Marriage and Family* 57, pp. 580-592.

Israel, G. D., L. J. Beaulieu & G. Hartless (2001) "The Influence of Family and Community Social Capital on Educational Achievement" *Rural Sociology* 66, pp. 43-68.

Kawachi, I. & L. Berkman (2014) "Social Capital, Social Cohesion, and Health" In Berkman, L. F., I. Kawachi & M. M. Glymour (Eds.) *Social Epidemiology*, 2nd edition. Oxford University Press, pp. 290-319.

McLanahan, S. & C. Percheski (2008) "Family Structure and the Reproduction of Inequalities" *Annual Review of Sociology* 34, pp. 257-276.

Mirowsky, J. & C. E. Ross (2003) *Social Causes of Psychological Distress*, Aldine de Gruyter.

Teachman, J. D., K. Paasch & K. Carver (1996) "Social Capital and Dropping out of School Early" *Journal and Marriage and Family* 58, pp. 773-783.

Thomson, E., T. L. Hanson & S. S. McLanahan (1994) "Family Structure and Child Well-being: Economic Resources vs. Parental Behaviors" *Social Forces* 73, pp. 221-242.

第Ⅱ部　社会の諸領域におけるソーシャル・キャピタル

### 資料5-1　ソーシャル・キャピタル変数の説明

| 変　　数 | 作成方法 |
|---|---|
| **家庭内：関係的側面** | |
| 親との会話 | 中学生が，学校での出来事，勉強や成績のこと，将来や進路のこと，友達のこと，社会の出来事やニュース，趣味や習い事，のそれぞれについて，父親・母親それぞれと会話する頻度を4件法で測定。「よく話をする」＝4点～「まったく話をしない」＝1点と得点化し，初婚継続・ステップ家族については父親・母親との会話の平均値，母子家族については母親との会話，父子家族については父親との会話の頻度を用いた。 |
| 家庭の雰囲気の温かさ | 中学生に対する「あなたの家庭の雰囲気はどのようなものですか」という設問を4件法で測定。「あたたかい雰囲気である」＝4点～「あたたかい雰囲気ではない」＝1点と得点化した。 |
| 親が子どもに寄り添う態度 | 父親・母親のそれぞれが「私のことをよくわかっている」「私にいろいろなことを話してくれる」という項目に対し，「そう思う」から「そう思わない」の4件法で測定し（$\alpha=.63$），「そう思う」＝4点～「そう思わない」＝1点と得点化した。母子家族は母親についての2項目の平均値，父子家族は父親についての2項目の平均値，初婚継続・ステップ家族は父親・母親についての4項目の平均値を算出し，分析にもちいた。 |
| **家庭内：教育への関心** | |
| 親の子どもへの教育期待 | 回答した親が理想的に子どもに進んでほしい学校段階についての回答。「中学校まで」＝1点，「高等学校まで」＝2点，「専門学校まで」＝3点，「高等専門学校・短期大学まで」＝4点，「大学まで」＝5点，「大学院まで」＝6点と得点化した。 |
| 親の教育重視態度 | 回答した親の「学歴が低いと将来希望する職業につけない」「他のことを我慢しても子どもの教育にお金をかけたほうがよい」という意見についての考え方を，「そう思う」から「そう思わない」の4件法で測定し（$r=.40$），「そう思う」＝4点，～「そう思わない」＝1点と得点化した。 |
| **コミュニティ** | |
| 何でも話せる友人 | 中学生の「何でも話せる友だちがいる」という項目に対する回答を，「そう思う」から「そう思わない」の4件法で測定。「そう思う」＝4点，～「そう思わない」＝1点と得点化した。 |
| つきあっている彼氏・彼女 | 中学生の「つきあっている彼氏・彼女がいる」という項目に対する回答を，「そう思う」から「そう思わない」の4件法で測定。「そう思う」＝4点，～「そう思わない」＝1点と得点化した。 |
| 参加したことのある地域活動 | 中学生が住んでいる地域で，「近所のお祭り」「子ども会や町内会などが開いた運動会やクリスマス会などの行事」「公園や道路の掃除，地域の避難訓練など」「児童館，公民館などが開いた講座や教室」それぞれへの参加経験を，参加したことがある＝1点，参加したことがない＝0点として測定。その点数を足しあげた。 |
| 親以外の大人との関係 | 中学生が親以外の大人で「信頼できる人」「気軽に相談できる人」「尊敬できる人」「自分のことを大切にしてくれる人」「道で会ったら挨拶をしてくれる人」がいるかどうかをそれぞれたずねた。それぞれについて，いる＝1点，いない＝0点と得点化し，その点数を足しあげた。 |

出所：表5-1と同じ。

（西村純子）

| 第6章 | 就職活動で縁故は役立つのか |
|---|---|
| | ——職業達成とソーシャル・キャピタル |

## 1 職業達成におけるソーシャル・キャピタル

### （1）ソーシャル・キャピタルが就職活動で果たす役割

　人々が就職活動（就活）するとき，ソーシャル・キャピタルは役立つのだろうか。それとも，かえって邪魔になるのだろうか。就職によって人々が労働市場に入り職業上の地位を得ることを，社会学では「職業達成」という。教育達成や収入達成と並び，地位達成の一つとなっている。

　ここでソーシャル・キャピタルを用いるとは，広告や職業安定所や学校を通して就職するのではなく，縁故（いわゆるコネ）や紹介を使って就職することを指す。このように仕事を得るための方法は，「入職経路」または「求職方法」と呼ばれる。

　いわば，労働市場にはいくつかの「入口」があり，人々はどれかを選んで就職することになる。それでは，入口によって，職業達成が異なってくるのだろうか。

　雇用動向調査によれば，2014（平成26）年の新規学卒者（学校をでてはじめて就職する人）132.1万のうち，入職経路で最も多かったのは「広告」をみて公募に直接応募した人33.6％，次に「学校」を経由した人29.2％，「職安・ハローワーク」を通して応募した人17.5％と続く（図6-1）。「縁故」で就職した人は9.3％であった。

### （2）ソーシャル・キャピタルとしての縁故，人的資本としての教育

　では，なぜソーシャル・キャピタルを使って就職する人と，そうでない人が

第Ⅱ部　社会の諸領域におけるソーシャル・キャピタル

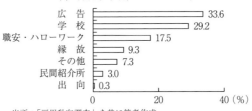

図 6-1　初職における入職経路ごとの比率（2014年，新規学卒者，N＝132.1万）

出所：「雇用動向調査」を基に筆者作成。

いるのだろうか。もしかしたら，公募などの他の方法より，利点があるのかもしれない。あるいはもしかしたら，他の方法を使えなかったり，失敗したため，しかたなく縁故を利用したのかもしれない。

　一方で，教育が高い人ほど，収入や安定した仕事に就けることがわかっている（Becker 1964等）。こうした効果は経済学で「人的資本」と呼ばれる。

　そこで，この章では，ソーシャル・キャピタル（縁故）が労働市場において就職にどのように役立つのかを，特に人的資本（教育）との関連から検討する。高校や大学に進むよりも，友人や親族と仲良くする方が就職に役立つのだろうか。仮に進学しても，勉学に励む方が良いのか，それとも多くの人とのコネづくりに精を出す方が良いのだろうか。もし，この問題を解明できないと，ともすれば人々はいたずらに縁故に頼ったり，逆に縁故を避けたりすることで，結果として望み通りの仕事に就くことが困難となるかもしれない。

### （3）職業達成におけるよい仕事とは

　職業達成によって，どれだけ「よい仕事」に就けたかは，たとえば雇用形態が正規なのか非正規なのか（従業上の地位），勤め先の規模が大人数の大企業なのか中小企業なのか（従業先規模），収入は多いのか少ないのか，転勤があるのかどうか，長期間勤められるのかどうか，職場がよい雰囲気なのかどうかなど，さまざまな指標で計れるだろう。

　さらに社会学では，医師やタクシー運転手といった多様な職業を，人々がどれくらい高いと評価しているかを数値化して，「職業威信スコア」を求めてき

第6章　就職活動で縁故は役立つのか

表6-1　分析の枠組み

| 独立変数（原因） | 従属変数（結果） |
|---|---|
| 1　ソーシャル・キャピタルとしての入職経路（とくに縁故）<br>2　人的資本としての教育 | 初職の職業達成（従業上の地位，従業先規模，職業威信，勤続期間） |

た。代表的な56の職業について5段階で質問して，0点から100点を割りふる。対象者の回答の平均を，その職業や近い職業の威信スコアとする。医師が最も高く90.1点，炭鉱夫が最も低く36.7点だった（職業威信スコアについて詳しくは，都築編 1998）。

　すると，教育水準のグループごと，入職経路のグループごとに職業達成を比較すれば，労働市場において「人的資本としての教育」と「ソーシャル・キャピタルとしての入職経路」がどのような効果をもつのかを明らかにできるだろう（表6-1）。本章では特に，学校後の最初の仕事（初職）における職業達成を分析していく。

## 2　教育・縁故と職業達成の関係——アメリカと日本の事例から

### （1）「強い紐帯」よりも「弱い紐帯」
#### ——グラノベッターによるアメリカの事例

　労働市場における縁故の役割に，最初に着目したのは，グラノベッターであった。彼は，アメリカのホワイトカラー労働者を調べて，縁故（ネットワーク）が転職時に役立つことを明らかにした（Granovetter 1974）。彼によれば，広告や公的な紹介所より，個人的な縁故の方がよく使われていた。しかも，そうした人は，収入面でも満足度でも，そうでない人より高かった。また，縁故者（コンタクト）との関係が，頻繁に会う「強い紐帯」であるよりも，時々会う程度の「弱い紐帯」であることが多かった。

　ただし，渡辺（2014）によれば，日本ではむしろ，強い紐帯の方が転職で役立つという。こうした縁故の効用は，Coleman（1988）によってソーシャル・キャピタルとして概念化された。

133

## （2）「縁故」よりも「教育」──日本の事例

　では，職業達成において，縁故の効果は教育の効果よりも大きいのだろうか。これまで，教育と縁故の効果は，別々に検証されてきたため，直接比較したものは少ない。その中で佐藤（1998）は，初職と転職について，職業威信スコアを従属変数として，教育と入職経路の効果を調べた。

　その結果，教育はほぼ一貫して，威信を上げた。一方，縁故の効果はないか，むしろ初職では負の効果をもって威信を下げた。つまり，友人や親族を頼って職を得ると，そうでない人と比べて，「よくない」と思われている仕事に就いていた。

　苅谷（1998）は，初職の職業，産業，規模，勤続期間を従属変数として分析した。その結果，縁故を使って就職した人ほど，スキルの低い職業，建設業や運輸業など流動的な産業，小規模な職場に就職しやすかった。同時に，離職しにくく，同じ職場に長く勤務していた。

　ただし，佐藤も苅谷も，教育と入職経路が「独立に」職業達成に影響すると仮定している。つまり，どのような教育であっても，縁故や他の入職経路が同じように人々に影響するとしている。

　しかし，むしろ教育と入職経路は，互いに関連していると考える方が自然であろう。たとえば，高校生とくらべて大学生の方が，知り合いの数も範囲も拡大するだろう。


## （3）縁故の役割は何か

　それでは，ソーシャル・キャピタルとしての入職経路は，就職活動でどのような役割を果たすと予想できるだろうか。これまでの研究から，縁故で就職すると，よい仕事に就けることもあれば，そうでないこともあった。

　もし縁故が，資本として積極的に投資され活用されているなら，よい仕事を提供するはずである。これを「縁故のプラス効果仮説」と呼ぼう（仮説1）。しかし，もし公募や学校での紹介で仕事を見つけられなかったため，次善の策として縁故が使用されているなら，むしろ職業達成は悪くなるだろう。これは

「縁故のマイナス効果仮説」といえる（仮説1'）。

> 仮説1（縁故のプラス効果仮説）：縁故を使うと，それ以外の入職経路と比べて，職業達成が高く，よい仕事に就くだろう。
>
> 仮説1'（縁故のマイナス効果仮説）：縁故を使うと，それ以外の入職経路と比べて，職業達成が低く，よい仕事に就けないだろう。

## （4）教育とどう関連するのか

　次に，入職経路は（人的資本としての）教育と，どのように関わるのだろうか。コールマンは，友人が多いほど，高校を中退しにくいと考えた（Coleman 1988）。リンは，高階層の人ほど高い地位の人と知り合いのため，就職活動で縁故を活用できることを明らかにした（Lin 1990）。これらは，ソーシャル・キャピタルが人的資本と相乗効果（加速効果）をもつことを示唆する。そうであるなら，教育が高い人ほど，縁故の恩恵を受けるはずである。いわば，カタパルトが飛行機を加速させるように，ソーシャル・キャピタルが教育の効果を加速させるのである。そこで，これを「カタパルト仮説」と呼ぼう（仮説2）。

　これに対し，ソーシャル・キャピタルは逆に，人的資本にブレーキをかけて（減速効果），教育の低い人を有利にするかもしれない。そうであるなら，教育の低い人ほど，縁故を使ってよい仕事に就くだろう。これを「ブレーキ仮説」と呼ぼう（仮説2'）。

> 仮説2（カタパルト仮説）：教育が高い人ほど，縁故を使うと職業達成が高く，よい仕事に就くだろう。
>
> 仮説2'（ブレーキ仮説）：教育が低い人ほど，縁故を使うと職業達成が高く，よい仕事に就くだろう。

第Ⅱ部　社会の諸領域におけるソーシャル・キャピタル

## 3　社会階層と社会移動全国調査

### （1）就職した5,375人の分析

データとして，2005年社会階層と社会移動日本調査（2005年SSM日本調査）を用いる。これは，全国の20～69歳個人を対象としたランダムサンプリング調査である（面接と留置を併用）。層化二段無作為抽出法でサンプリングし，5,743人から回答を得た（回収率44.1%）。

そのうち，佐藤（1998）に従い，就職の経験があり，しかも入職経路が（複数ではなく）1つだけだった5,375人を分析対象とする。内訳は，男性46.4%，平均年齢48.8歳，入職時期が1940～1950年代15.7%，1960年代24.2%，1970年代20.3%，1980年代19.0%，1990年代15.9%，2000年代4.9%，教育（最終学歴）は中学17.0%，高校57.0%，高専0.4%，短大7.8%，大学16.7%，大学院1.1%，未修了0.1%，わからない0.1%だった。

### （2）従属変数は初職の正規雇用・規模・職業威信スコア・勤続期間

従属変数は，職業達成となる。グラノベッターは転職の結果を分析したが，日本では転職経験者は全労働者のうち半分ほどと高くない（2012年で54.9%，「就業構造基本調査」より）。そこで，本章では初職（最初の就職先）における結果を比較することにする。

「仕事のよさ」は，以下の4つの代表的な指標によって測定しよう（今回のデータは初職の収入を質問していない）。第1に，従業上の地位が正規雇用か自営業・非正規雇用かを比較する。正規雇用労働者の方が，一般に雇用が安定し，昇給を期待できる。ここでは，正規雇用であるかを「正規雇用ダミー」と呼ぼう（正規雇用なら1，それ以外なら0，ダミー変数とは値が0か1の変数を指す）。標本のうち，80.7%が初職で正規雇用だった（変数の記述統計は表6-2参照）。

第2に，従業先に何人が働いているかを比較する。「従業先規模」と呼び，人数で表す。多いほど大企業として安定するだろう。このデータではカテゴリ

136

第6章　就職活動で縁故は役立つのか

表6-2　変数の記述統計

| | | | $N$ | 平均・比率 | 最小 | 最大 |
|---|---|---|---|---|---|---|
| 従属変数 | | 正規雇用率 | 5,375 | 80.7% | 0 | 1 |
| | | 従業先規模（人） | 5,014 | 374.7 | 1 | 1000 |
| | | 職業威信スコア(ポイント) | 5,264 | 49.7 | 36.7 | 90.1 |
| | | 勤続期間（年） | 5,375 | 10.1 | 0 | 54 |
| | | 勤続者率 | 5,375 | 18.5% | 0 | 1 |
| 独立変数 | 教育 | 短大以上 | 5,375 | 25.9% | 0 | 1 |
| | 入職経路 | | 5,375 | 直接参入・学校関係65.2%, 個人的紐帯15.0%, 血縁関係19.8% | | |

注：従属変数はすべて初職について。
出所：「2005年社会階層と社会移動日本調査」。

ーで質問された（家族従業者, パート・アルバイトも含まれる）。そこで, カテゴリーの中央値の人数でリコードした（たとえば100〜299人なら200人）。最大のカテゴリーは「1,000人以上」で, 1,000人としてリコードした。官公庁は1,000人とした。平均は374.7人だった。

第3に, 佐藤（1998）と同じく職業威信スコアを比較しよう。2005年SSM日本調査では, 職業を207種類に分類しており, 各職業が威信スコアをもつ。平均は49.7だった。

第4に, 最初の職場にどれだけ勤続したかを, 勤続期間（単位は年）と, 1度も転職したことがない人の割合（100%から転職者率を引いたもので, 勤続者率と呼ぶ）で測定する。同じ職場に長く務めるということは, 労働者と職場のマッチングがよかったことを表すだろう。勤続期間の平均は10.1年, 勤続者率は18.5%（転職者率は81.5%）だった。

### （3）独立変数は教育と入職経路

独立変数には第1に, 教育として最終学歴を用いる（在学中や中退も含む, ただし専門学校は除く）。分類は, 中学, 高校, 高専, 短大, 大学, 大学院の6つある。以下の分析では, 教育年数（中学9年, 高校12年, 高専・短大14年, 大学16

第Ⅱ部 社会の諸領域におけるソーシャル・キャピタル

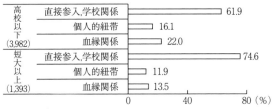

図6-2 教育・入職経路別の比率
(初職について, N=5,375)

注：括弧内はN。
出所：表6-2と同じ。

年，大学院18年）を用いる。また，高専，短大，大学，大学院卒を高等教育とみなして短大以上としてまとめて，短大以上ダミーという変数も用いる。

　第2に，ソーシャル・キャピタルとして入職経路を用いる。もともと初職の入職経路として10の選択肢があり，複数回答となっていた。これを，佐藤(1998)と同じように，①直接参入（職安の紹介，民間紹介機関の紹介，求人広告で応募，自分で始めた），②学校関係（学校・先生の紹介，先輩の紹介），③個人的紐帯（友人・知人の紹介，現在従業先から誘い，前従業先から紹介），④血縁関係（家族・親族の紹介，家業を継ぐ），の4つに分ける。このうち，個人的紐帯と血縁関係が縁故を表す。その他回答もこの4つのどれかにリコードした。

　佐藤と同様に，求職方法が複数のカテゴリーにまたがる場合は，解釈しやすくするために，分析対象から除外した。分析では，直接参入と学校関係を合わせた「直接・学校ダミー」を参照カテゴリーとして，他の「個人的紐帯ダミー」と「血縁関係ダミー」を独立変数として用いる。図6-2は，標本を高校以下と短大以上に分けた上で，入職経路ごとの比率を表している。

## 4　入職経路によって職業達成は異なるのか

### (1) 教育別の職業達成

　図6-3は，教育別，入職経路別に，職業達成がどれくらい異なるかを比較したものである。最終学歴が高校以下と短大以上を比べると，短大以上の方が

第6章 就職活動で縁故は役立つのか

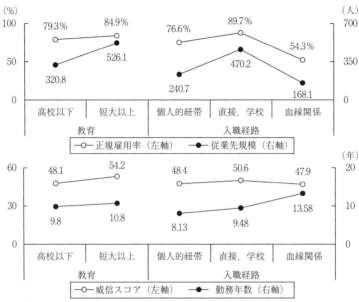

図6-3 教育別，入職経路別，初職の職業達成（N=5,375）

出所：表6-2と同じ。

正規雇用となりやすく（高校までは正規雇用が79.3%に対して短大以上は84.9%），従業先規模が大きく（平均320.8人に対して526.1人），威信の高い仕事に就きやすく（平均48.1ポイントに対し54.2ポイント），長く勤務していた（平均9.8年に対して10.8年）。これらの違いは，統計的に有意だった（比率の差にはカイ二乗検定，平均の差には分散分析を行った）。

### （2）入職経路別の職業達成

では，入職経路別ではどうだろうか。直接参入・学校関係で就職したグループとくらべて，個人的紐帯と血縁関係を使用したグループを比較しよう。図6-3によれば，個人的紐帯または血縁関係を使用すると，正規雇用になりにくい（直接参入・学校関係だと89.7%に対し個人的紐帯は76.6%，血縁関係は54.3%）。従業先規模は小さくなりがちである（直接参入・学校関係が平均470.2人に対し個人的紐帯だと240.7人，血縁関係だと168.1人）。仕事の威信も低い（直接参入・学校

139

第Ⅱ部　社会の諸領域におけるソーシャル・キャピタル

関係の平均50.6ポイントに対し個人的紐帯48.4ポイント，血縁関係47.9ポイント）。ただし，勤続年数は，個人的紐帯こそ短いが（直接参入・学校関係の平均9.5年に対し8.1年），血縁関係はむしろ長かった（13.6年）。

　これらの3経路の違いは，すべて統計的に有意だった（比率の差ではカイ二乗検定，平均の差では分散分析）。

### （3）縁故のマイナス効果

　これらの違いは，効果を相互に統制しても，変わらないのだろうか。そこで，多変量解析を行った。表6-3は，従属変数ごとの多変量解析の結果を表す。なお，勤続期間については，離職のハザード率を従属変数として，イベント・ヒストリー分析を行った。こうすることで，「まだ離職していない人も，潜在的には離職しうる人」として扱うことができる。係数が負ならば，離職のチャンスが低くなるので，最初の職場に長く勤務することを表す。

　表6-3の教育の効果を見ると，教育が高いほど，一貫して職業達成が高く，よい仕事を獲得したことがわかる。教育が1年長いと，（オッズ比より）正規雇用に1.17倍就きやすく，従業先規模が48.13人多く，職業威信スコアが1.58ポイント高く，（オッズ比より）離職してしまうチャンスが0.94倍へと低下した。どれも有意な効果だった。

　一方，表6-3の入職経路の効果から，個人的紐帯も血縁関係も，おおむね職業達成が直接参入・学校関係と比べて低かった。（オッズ比より）正規雇用となるチャンスが個人的紐帯だと0.37倍，血縁関係だと0.10倍と大きく低下した。従業先規模は，個人的紐帯で204.47人，血縁関係で291.37人低下した。職業威信スコアは個人的紐帯で0.84ポイント，血縁関係で1.02ポイント下がる。離職のチャンスは，個人的紐帯で1.14倍となった。ただし，血縁関係では0.72倍へと低下した。どれも有意な効果だった。すべて，記述統計における結果と一致している。

　以上から，仮説1（縁故のプラス効果）は支持されず，仮説1'（縁故のマイナス効果）がおおむね支持された。ただし，血縁関係は勤続期間を延ばした。

第6章　就職活動で縁故は役立つのか

表6-3　多変量解析の結果

| | 従属変数 | | | |
|---|---|---|---|---|
| | 正規雇用ダミー | 従業先規模 | 職業威信スコア | 離職のハザード率 |
| 男性ダミー | 0.25 | 42.92 *** | −0.68 *** | −0.64 *** |
| 教育年数 | 0.15 *** | 48.13 *** | 1.58 *** | −0.06 *** |
| 入職年 | −0.03 *** | −3.24 *** | −0.04 *** | 0.01 *** |
| 個人的紐帯 | −1.00 *** | −204.47 *** | −0.84 ** | 0.13 |
| 血縁関係 | −2.32 *** | −291.37 *** | −1.02 *** | −0.33 |
| 個人的紐帯×短大卒 | −0.32 | −12.45 | −1.58 ** | 0.22 * |
| 血縁関係×短大卒 | 0.71 *** | 69.84 * | −1.59 ** | 0.16 |
| −2対数尤度 | 4,493.37 | | | 68,113.8 |
| 決定係数 | | 0.16 | 0.19 | |
| N | 5,368 | 5,007 | 5,257 | 5,368 |

注：従属変数はすべて初職について。正規雇用の分析にはロジスティック回帰分析，従業先規模と職業威信スコアの分析には回帰分析，離職の分析にはイベント・ヒストリー分析を行った。値は回帰係数（ロジスティック回帰分析とイベント・ヒストリー分析）または非標準化係数（回帰分析）。×：交互作用，*：$p<0.05$，**：$p<0.01$，***：$p<0.001$。
出所：表6-2と同じ。

## 5　教育との相乗効果はあるのか

### （1）教育水準ごとに分けて比較する

　ここまでは，教育と入職経路それぞれの効果を調べた。それでは，入職経路は教育とどのように関連するのだろうか。縁故と短大以上が相乗効果をもつのか，それとも縁故はむしろ高校以下に効果が大きいのだろうか。

　そこで，高校までと短大以上の2つのグループに分けて，入職経路の効果を比較してみよう。図6-4は，2つの教育水準に分けて，入職経路別に4つの従属変数の値を比較したものである。

　ここから，従業先規模と職業威信スコアでは，入職経路の効果が教育水準ごとにおおむね似ていることがわかる。一方，正規雇用については，高校以下が血縁関係を使用した場合と比べ，短大以上が使用すると低下率が緩和された

141

第Ⅱ部 社会の諸領域におけるソーシャル・キャピタル

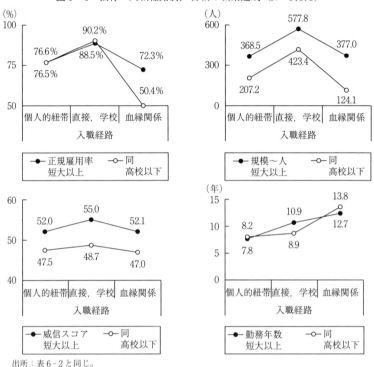

図6-4 教育・入職経路別，初職の職業達成（$N=5,375$）

出所：表6-2と同じ。

（高校以下では90.2%から50.4%へ低下するのに対し，短大以上では88.5%から72.3%）。つまり，血縁関係は正規雇用において，教育と相乗効果をもった。

ただし，勤続年数では，高校以下が個人的紐帯を使用するのに比べ，短大以上が使用すると低下が加速された（高校以下で8.9年から8.2年に対し，短大以上で10.9年から7.8年）。つまり，個人的紐帯は勤続年数において，どちらかといえば高校以下に貢献した。

なお，図6-4で教育水準別に入職経路ごとの比較をした時，すべての従属変数について違いは統計的に有意だった（比率の差にはカイ二乗検定，平均の差には分散分析）。

第6章 就職活動で縁故は役立つのか

図6-5 分析結果の係数のまとめ（N=5,375）

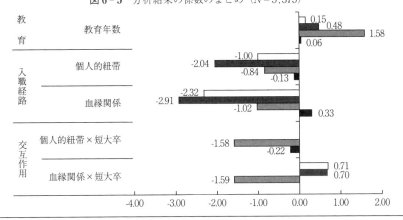

□正規雇用率　■従業先規模（単位100人）　■職業威信スコア　■継続可能性（離職の係数の正負逆）

注：値は表6-3における独立変数（教育，入職経路，交互作用）から従属変数（初職の正規雇用率，従業先規模，職業威信スコア，継続可能性）への係数のうち有意なもののみ。従業先規模の係数は1/100（そのため0.48なら48人を表す）。継続可能性は離職への係数を，直感的に理解しやすいよう正負を逆にした。
出所：表6-2と同じ。

### （2）縁故と短大以上の学歴の関連は混合的

これらの効果は，多変量解析でも残るのだろうか。表6-3で，縁故と短大以上の交互作用を確認してみよう。

すると，交互作用は，正規雇用と従業先規模で効果がないか，プラスとなった。つまり，短大以上の人が血縁関係を使用すると，高校以下の人がそうした時と比べて，正規雇用に有意になりやすく，大きな職場に有意に就職しやすかった（短大以上が血縁関係を使用すると，オッズ比より高校以下と比べて2.02倍正規雇用になりやすく，69.84人大きい職場に就職した）。図6-5は，独立変数から従属変数への効果が，正なのか負なのかを表す（有意な効果のみ表示）。

ただし，職業威信スコアと勤続期間で，交互作用が同じかマイナスとなった。つまり，短大以上の人は個人的紐帯や血縁関係を使用すると，高校以下の人と比べて，威信の低い仕事に就き，離職しやすかった（職業威信スコアが個人的紐帯でも血縁関係でも低下し，離職の可能性が個人的紐帯で上昇した）。

以上から，縁故と短大以上の関連は，混合的なものとなった。正規雇用と従

第Ⅱ部　社会の諸領域におけるソーシャル・キャピタル

業先規模については，仮説2（カタパルト仮説）が支持された。しかし，職業威信スコアと勤続期間については，仮説2'（ブレーキ仮説）が支持された。

　なお，標本を高校以下と短大以上のグループに分けて分析しても，以上と矛盾しない結果を得た。

## 6　セーフティネットとしてのソーシャル・キャピタル

### （1）縁故の影響の有無──分析結果から

　ここまでの分析結果をまとめておこう。本章では，職業達成におけるソーシャル・キャピタルの役割を検討した。そこで，就職活動する時の入職経路に着目し，縁故という入口から労働市場に入った場合に，職業達成がどれくらい異なるのかを分析した。

　まず，仮説1で縁故が初職の職業達成においてプラス効果をもつのか，マイナス効果をもつのかを調べた。その結果，直接参入や学校関係と比べて，個人的紐帯や血縁関係を使用した人ほど，非正規雇用や自営業となり，小さい職場に就職し，仕事の威信が低く，離職しやすいことがわかった。ただし，血縁関係を使うと，長続きしやすかった。したがって，おおむねマイナス効果が確認された。

　次に，仮説2で縁故の効果が，教育の高いグループを有利にするのか（カタパルト効果），それとも低いグループを有利にするのか（セーフティネット効果）を調べた。その結果，縁故は高校以下が使用すると職業達成を高めることもあるが（セーフティネット効果，正規雇用と従業先規模について），短大以上の職業達成を高めることもあった（カタパルト効果，職業威信スコアと勤続期間について）。

### （2）ソーシャル・キャピタルはセーフティネットか

　2つの仮説の検証結果から，どのようなストーリーを描けるだろうか。仮説1の検証より，縁故による職業達成はおおむね低かった。これは一見すると，ソーシャル・キャピタルが労働市場で役立たないように見える。しかし，直接

参入や学校関係で就職できなかった人が，縁故ならなんとか就職できたということもあるだろう。そうした人にとっては，たとえ職業達成が低くても，「無職よりははるかにまし」と思えるはずだ。

　実際，図6-2より高校以下のうち個人的紐帯を使用する人が16.1%，血縁関係が22.0%なのに対し，短大以上ではそれぞれ11.9%，13.5%と減る（カイ二乗検定で有意な差）。つまり，ソーシャル・キャピタルは，教育において不利な立場のグループに広く使用されている。この意味で，ソーシャル・キャピタルは労働市場で「セーフティネット」の役割を果たしていると予想できる。

　さらに，仮説2の検証より，縁故は確かに短大以上の職業達成を向上させた。したがって，ソーシャル・キャピタルは人的資本の高い人をさらに有利にさせる「カタパルト」の役割を果たすことがある。その結果，教育水準で恵まれた人が，職業達成でも恵まれることになり，ソーシャル・キャピタルによって人々の間の不平等が拡大してしまう可能性がある。

　ただし同時に，縁故が高校以下の職業達成を高めもした。ここに注目するならば，ソーシャル・キャピタルは，高い人的資本の効果を相対的に減速させ，人的資本の低さを補完することがあるといえる。この意味で，ソーシャル・キャピタルは人的資本の低さを相殺させるセーフティネットでもあるといえよう。

## （3）ソーシャル・キャピタルの平等化作用

　これまで，コールマンやリンのように，ソーシャル・キャピタルが他の資本（特に人的資本や経済資本）を増幅させたり，他の資本に転換されたりするという側面が強調されてきた（三隅 2013）。いわば，ソーシャル・キャピタルがカタパルトとして相乗効果で不平等を加速させ，勝者が「総取り」するという側面である。

　これに対し，ここでの分析結果のように，ソーシャル・キャピタルには他の資本（ここでは人的資本）の効果を緩和させる側面もあるようである。いわば他の資本へのブレーキとなって，効果を減速させ，その結果人々を「平等化」させるという側面である。

第Ⅱ部　社会の諸領域におけるソーシャル・キャピタル

　ソーシャル・キャピタルの役割は，一面的ではないようだ。そしてそれこそが，ソーシャル・キャピタルの資本としての多様性と，それゆえの豊かさを，表しているのかもしれない。

### 付　記

　データ使用については，2005年社会階層と社会移動調査研究会の許可を得た。本章は，文部科学省科学研究費補助金特別推進研究「現代日本階層システムの構造と変動に関する総合的研究」の研究成果の一部である（代表佐藤嘉倫）。

　本章は，小林（2008）を基に大幅に改訂した。執筆にあたり，『成蹊大学文学部紀要』編集委員会から許可を得た。

### 参考文献

苅谷剛彦（1998）「学校から職業への移行過程の分析——初職入職経路と職業的キャリア」苅谷剛彦編『教育と職業——構造と意識の分析』科学研究費成果報告書，25-55頁。

厚生労働省「雇用動向調査」。

小林盾（2008）「学歴か縁故か——初職と転職への効果」『成蹊大学文学部紀要』43，121-134頁。

三隅一人（2013）『社会関係資本——理論統合の挑戦』ミネルヴァ書房。

佐藤嘉倫（1998）「地位達成過程と社会構造——制度的連結理論の批判的再検討」『日本労働研究雑誌』457，27-40頁。

総務省（2012）「就業構造基本調査」。

都築一治編（1998）『職業評価の構造と職業威信スコア』科学研究費成果報告書。

渡辺深（2014）『転職の社会学——人と仕事のソーシャル・ネットワーク』ミネルヴァ書房。

Becker, G. S. (1964) *Human Capital : A Theoretical and Empirical Analysis, with Special Reference to Education*, National Bureau of Economic Research. (＝1976, 佐野陽子訳『人的資本——教育を中心とした理論的・経験的分析』東洋経済新報社)

Coleman, J. S. (1988) "Social Capital in the Creation of Human Capital" *American Journal of Sociology* 94 (Supplement), S95-S120.

Granovetter, M. (1974) *Getting A Job : A Study of Contacts and Careers*, University of Chicago Press. (＝1998, 渡辺深訳『転職——ネットワークとキャリアの研究』ミネルヴァ書房)

Lin, N. (1990) "Social Resources and Social Mobility : A Structural Theory of Status Attainment." In Breiger, R. L. (Ed.) *Social Mobility and Social Structure*, Cambridge University Press, pp. 247-271.

（小林　盾）

**第7章** | 移民受け入れの制度的文脈と人間関係
―― 日系ブラジル人の事例から

## 1　ソーシャル・キャピタルと移民

　ソーシャル・キャピタル（以下，社会関係資本）を社会学の立場から考える時，人々の社会関係資本の活用は，その人々が埋め込まれた社会的場面や領域によって大きく異なると考えられる。そのため，社会関係資本について，社会的文脈から乖離した一般的な命題を構成することは非常に困難であり，社会関係資本がいかなる社会的文脈の下に埋め込まれているのかを明らかにすることは，社会関係資本をテーマとする研究では重要である。

　本章がテーマとする移民や国際移動も，個人が社会関係資本を活用する上で，重要な社会的文脈を形作るものである。本章は，国際移動という社会的文脈の中で，移民がいかなる社会関係資本を構成し，それらを自らの社会経済的な地位達成や精神的健康の改善にどのように役立てているのかを明らかにする。

　生まれてからずっと同じ国に暮らす人と比べて，海外からの移住者は，移住先社会でさまざまな困難に直面する。たとえば，大人になってから別の国に移動した移民は，移住先社会の言語や文化になじみがなく，その結果，その社会のさまざまな社会的領域（教育，就業など）への参加が阻害されるかもしれない。また，移住先社会での移民や移民の子どもたちに対する差別は，仕事や住居を探す時に大きな困難をもたらし，心理的ウェルビーイングを低下させるかもしれない（Harker 2001）。アメリカの移民研究では，移民が，移住先社会で暮らしていく上で生じるさまざまな社会的困難や差別を迂回したり，克服するために，言語や文化を共有する民族的な同胞との紐帯や移民コミュニティとのつながりを大きく活用してきた。そのため，移民を対象とする社会学的研究も，社

第Ⅱ部　社会の諸領域におけるソーシャル・キャピタル

会関係資本の果たす役割の解明を，非常に重視してきた（Portes 1998）。

　本章では，移民をめぐる社会関係資本の役割や機能を考察するに際し，日本に居住する日系ブラジル人に焦点を当てる。ブラジル人は，2007年の時点で人口が30万人を超え，日本に居住する外国人を国籍別にみると，3番目に人口規模の大きな集団であった。経済危機以降は，ブラジル人の人口減少が続いているが，それでも，2014年末時点でおよそ17万人を数え，中国，韓国・朝鮮，フィリピンに次ぐ，4番目に人口規模の大きな集団である。日系ブラジル人が日本でどのように受け入れられてきたかは，日本における移民受け入れの文脈を大きく反映しており，本章では，日系ブラジル人を事例に，移民を取り巻く制度的文脈，社会的状況と社会関係資本との関係について考察する。[1]

## 2　移住先社会への適応とソーシャル・キャピタル

　アメリカの移民研究では，移民を体系的に考察するための理論枠組みに，同化理論（Assimilation theory）がある。「古典的な同化理論」は，移民のホスト社会への適応，上昇移動，アメリカ社会への同化が，滞在年数や世代を経るにつれて，移民がどのような社会的背景をもっていても，均質的に生じると考えてきた（Gordon 1964）。他方で，近年のアメリカの移民研究の支配的な理論枠組みを提供する「分節化された同化理論（Segmented assimilation theory）」は，1960年代以降のアメリカにおける中南米やアジア諸国からの移民が，アメリカ社会への適応や同化という点で，無視できない異質性，多様性を示しており，そうした移民の適応における多様性の説明を重視する。分節化された同化理論によれば，移民のホスト社会への適応は，移民自身が出身国から持ち込んだ資源と移住先社会における移民を取り巻く社会的環境によって大きく左右される。移民は，移住先の社会で言語的，文化的障壁や，差別に起因するさまざまな困難に直面しがちである。移民は，かれらが保有する資源を活用するか，移民コミュニティから何らかの資源を動員することで，そうした障壁や困難を乗り越えようとしてきた（Aguilera 2005；Portes et al. 2005）。

第7章　移民受け入れの制度的文脈と人間関係

　移民が移住先社会に適応し，差別を克服するために用いる重要な資源の一つ
が，社会関係資本である。社会関係資本とは，個人の保有するネットワークや
他の集団や組織への参加を通じて得られた何らかの資源や，そうした資源を入
手しうる能力を指し示す（Portes 1998）。社会関係資本に関する多くの研究は，
どのような種類の社会関係資本が，社会的資源を入手する上で有効であるかを
明らかにしてきた。そのうち，社会関係資本を結束型（bonding）と橋渡し型
（bridging）の2つに分類する考え方が，多くの研究で用いられてきた（Putnam
2000）。結束型社会関係資本とは，家族や親しい友人との緊密な紐帯を指し，
相互に助け合う互酬性の規範を促進する傾向がある（Coleman 1988）。移民研究
では，親族や言語や民族を同じくする友人との紐帯，民族的な組織への参加な
どが，結束型社会関係資本として捉えられてきた。橋渡し型社会関係資本とは，
社会的境界を越えて人々を架橋し，結びつけるつながりを指す。移民研究では，
マジョリティ集団との紐帯や他の異なる民族の人とのつながり等が，橋渡し型
の社会関係資本と捉えられてきた（Lancee 2010）。

　アメリカの移民研究は，このような異なる2つの社会関係資本のうち，移民
コミュニティをはじめ，結束型社会関係資本が，移民に対する社会的サポート
の提供という点で，重要な役割を果たしてきたと論じる（Portes 1998）。とり
わけ，ある特定の地域に移民が集住し，コミュニティを形成することで，移住
先社会の言語や文化になじみのない移民が新たに来ても，移民コミュニティは，
かれらに対して十分な社会的支援を提供してきたという。また，移民コミュニ
ティ内部に，会社を経営する移民企業家が多く集積することで，ホスト社会の
言語を話せない移民であっても，就業機会にアクセスできる。このような経済
的な支援が，地域の中で得られることで，精神的な健康の維持にも大いに貢献
するだろう。加えて，親族や同胞の友人との関係は，情緒的なサポートを提供
することができ，心理的な抑うつ状態の解消にも有効であろう（Lin et al.
1999：Portes & Rumbaut 2006）。

　とはいえ，結束型社会関係資本が，さまざまな社会的支援を得る上でいつも
有効であるとは限らない。とりわけ，結束型が，新しく来た移民に雇用機会を

149

第Ⅱ部　社会の諸領域におけるソーシャル・キャピタル

提供できるかどうかは，移民コミュニティ内部に，同胞に仕事を提供する移民企業家がどの程度集積しているかに左右されるだろう。実際，ヨーロッパ諸国では，同胞に仕事を供給する移民の企業家が，全体として少ないか，特定の地域に集中しておらず，結束型の結びつきが，移民の地位達成や上昇移動にあまり寄与していなかった。そうした地域，受け入れ国では，かえって主流国民との橋渡し型の紐帯が，労働市場での有用な情報へのアクセスを高めると考えられる（Lancee 2010）。

　しかし，橋渡し型社会関係資本もまた，いかなる場面においても有効というわけではない。移住先社会の言語を話せない新しく来たばかりの移民の場合，主流国民との紐帯を形成することがそもそも難しい。そうした状況では，親族や同胞の友人との結束型の社会関係資本を通じてしか，移民は社会的サポートを得られない（Portes 1998）。さらに，情緒的サポートが提供されるためには，他者の感情を共有し，相互に認め合うプロセスが重要であり，支援をする側，受ける側において母語を共有していることが不可欠である（Lin et al. 1999）。そして，移民がマジョリティ集団から孤立しているか，マジョリティから差別されている状況では，結束型社会関係資本は，かれらの精神的健康の改善に決定的な役割を果たすであろう。以上の考察からは，橋渡し型社会関係資本は，直接的に移民に情緒的サポートを提供しうるとは考えにくく，結束型と比べて，精神的健康の改善にあまり寄与しないかもしれない。

## 3　日本における移民受け入れの制度的文脈

　本節では，本章が注目する日系ブラジル人が，日本社会にどのように受け入れられてきたのか，移民受け入れの文脈について考察する。1980年代以降，日本は，海外から多くの移住労働者を受け入れてきた。1990年に改正された出入国管理法では，日本は表向き，海外からの非熟練労働者の受け入れを禁じているが，さまざまな経路を通じて，実質的な移民労働者の受け入れを行ってきた。その代表的なものの一つに，日系人（日本から海外に移住した日本人の子孫）の3

世までを対象とする定住資格の付与がある。これによって，中南米諸国，とりわけブラジル，ペルーから日本への日系人労働者の移動が多く見られ，多くが，製造業での労働に従事してきた（Tsuda 2006；Tsuda & Cornelius 2004）。

　日系ブラジル人は，就労や活動に制限のない定住資格が付与されるという点では，他の移住者よりも有利な状況にあるが，労働市場においては極めて不利な状況にある。日本の労働市場の重要な特徴に，中核的セクターと周辺的セクターとの分断があり，正規雇用と非正規雇用との格差は，両者の分断の重要な要素である（Takenoshita 2008）。グローバル化と労働市場の流動性が増大する中で，1990年代以降，日本では解雇の容易な非正規雇用が増加した。その際，多くのブラジル人は，業務請負会社や労働者派遣業者により雇用された。会社側は，労働者との間に直接の雇用契約を結ぶよりも，業務請負や労働者派遣を活用することで，景気や製品への需要の変化に応じて，労働力を容易に調節（解雇）できるからである（丹野 2007）。そのためブラジル人は，景気が悪くなると，真っ先に解雇される存在である。現に，2000年代後半に起きた世界的な経済危機の時には，多くのブラジル人が失業した。2007年と2009年に行われた調査を比較すると，ブラジル人の失業率は，4％から27％と大きく増加した（Takenoshita 2015a）。

　移民労働者の社会経済的地位を考える時，自営業は，移民にとって極めて重要な上昇移動のルートをなすものである（Zhou 2004）。しかし，2000年と2005年の国勢調査の結果によれば，ブラジル人の就労者のうち，自営業者はわずか1％にすぎない。そのうち，ブラジル人向けの食料品や雑貨を販売，提供する自営業が多くをしめ，エスニック・コミュニティを越えて，広く日本社会に対しサービスを提供する事業は，人材派遣業に限られている。このように，ブラジル人の企業家は，限られた範囲の顧客をめぐって競争しており，開始した事業を安定させ軌道に乗せることが，非常に難しい（片岡 2004）。

　ブラジル人の多くが，雇用契約の不安定な非正規雇用の労働に従事していることを考えると，政府による雇用政策や福祉政策は，かれらを支援する枠組みとして機能することが期待される。しかし実際には，日本政府は，海外から受

第Ⅱ部　社会の諸領域におけるソーシャル・キャピタル

け入れた外国人について，出入国管理に注目するあまり，生活者として受け入れた移住者とその家族に対する社会的権利や福祉の保障を十分に行ってこなかった（Tsuda 2006）。加えて，日本における福祉政策のあり方も，政府による移民に対する支援が十分でない大きな理由である。

　日本では，政府からの福祉支出は高齢者に偏り，現役世代を対象とする福祉支出は相対的に小さい。失業者を対象とする失業給付も，通常半年程度と短く，失業者は，短期間で新しい仕事を見つけなければならない（Estévez-Abe 2008）。1990年代以降，日本政府は，派遣労働に対する規制緩和を進めてきたが，派遣労働者への失業給付をはじめ，非正規労働者へのセーフティネットを拡充することはなかった。雇用の不安定な労働者に対する社会的，経済的施策の欠如が，大半が派遣労働者として雇用されるブラジル人の不安定な経済状況をもたらしてきた（Takenoshita 2015a）。

## 4　ソーシャル・キャピタルと制度的な埋め込み

　それでは，前節で論じたような雇用の不安定さや経済的ないかなる困難も，移民は，社会関係資本を活用することで克服可能であろうか。これまでにも論じてきたように，移民が，社会関係資本をどのように活用し，いかなる結果へと至るかは，社会的文脈の中に大きく埋め込まれている。本節では，日系ブラジル人が，社会関係資本をどのように活用してきたのか考察する。

　先行研究では，ブラジル人相互の結束型社会関係資本の重要性が強調されてきた（コガ 1996）。たとえばブラジル人が，仕事を失うと，多くの場合，ブラジル人の友人や親族を頼って新しい仕事を見つけようとしてきた。加えて，家族・親族や同国人の友人とのつながりは，ブラジル人にとって情緒的なサポートの提供にも大きな役割を果たしてきた。たとえば，カトリック教会の集まりやサッカーチームへの参加などを通じ，同国人との友人ネットワークを形成し，そこから，かれらの母国語をもちいておしゃべりに興じたり，お互いの悩みを相談することで，かれらのストレスを軽減し，精神的健康の改善に大きく寄与

してきた（かながわ自治体の国際政策研究会 2001）。他方で，すべての人々が，家族を越えて同国人の友人とのつながり，ネットワークを形成できるとは限らない。たとえば，長時間労働に従事し仕事が忙しく，先に紹介した教会やスポーツといった活動に参加する時間のない人たちもいる。同国人の友人との関係が希薄な人たちについては，家族や親族とのつながりから情緒的なサポートを入手していた（浜松市精神保健福祉センター 2010）。

　他方で，ブラジル人の日本人とのつながりについては，対照的な傾向も見られた。ブラジル人が，日本人との間に良好な関係を形成しようとすると，一定の日本語能力が要求される。日本語を十分に話せないブラジル人の場合，職場の同僚，近隣の日本人，他の日本人との友人関係の形成は，難しいものとなる。また，日本人側の移民・外国人に対する差別や偏見も，日本人とブラジル人とのつながりの形成を大きく阻害するだろう。ブラジル人が，日本人との間にお互いを助け合うような関係を形成することは，それほど容易ではないだろう（かながわ自治体の国際政策研究会 2001）。

　しかし，ブラジル人の企業家を対象とする研究によれば，日本人との橋渡し型社会関係資本は，かれらが自営業を創始し継続する上で（たとえば，資金調達や不動産の賃貸契約に際して保証人になってもらうなど，信用の供給という点で），極めて重要であると論じられている（梶田ら 2005）。こうした状況は，ブラジル人の自営業の創始だけでなく，さまざまな他の場面にも応用できるだろう。たとえば，ブラジル人の多くが，雇用の不安定な派遣・請負の仕事に従事するが，日本人の友人や同僚から他の仕事を紹介してもらうことで，会社に直接雇用される安定したフルタイムの仕事に移動することが可能になるかもしれない。[2]日本人との橋渡し型の紐帯は，ブラジル人同士の関係やブラジル人のコミュニティ内部では得られない，さまざまな資源や情報へのアクセスを可能にし，ブラジル人に多くの利益をもたらす可能性もあるだろう。

第Ⅱ部　社会の諸領域におけるソーシャル・キャピタル

## 5　質問紙調査を用いた転職・精神的健康の把握

　本章では，日系ブラジル人の社会関係資本の特徴を明らかにするために，2
つの調査データを用いる。一つは，浜松市が2006（平成18）年に行った「浜松
市における南米系外国人の生活・就労実態調査」である。本調査は，浜松市に
居住する外国人の中でも多数を占める南米系外国人（ブラジル，ペルー等の南米
諸国出身者）を対象に行われた。本章では，そのうちブラジル国籍をもつ人だ
けを取り出し，分析を行う。本調査は，外国人登録からの無作為抽出の他に，
以下の3つのルートからも調査票の配布と回収を行った。1つ目は，浜松市内
の外国人を雇用する企業を通じて，そこで働く南米系外国人の労働者に対して，
調査票の配布と回収を行った。2つ目は，浜松市内の南米系の子供たちが通う
外国人学校に依頼して，子供たちの保護者を対象に調査票を配布し，回収を行
った。3つ目は，浜松市内の公立小学校に依頼して，南米系の保護者を対象に
調査票の配布と回収を行った。これら4つを合わせて，合計で2,582部の調査
票を配布し，1,253票を回収し，そのうち有効票は1,252であった。[3] 学校経由の
配布と回収を行った結果，母集団と比較し，30代と40代の回答者の比率が高く，
回答者の偏りには注意が必要である。

　しかし本調査には，他の調査にはない回答者のネットワーク構造を測定する
質問項目があり，移民の社会関係資本について論じる本章にとって貴重な資料
である。また，抑うつ度についても12の質問によって測定されており，社会的
ネットワークと精神的健康との関係について明らかにすることができる。

　本章で利用するもう一つの調査は，2007（平成19）年に静岡県が行った「外
国人労働実態調査」である。この調査では，静岡県に居住するブラジル国籍を
もつ人だけを対象に，外国人登録からの無作為抽出によって3,861名の対象者
を選定し，郵送法によって配布と回収を行い，1,090人からの回答を得た。郵
送によって対象者に届かなかった人が163名おり，それらを考慮すると，最終
的な有効回収率は28.2％であった。この調査では，2005（平成17）年に行われ

第7章　移民受け入れの制度的文脈と人間関係

た「社会階層と社会移動全国調査」を参考に，日本での初職と現職の詳細や，その入職経路について尋ねている。入職経路の質問では，どのような社会関係資本を活用して，その仕事に就いたのかを尋ねており，社会関係資本と転職との関係を明らかにできる。

　次に，分析において重要となる社会関係資本の指標と，転職や精神的健康の指標について説明する。2006年調査は，回答者のネットワーク構造を，次のように測定した。まず，日頃から何かと親しくし，頼りにしている人を３人挙げてもらい（同一世帯の居住者は除く），それら３人の属性（性別，年齢，学歴，民族など）と知り合った経緯について尋ねた。加えて，親しい３人の相互の関係について尋ね，そこから密度という得点を算出した。回答者が親しい３人の間には，可能な３つの紐帯を想定でき，次の式によって算出可能である。

密度＝実際の紐帯の数／可能なすべての紐帯の数（この場合は３）

　親しい３人の間の紐帯のうち，１つだけ紐帯が存在する場合は，1/3＝0.33となる。紐帯が２つである場合は0.67，紐帯が３本とも存在する（３人が相互に知り合いである）時は，１となる。３人が相互に知り合いである場合，コールマンのいうネットワークの閉鎖性が高く，その結果，ネットワーク内部の成員間でお互いに支援し合う規範的圧力が形成されやすい。密度の高いネットワーク構造とは，結束型社会関係資本の重要な特徴である。他方で，ネットワークの密度が低く，３人が相互に知り合いではない場合，回答者は異なる文脈で人々と紐帯を形成している可能性が高い。そのため回答者は，ネットワークによって橋渡しされることで，多様な情報や資源にアクセスすることができる。このように低密度のネットワークは，回答者が橋渡し型の紐帯を形成していることを意味している。

　加えて，移民研究では，社会関係資本が，結束型か橋渡し型かを区別するために，つながる他者のエスニシティを重視し，同国人との紐帯を結束型，主流国民やマジョリティとのつながりを橋渡し型と捉えてきた。とはいえ，こうし

155

第Ⅱ部　社会の諸領域におけるソーシャル・キャピタル

た想定が経験的に妥当かどうか，先行研究でも確認されているわけではない。そこで本章では，親しい人3人のエスニシティに注目し，ネットワークにおけるブラジル人割合と日本人割合を算出し，それらの指標が，ネットワークの密度とどのような関係にあるのかを確認し，上記の想定が妥当かどうか検討する。さらに，移民が移動先の社会に適応する上で，家族・親族同士の紐帯を活用してきたことも，内外の研究によって報告されてきたので，ネットワーク内における世帯外の家族・親族割合にも注目する。このように，密度，エスニシティ，家族・親族割合というネットワークの異なる3つの側面が，ブラジル人の精神的健康（抑うつ度）にどのような影響を与えるのかを明らかにする。

　2007年調査では，回答者の現在の仕事に対する入職経路について尋ねた。「日本の職業安定所の紹介」や，「新聞や雑誌の求人広告を見て直接応募した」の他に，「家族・親戚による紹介」「日本にいるブラジル人の知人による紹介」「日本にいる日本人の知人による紹介」などの選択肢が設けられた。この変数を独立変数（原因）として分析する時，従属変数（結果）として現在の仕事の従業上の地位を用いる。分析に際しては，日本で初めてついた仕事が，非正規雇用であった人に対象を限定する。現職において，派遣・請負の間接雇用をはじめとする非正規雇用から，フルタイムの直接雇用への移動が起こったか，起こらなかったかに注目する。結束型と橋渡し型の社会関係資本が，非正規からフルタイムの直接雇用への移動にどのような影響を及ぼしているのかを明らかにする。

## 6　日系ブラジル人と結束型ソーシャル・キャピタル

　本節では，ブラジル人のネットワークの特徴と分析に用いる重要な変数について，調査結果に基づき考察する。図7-1は，2006年調査のネットワーク構造に関する密度，ブラジル人割合，家族・親族割合の回答結果である。密度の結果を見てみると，回答者のおよそ6割が，親しい3人は相互に知り合いであると答えており，ブラジル人の半数以上は，閉鎖性の高い結束型社会関係資本

図7-1　日系ブラジル人のネットワーク構造に関する回答分布

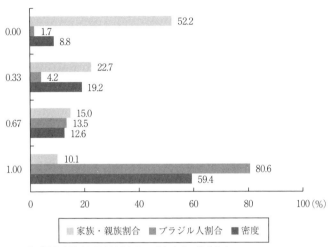

出所：「浜松市外国人調査結果」（2006年）を基に筆者作成。

を保持している。対照的に，親しい3人がまったく知り合いではないという回答者は，8.8%と1割にも達していない。以上から，ブラジル人のネットワークは，全体的に閉鎖性の高い，結束型社会関係資本を形成する傾向が見られる。次に，ネットワークにおけるブラジル人割合から，ネットワークを構成する親しい他者のエスニシティについて確認する。回答者の8割が，3人ともブラジル人であると回答し，3人の中にブラジル人が1人もいないという同国人ネットワークから孤立した人は，わずか1.7%であった。静岡県浜松市という，全国的に見てブラジル人が多く居住する地域では，ネットワークが民族的にも非常に同質的であることがうかがえる。最後に，ネットワーク内部における家族・親族割合であるが，回答者のおよそ半数が，親しい3人の中では1人もいないと回答する。回答者の22.7%は，親しい3人のうち1人が家族・親族であると答え，親しい3人のすべてが家族・親族である人は，回答者の1割であった。

　図7-2は，ネットワーク内のエスニシティや家族・親族割合が，ネットワークの密度とどのような関係にあるのかを確認するため，ブラジル人割合，家族・親族割合ごとに，密度の平均値を図示した。なお，ブラジル人割合につい

図7-2 ブラジル人割合，家族・親族割合別にみた密度の平均値

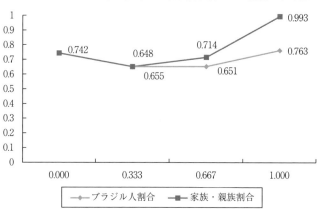

出所：図7-1と同じ。

ては，ネットワーク内にブラジル人が1人もいないという回答は，極端に少なかったため，ブラジル人が1人という回答と合併して，平均値を計算した。ブラジル人割合，家族親族割合にかかわらず，おおむね密度の平均値は，0.6以上と高い。しかし，親しい他者3人のうち，3人ともブラジル人であったり，3人とも家族・親族である場合は，さらに，ネットワークの密度が高くなっている。3人中2人までがブラジル人であるとき，密度の平均値は0.65であったが，3人ともブラジル人である場合，密度は0.76まで増加する。親族が2人である場合，密度は0.71だが，親族が3人になると，密度は0.99とほぼ1となり，親密なネットワークの他者が，すべて親族から構成される時，ネットワークの密度が極めて高くなることが理解できる。これらの結果は，移民の家族・親族や同国人から構成される紐帯は，結束型社会関係資本の特徴をもつことを示し，先行研究の想定が妥当であることを明らかにしている。

次に，2007（平成9）年に静岡県が行った外国人労働実態調査を用いて，現職への入職経路におけるネットワークの利用について確認する（図7-3）。現在の仕事に就くにあたって，回答者の22％は，家族・親族に紹介してもらい，28％はブラジル人の友人・知人の紹介であった。対照的に，日本人の友人・知人による紹介は，わずかに2％であった。求職活動においても，本章が対象と

第7章　移民受け入れの制度的文脈と人間関係

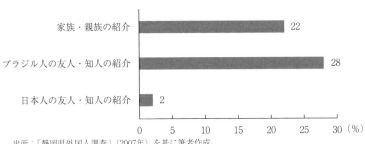

図7-3　現職への入職経路

出所：「静岡県外国人調査」(2007年) を基に筆者作成。

する日系ブラジル人は，結束型社会関係資本を活用し，日本人との橋渡し型のつながりを活用している人たちは，非常に少ないことがわかる。

本章では，社会関係資本と労働市場での地位と精神的健康との関係に注目するが，これら2つの従属変数の分布についても確認しよう。メンタル・ヘルスの尺度として，抑うつ度（簡易版CES-Dスケール）を用いる。抑うつ度を測るために，ここ1週間の心の状態として，「食欲が落ちた」「何をするのも面倒と感じた」「なかなか眠れなかった」など12の項目について，「まったくなかった」「週に1から2回」「週に3から4回」「ほとんど毎日」の4段階で尋ねた。12項目のうち，「毎日が楽しいと感じた」の1項目を除いて，11の項目を単純に加算した。最小値が0，最大値が33で，平均値は6.4，標準偏差は6.6であった。浜松市外国人調査で用いたCES-D尺度は，日本家族社会学会が行ってきた全国家族調査（NFRJ）の質問文に依拠して作成したものである。2003（平成15）年のNFRJの調査報告書には，性別，年齢別の抑うつ度の平均値が掲載されているが，男性ではおおむね3〜4点，女性では4〜5点であった。このように日本人と比較して，浜松市に居住するブラジル人の方が，抑うつ度が高い傾向がみられる。

労働市場での地位については，次の指標を用いる。2007（平成19）年の静岡県外国人調査では，来日後に初めて就いた仕事と調査時点での現在の仕事に関して，従業上の地位，職種，産業，企業規模，就業経路について質問した。初職の従業上の地位では，フルタイムの直接雇用の仕事に就いていた人は，14％

159

第Ⅱ部　社会の諸領域におけるソーシャル・キャピタル

であり，回答者の8割以上は，直接雇用のパートタイムか，派遣・請負といった非正規雇用の仕事に従事していた。分析では，来日後の初職で非正規雇用に従事していた人に焦点を当て，現職においてフルタイムの直接雇用に移動したか，それとも非正規雇用にとどまっているかに注目した。非正規からフルタイムの直接雇用に移動できた人々は，全体の9％と1割にも達していなかった。ブラジル人が，不安定な雇用から脱し，安定したフルタイムの雇用に移動することが，非常に困難な様子がうかがえる。

# 7　転職とメンタル・ヘルスへの影響

　本節では，日系ブラジル人の社会関係資本が，転職や精神的健康にいかなる影響を及ぼしているのかを，多変量解析によって確認する。表7-1は，非正規から正規への移動を従属変数とするロジスティック回帰分析の結果を示している。入職経路以外の他の諸変数については，性別，年齢，結婚の有無，ブラジルでの学歴，日本での居住年数，日本語能力，ブラジルでの日系1世であるかどうか，[4] 日本での初職の入職経路，転職の時期である。学歴は人的資本の指標として，日本での居住年数，日本語能力，日系人としての世代は，これまでの日本社会への関わり，日本社会への同化，適応の指標として用いた。日本での初職の入職経路は，来日時の入職経路の影響が，現職においても継続しているかどうかを確認するために用いた。転職の時期は，労働市場の流動化が1990年代後半から2000年代にかけて，一層進展していることをふまえ，労働市場の流動化を表す指標として用いた。

　分析の結果，次の点がわかった。非正規から正規への移動について，男女間で有意な違いは見られなかった。他方で，結婚している人ほど，そうでない人よりも，非正規から正規に移動する傾向がみられた。ブラジルでの学歴など，人的資本についても，10％水準ではあるが，非正規から正規への移動を促していた。日本での居住年数，日本語能力，日系1世かどうかについては，日本語能力は有意な影響を及ぼさないが，居住年数と世代は有意な影響を及ぼしてい

第7章　移民受け入れの制度的文脈と人間関係

表7-1　非正規から正規への移動の有無を従属変数とするロジス
ティック回帰分析

| | 係数 | | 標準誤差 | オッズ |
|---|---|---|---|---|
| 女　性 | −0.104 | | 0.330 | 0.901 |
| 年　齢 | 0.000 | | 0.016 | 1.000 |
| 結婚の有無 | 0.928 | * | 0.409 | 2.528 |
| ブラジルでの学歴（基準：初等教育） | | | | |
| 　中等教育 | 0.545 | † | 0.330 | 1.724 |
| 　高等教育 | 0.866 | † | 0.486 | 2.378 |
| 日本での居住年数 | 0.115 | ** | 0.039 | 1.122 |
| 日本語能力 | 0.035 | | 0.032 | 1.036 |
| 日系1世 | 0.771 | * | 0.383 | 2.163 |
| 日本での初職の入職経路 | | | | |
| 　ブラジルの斡旋業者と旅行代理店 | 0.050 | | 0.350 | 1.051 |
| 　家族・親族, 友人・知人との関係 | 0.185 | | 0.463 | 1.203 |
| 転職の時期（基準：1999年以前） | | | | |
| 　2000年から2004年 | −1.129 | ** | 0.423 | 0.323 |
| 　2005年から2007年 | −1.263 | ** | 0.416 | 0.283 |
| 現職の入職経路 | | | | |
| 　家族・知人 | 0.115 | | 0.461 | 1.122 |
| 　ブラジル人の友人・知人 | 0.149 | | 0.342 | 1.160 |
| 　日本人の友人・知人 | 2.228 | ** | 0.758 | 9.284 |
| 定数 | −4.280 | ** | 0.998 | |
| $N$ | 715 | | | |
| 対数尤度 | −165 | | | |
| $\chi^2$ | 65.19 | | | |
| 類似決定係数 | 0.193 | | | |

注：$^{\dagger}p<.10$　$^{*}p<.05$　$^{**}p<.01$
出所：図7-3と同じ。

た。居住年数が長いほど，日系1世であるほど，非正規から正規に移動する傾
向がみられた。現職への転職の時期の効果を見ると，予想通り，1999（平成11）
年以前と比べて，2000（平成12）年以降であるほど，非正規から正規への移動
が困難であることがわかった。

　最後に，本章が注目する現職の入職経路の効果について確認しよう。結束型
社会関係資本と想定される家族・親族やブラジル人の友人・知人による紹介は，
非正規から正規への移動を後押しするような効果は，何ら認められなかった。
他方で，日本人の友人・知人による紹介は，1％水準で，非正規から正規への

第Ⅱ部　社会の諸領域におけるソーシャル・キャピタル

**表7-2　抑うつ度を従属変数とする重回帰分析の結果**

| | モデル1 | | モデル2 | | モデル3 | |
| --- | --- | --- | --- | --- | --- | --- |
| | 係数 | 標準誤差 | 係数 | 標準誤差 | 係数 | 標準誤差 |
| 社会関係資本変数 | | | | | | |
| 　密度 | -1.640　† | 0.869 | -1.481　† | 0.877 | -0.782 | 0.867 |
| 　同国人の友人・知人の割合 | | | 1.379 | 1.478 | 0.697 | 1.481 |
| 　親族割合 | | | -1.844　* | 0.897 | -2.130　* | 0.886 |
| 定数 | 7.633　** | 0.712 | 6.770　** | 1.460 | 7.789　** | 2.020 |
| 調整済み決定係数 | 0.005 | | 0.011 | | 0.076 | |
| $F$値 | 3.56　† | | 2.77　* | | 3.60　** | |

注：(1)　†$p$<.10　*$p$<.05　**$p$<.01
　　(2)　モデル3では，他の諸変数（性別，年齢，学歴，従業上の地位，日本での滞在年数，日本語能力，差別の認知）も追加で投入した。[5]
出所：図7-1と同じ。

移動傾向を高めていた。実際に，推定された式の係数を用いて，日本人の友人・知人の紹介で，現在の仕事を見つけた人とそうでなかった人で，非正規から正規への移動傾向がどのように変化するのかを見てみた。すると，他の条件を一定にした時に，日本人の友人・知人の紹介で現在の仕事を見つけた人の34％が，非正規雇用からより安定した仕事への移動に成功したが，そうした経路を利用しなかった人では，わずか8％しかフルタイムの直接雇用に移動することができなかった。このように，多くのブラジル人は，結束型社会関係資本を利用し，転職活動を行っているものの，非正規から正規への移動では，言語，文化，民族を共有する人たちよりも，日本人との橋渡し型の紐帯の方が，非正規から正規への移動確率を高める効果をもっている。

　表7-2は，抑うつ度（CES-D尺度）を従属変数とする重回帰分析の結果のうち，社会関係資本の諸変数の効果を表示した。モデル1では，独立変数にネットワークの密度のみを投入し，モデル2では，ネットワークにおける同国人の友人・知人の割合と家族・親族割合を追加した。モデル3では，人的資本，日本社会への同化・適応，差別といった他の重要な諸変数を追加し，これら諸変数の効果を統制することで，社会関係資本の変数の効果がどのように変化するかに注目した。

162

モデル1の結果では，ブラジル人のネットワークの密度が高いほど，かれらの抑うつ度が低下していた。すなわち，閉鎖性の高い結束型社会関係資本の方が，開放的な橋渡し型社会関係資本よりも，精神的健康を改善することがわかった。モデル2で，社会関係資本の他の変数を統制しても，ネットワークの密度の有意な影響は持続していた。加えて，モデル2の結果では，パーソナル・ネットワークにおける親族割合は，抑うつ度を有意に低下させていた。その反面，ネットワークにおけるブラジル人の友人・知人の割合は，抑うつ度に有意な影響を及ぼしていなかった。

モデル3で，移民のメンタル・ヘルスに重要な他の諸変数を統制すると，ネットワークの密度のメンタル・ヘルスへの影響が，統計的に有意なものでなくなった。そこでどの変数が，ネットワーク密度の効果の消失に貢献しているのか探索した。その結果，性別を回帰式に投入した時に，密度の影響力が有意でなくなった。性別と密度との関係について確認すると，女性よりも男性の方が，より緊密度の高い閉鎖的なネットワークを形成する傾向がみられた。性別と抑うつ度との関係では，男性よりも女性の方が，抑うつ度が高い傾向がみられた。これらの結果を考慮すると，結束型社会関係資本と抑うつ度との有意な関係は，性別の抑うつ度への影響が，密度の影響と重複したために生じたものと解釈できる。

他方で，仮説の段階では，橋渡し型社会関係資本は，道具的サポートの入手を助けることで，精神的健康の改善に寄与するのではないかと考えたが，分析の結果では，そうした傾向を確認できなかった。さらに，ネットワークを取り結ぶ人々のエスニシティについても，精神的健康に何らかの影響を及ぼしていないか確認したが，いずれのモデルでも，そうした関係を支持する証拠は得られなかった。対照的に，世帯外に広がる親族ネットワークは，抑うつ度を低下させ，精神的健康を高めることに貢献していた。ネットワークの密度とエスニシティが，有意な影響を及ぼさなかった背景には，パーソナル・ネットワークの親族割合と比較して，これら2つの変数の分散が非常に小さかったことが大いに関係している。記述統計の結果では，ブラジル人移民はおおむね，凝集性

と閉鎖性が高く，民族的にも非常に同質的なネットワークを形成していた。したがって，拡大家族との紐帯は，そうしたネットワークの凝集性や同質性をさらに高めることに寄与し，そうしたメカニズムが，抑うつ度の低下をもたらしていたと考えられる。このような考察に基づけば，分析結果は，精神的健康の改善に対する結束型社会関係資本の重要性を必ずしも否定するものではない。拡大家族を通じて，さらに相互の紐帯の凝集性と閉鎖性が増すことで，情緒的支援へのアクセスが高まり，精神的健康が改善するといえる。

## 8　移民のソーシャル・キャピタルと社会的文脈の重要性

　本章は，移民の社会関係資本に注目し，社会関係資本が日系ブラジル人の労働市場での地位の変化と精神的健康に及ぼす影響を比較することで，社会関係資本と社会的文脈との関係を明らかにしようとしてきた。アメリカの移民研究では，民族的に同質的で凝集性の高い結束型社会関係資本は，資源にアクセスする機会を高め，社会経済的な上昇移動と精神的健康の改善，いずれにも大きく寄与することが，主張されてきた。

　しかし，本章が明らかにするように，労働市場での上昇移動に対しては，結束型社会関係資本が，日系ブラジル人が日本社会で埋め込まれてきた制度的文脈の下では，必ずしも有効なものではなかった。その背景には，ブラジル人がつながる他のブラジル人に，上昇移動を可能にするような有効な社会経済的資源が不足していることが大きく関係する。ブラジル人の多くが，派遣・請負といった不安定な雇用形態に集中しているため，彼，彼女らの紹介で新しい仕事を見つけようとしても，紹介できる仕事は，かれらが働く人材派遣や業務請負会社の仕事であることが多い。社会経済的地位の同質性の高さが，エスニック・コミュニティ内部における社会経済的資源に制約をもたらし，結束型社会関係資本が求職活動において有効に機能しない重要な社会的文脈を構成してきた。その結果，ブラジル人が上昇移動に必要な資源は，エスニック・コミュニティ外部に求めなければならず，橋渡し型の日本人とのつながりが，ブラジル

人の非正規から正規への移動に重要な役割を果たしていた。以上の結果から，日本における移民の社会関係資本は，移民がその社会の中で埋め込まれた制度的文脈の影響を大きく受けるものといえる。

　他方で，精神的健康の改善については，親族割合の高い結束型社会関係資本が，有効なことも明らかになった。先行研究を見ても，同国人同士のエスニックな連帯や結束型の紐帯は，相互に情緒的なサポートを提供し，移民の心理的ウェルビーイングを高めることは，各国の移民受け入れの制度的状況が異なっていても，共通して見られる現象である（Lin et al. 1999；Zhang & Ta 2009）。

　労働市場における上昇移動の場合は，つながる他者の社会経済的資源によって大きな制約を受けるが，情緒的サポートの場合は，そのような資源の保有量には左右されにくい。相互に情緒的サポートが提供されるには，言語の共有が最も重要な前提条件である。移住先の公用語を話せない新しく来たばかりの移民にとって，同じ出身国や同郷の友人・知人，親族に頼ることで，さまざまな社会的資源へのアクセスを，比較的容易に確保することができる。

　また，移住先社会が，新しく来た移民を差別し，マジョリティと移民との付き合いが少なく，相互に分離・分断している状況では，移民は，同じエスニシティの友人や家族への依存をますます強めることになるだろう。このように，移民の精神的健康の改善と社会関係資本との関係は，労働市場における上昇移動とは異なる文脈（たとえば，移住先社会のマジョリティと移民との関係，マジョリティによる移民への差別，社会における移民の人口数や移民の特定地域への集住と移民コミュニティの形成）によって左右されているといえるだろう。

　本章では，静岡県内に居住する日系ブラジル人を事例に，国境を越える移動を経た移民にとって，社会関係資本がどのような役割を果たすのか，労働市場と精神的健康に注目して明らかにしてきた。精神的健康と社会関係資本との関係を検討するために，本章は，浜松市に居住するブラジル人を対象に行われた質問紙調査の結果を基に考察した。親族から構成される結束型社会関係資本が，精神的健康の改善に寄与するという知見も，浜松市というブラジル人が集住する地域で行われた調査結果を用いたために，得られたものかもしれない。今後

第Ⅱ部　社会の諸領域におけるソーシャル・キャピタル

は，さまざまな条件の異なる地域で調査を行い分析することで，本章の知見を再度検証する必要があるだろう。

### 注

(1)　本章は，筆者がこれまでに英語で発表してきた 2 つの論文を基に，日本語で執筆しなおして一つにまとめたものである（Takenoshita 2013；2015b）。

(2)　本章では，ブラジル人が正規雇用の仕事に従事する状況を，フルタイムの直接雇用と呼ぶ。なぜなら，会社で正社員として働いていると回答者が考えても，企業側が，直接雇用のブラジル人を，他の日本人の正社員とは異なる処遇をしている可能性があるからである。ブラジル人の正規雇用が，日本人一般に提供される正規雇用とは異なる可能性を考慮するため，本章では，フルタイムの直接雇用という表現を用いることにした。

(3)　外国人登録による無作為抽出では，900人を選び，252人から回答を得た。外国人雇用企業経由では，915部配布し，合計で542票の回答を得た。外国人学校経由では，576部配布し，321票の回答を得た。公立小学校では，配布した211部のうち，回収数は138部であった。

(4)　本章ではブラジルでの日系 1 世とは，日本生まれではあるが，幼少期または成人後にブラジルへと移住し，一定期間ブラジルで生活し，その後，日本に働きに戻ってきた人たちのことを指す。

(5)　本章で表示していない他の諸変数の結果については，Takenoshita（2015b）を参照してほしい。

### 参考文献

梶田孝道・丹野清人・樋口直人（2005）『顔の見えない定住化――日系ブラジル人と国家・市場・移民ネットワーク』名古屋大学出版会。

片岡博美（2004）「浜松市におけるエスニック・ビジネスの成立・展開と地域社会」『経済地理学年報』50, 1-25頁。

かながわ自治体の国際政策研究会（2001）『神奈川県外国籍住民生活実態調査報告書』かながわ自治体の国際政策研究会。

コガ，エウニセ A. イシカワ（1996）「日本における日系ブラジル人ネットワークの役割――浜松市・豊橋市の調査を中心に」『Sociology Today』7, 76-83頁。

丹野清人（2007）『越境する雇用システムと外国人労働者』東京大学出版会。

浜松市精神保健福祉センター（2010）『経済状況の変化とこころの健康に関するアンケート調査報告書――浜松市における外国人市民のメンタルヘルス実態調査』浜松

市精神保健福祉センター。

Aguilera, M. B.（2005）"The Impact of Social Capital on the Earnings of Puerto Rican Migrants" *Sociological Quarterly* 46(4), pp. 569-592.

Coleman, J. S.（1988）"Social Capital in the Creation of Human Capital" *American Journal of Sociology* 94, S95-S120.

Estévez-Abe, M.（2008）*Welfare and Capitalism in Postwar Japan*, Cambridge University Press.

Gordon, M. M.（1964）*Assimilation in American Life : The Role of Race, Religion, and National Origins*, Oxford University Press.

Harker, K.（2001）"Immigrant Generation, Assimilation, and Adolescent Psychological Well-being" *Social Forces* 79(3), pp. 969-1004.

Lancee, B.（2010）"The Economic Returns of Immigrants' Bonding and Bridging Social Capital : The Case of the Netherlands" *International Migration Review* 44(1), pp. 202-226.

Lin, N., X. Ye & W. M. Ensel（1999）"Social Support and Depressed Mood : A Structural Analysis" *Journal of Health and Social Behavior* 40(4), pp. 344-359.

Portes, A.（1998）"Social Capital : Its Origins and Applications in Modern Sociology" *Annual Review of Sociology* 24, pp. 1-24.

Portes, A., P. Fernandez-Kelly & W. Haller（2005）"Segmented Assimilation on the Ground : The New Second Generation in Early Adulthood" *Ethnic and Racial Studies* 28(6), pp. 1000-1040.

Portes, A. & R. G. Rumbaut（2006）*Immigrant America : A Portrait*, University of California Press.

Putnam, R. D.（2000）*Bowling Alone : The Collapse and Revival of American Community*, Simon & Schuster.

Takenoshita, H.（2008）"Voluntary and Involuntary Job Mobility in Japan : Resource, Reward and Labor Market Structure" *Sociological Theory and Methods* 23(2), pp. 85-104.

Takenoshita, H.（2013）"Labour Market Flexibilisation and the Disadvantages of Immigrant Employment : The Case of Japanese-Brazilian Immigrants" *Journal of Ethnic and Migration Studies* 39(7), pp. 1177-1195.

Takenoshita, H.（2015a）"Labor Market Structure, Welfare Policy, and Integration : Brazilian Immigrants during the Economic Downturn" In Ishikawa, Y.（Ed.）*International Migrants in Japan : Contributions in an Era of Population Decline*, Trans Pacific Press, pp. 234-255.

第Ⅱ部　社会の諸領域におけるソーシャル・キャピタル

Takenoshita, H. (2015b) "Social Capital and Mental Health among Brazilian Immigrants in Japan" *International Journal of Japanese Sociology* 24, pp. 48-64.

Tsuda, T. (2006) "Localities and the Struggle for Immigrant Rights : The Significance of Local Citizenship in Recent Countries of Immigration" In Tsuda, T. *Local Citizenship in Recent Countries of Immigration : Japan in Comparative Perspective*, Lexington Books, pp. 3-36.

Tsuda, T. & W. A. Cornelius (2004) "Japan : Government Policy and Immigrant Reality" In Cornelius, W. A., T. Tsuda, P. L. Martin & J. F. Hollifield (Eds.) *Controlling Immigration : A Global Perspective*, Stanford University Press, pp. 438-476.

Zhang, W. & V. M. Ta (2009) "Social Connections, Immigration-related Factors, and Self-rated Physical and Mental Health among Asian Americans" *Social Science & Medicine* 68(12), pp. 2104-2112.

Zhou, M. (2004) "Revisiting Ethnic Entrepreneurship : Convergencies, Controversies, and Conceptual Advancements" *International Migration Review* 38(3), pp. 1040-1074.

（竹ノ下弘久）

| | |
|---|---|
| 第8章 | 災害からの復旧・復興と地域コミュニティ<br>——新潟県中越地震の事例から |

## 1 震災研究をめぐる問題と新潟県中越地震の位置づけ

　日本は，世界に冠たる地震大国である。1995（平成7）年の阪神・淡路大震災以降も，日本各地で震度7や震度6強などといった地震が多発し，それぞれが甚大な被害をもたらしている。しかし，地震発生直後の人々の行動や対応，地震発生後の復旧・復興の過程の各段階で必要とされるものごとや発生する課題は，各地震で違っていた。

　阪神・淡路大震災では，都市部における諸問題——マスメディアが報じたインフラや生活基盤の崩壊と脆弱性に始まり，震災からの復旧・復興における都市コミュニティの対応とその困難性（今野 1999），都市再開発における多様なアクター間のコンフリクト（大矢根 1999），支援対象者に関わる公正性（高坂 1999），復興過程における経済格差（石田・高坂・浜田 2006）等——が複合的に表出した。

　新潟県中越地震では，農村コミュニティを維持・活用することが復旧・復興過程で重要視されたが，人々の信頼関係が復旧・復興過程のうちに被害の大小によって異なる方向に変化することも明らかになった（辻・針原 2008）。

　また，東日本大震災では，地震そのものの被害に加え，地震に端を発した津波災害や，何よりも原発災害という日本人にとって未曾有の災害が併発した。津波災害については，高台移転などに関わる問題などが生じたし，原発災害については，もはや震災という枠組みでは収まりきらず，それ自体が新たな問題群と研究群を生じさせている。

　もちろん，過去の災害に学び，その教訓を後の災害に活かそうという試みは

第Ⅱ部　社会の諸領域におけるソーシャル・キャピタル

行われてきているものの，それぞれの震災は，それぞれの独特さをもって，その都度立ち現れてきているのである。

　このように，あらゆる災害，そしてそこからの復旧・復興は，その都度ユニークな側面を持っている。その被災地の固有の風土や歴史，その当時の政治・経済等を含めた社会状況，それ以前の災害から得られた教訓の活かされ方等，文脈に依存してしまうからである。そのため，その復旧・復興に関わる研究も，同時に文脈に関わるさまざまな要因に左右される。

　仮に文脈効果を排除して災害に関わる一般的知見を追究しようとしても，一つの災害は一つのケースでしかない。十分な数のケース数を確保できない間は，一般的な知見を得ることは無理である。しかしそうではあっても，私たちは，「地震発生装置」という架空の悪魔の装置を使って，災害をランダムにたくさん起こしてそこで生じる現象を観察するといったことが，現実的かつ倫理的にできない。だから，震災に関わる一般的知見を得ることは，当面不可能である。

　このように考えると，災害からの復旧・復興に関わる研究には，（ともかく現時点においては）信頼性のあまり高くない理論と，ある程度積み重ねのある関連領域におけるそれなりに信頼性の高い理論——たとえば，都市社会学や村落社会学における諸理論——と，そういった研究に関わる研究者の個人的な勘みたいなものを動員して，次の震災に備えることしかできないように運命づけられているのである。

　さて，以上のような議論をふまえて，本章で扱う対象と理論のスコープについて明らかにしておく。まず，対象とする震災は2004（平成16）年10月23日（土）17時56分に発生した「新潟県中越地震」（以下，中越地震）とする。この地震による震災は，阪神・淡路大震災を引き起こした兵庫県南部地震の後で新設された「震度7」が，実際に最初に観測された地震であった点でシンボリックな意味を持っていること，また，兵庫県南部地震と同程度の震度を記録しながらも，被災地が大都市圏ではなく農村地域であったため，農村コミュニティの崩壊と再生という社会（学）的課題が実質的に最初に焦点化されたこと[1]，この2点において，それ以降の実践と研究のアンカーとなるべき位置を占めている

といえるからである。

　2004（平成16）年の地震発生時点では，阪神・淡路大震災の経験から，国や地方自治体の対応についてはマニュアルの整備や訓練によってある程度の備えがあったと思われるし[2]，阪神・淡路大震災からの教訓として中越地震の際に活かされたことはいくつもある──たとえば，仮設住宅や復興住宅等の設置と住戸の決定に際して，もとの集落や町内が同じ人々が近くに住めるように配慮されることが多かったことなど──が，農村部や豪雪地帯における震災であったために，孤立集落や農業への対応等については，必ずしも十分な備えがあったとはいえない。

　また，一般の人々にとっても，阪神・淡路大震災から10年ほど経過して「記憶の風化」が生じたり，あれだけの災害はもう滅多にないだろうというような漠然とした安心感があったりして，あまり備えをしていない状態にあった[3][4]。たとえば，静岡県沿岸自治体に住む住民のように，いつ何時，東南海地震が起こるかもしれないと言い続けられて，どこかにそういった可能性が常にあると思いながら生活している人々とは，まったく違っていた。中越地震は，このような社会状況の下で発生した。したがって，中越地震は，人々が農村における大震災というものがどういうものなのかについて，ほとんど知らない状態で生じたといえ，その後の復旧・復興過程においても，都市部のそれとは異なる農村部独特の課題が明るみに出た災害だったのである。

　このように，中越地震の被災地においては，住民レベルでは，何らかの特別な準備がなされていたわけではなかった。しかしながら，農村地域においては，農業を営んでいくために日頃から集落を単位として道普請や溝さらいといった村仕事を通じて協力関係が維持されていたと考えられ，この集落組織が，被災時やその後の復旧・復興の過程において，重要な役割を演じてきた可能性がある。そして，その集落，すなわち地域コミュニティの状態は，当該コミュニティ内の人間関係の束である社会ネットワークのあり方と関係している。

　そこで，本章では，次のような研究課題を設定する。第1に，震災以前の地域コミュニティの状態や社会ネットワークが，地震発生時やその後の地域コミ

第Ⅱ部　社会の諸領域におけるソーシャル・キャピタル

ュニティでの取り組みとどのように関係したかである。第2に，復旧・復興への過程を経た後に，地域コミュニティの状態がどのように変化したと評価されるようになったか，それに対して，震災以前の地域コミュニティの状態や社会ネットワーク，被害の大小はどのように関係しているかである。

## 2　（旧）栃尾市における震災前後のパネル調査

　前節で示した研究課題について検討するために用いるのは，筆者が中越地震の前後に，被災地の一つである新潟県栃尾市（震災直後の2005〔平成17〕年1月に長岡市に合併）において市民から収集したパネルデータである。

　震災以前のデータは，2002（平成14）年6月に栃尾市で行われた郵送法による質問紙調査（以下，2002年調査）によって取得したものであり，震災以後のデータは，2006（平成18）年10月に2002年調査と同一対象者に宛てた郵送法による質問紙調査によって取得したもの（パネルデータ）である。また，2006年調査では，標本数不足による分析結果の不安定性が予想されたので，1時点のみの追加サンプルによるデータも取得した。以後，これらを総称して「2006年調査」と呼ぶ。

　このように，本章で扱うデータは，パネル部分とクロスセクショナル部分が混在している。これは，元々2002年のデータがパネル調査を意図したものではなかったために，パネル調査に組み替えた際に，標本数が少ないことによって，分析が不安定になり，結局使い物にならないデータとなってしまうことを追加サンプルによって避けようとしたからである。このようなデータ収集法は，通常のデータ取得法としては薦められるものでは決してない。しかし，災害研究という文脈においては，かつて何らかの調査を行ったことがある場所で災害が起こり，災害前後の変化を検討したくなる場合もあるのではないか。これは，そのような試みの一つである。

　2002年調査は，元々都市と村落における社会ネットワークや一般的信頼の比較を目的とした調査として実施された（その成果としては，辻・針原〔2003〕等が

172

ある）。この時，都市部の代表として東京都板橋区を，村落部の代表として栃尾市を有意抽出した（板橋区調査については，これ以上は立ち入らない）。栃尾市については，全域の選挙人名簿から，2002（平成14）年3月1日時点で20〜79歳以下の住民を系統抽出によって1,084人抽出した。調査は郵送法によって実施され，有効回答数は589票，宛先不明・死亡等の25票を除いた1,059票に占める有効回答率は55.6％であった。

　2006年調査は，2002年調査で回答があった人の中で，2006（平成18）年10月1日の時点で79歳以下の住民547人に対して郵送法にて実施した。有効回答数は352票，宛先不明・死亡等の32票を除いた515票に占める有効回答率は68.3％であった。このうち，2002（平成14）年に栃尾市住民で，2004（平成16）年の地震発生時に本人または家族が栃尾市ないし中越地震の被災地にて地震を経験した人の344票を分析対象とする。

　これに加えて追加サンプルを取得した。2002年調査における回収分のうち2006（平成18）年10月1日の時点で79歳以下の住民547票と合わせて，2006年調査における計画サンプル数が，半壊以上の世帯がない被害の小さかった町丁字で15票，半壊以上の世帯がある被害が大きかった町丁字で23票となるようにした。これは，被害が大きかった町丁字では回収率が低い可能性に考慮したことと，これらの町丁字が市南部の比較的少数の地域に集中していたため，この部分を分厚く取らないと，被害が大きかった地域の分析が不安定になることが予想されたためである。結果的に，追加サンプルの票数は630となった。有効回答数は367票，宛先不明・死亡など7票を除いた623票に占める有効回答率は58.9％であった。このうち，2004（平成16）年の地震発生時に本人または家族が栃尾市ないし中越地震の被災地にて地震を経験した人の343票を分析対象とする。

　ところで，この2006年調査を行った2006（平成18）年10月は，地震発生からほぼ2年が経過した時期であり，旧栃尾市域においては，行政（長岡市栃尾支所）による復旧工事の発注はすべて終わっており，被害が大きかった地域においても，降雪前までに復旧工事をすべて終えることを目標に大詰めを迎えてい

第Ⅱ部　社会の諸領域におけるソーシャル・キャピタル

た時期であった。個人や家族においても，居住可能な家屋の修復が完了して生活基盤が回復しつつあり，家屋が全壊したり移住を余儀なくされたりした場合も，今後の生活の見通しがある程度ついてきた時期（復旧中・後期）であった。また，今後各地域・集落の全体としての再生を，どのように進めていくかが課題になる時期（復興前期）でもあった。仮設住宅に目を向けると，当初は2年間を目途に解消する予定であり，多くの人々は次の住まいに移動を完了したが，まだ次の住まいが見つからない人々が数世帯あった。

　また，集落や地域団体等の被災集落等のコミュニティ機能の再生や地域の復興に関する計画策定に要する経費を補助する「地域復興デザイン策定支援」が2007（平成19）年4月から開始されたが，それに先立って，集落などでは，個々人や各世帯の復旧・復興に加えて，集落としての復旧・復興が必要だという気運が高まっていた。2006年調査は，このような状況において実施されたことをふまえる必要がある。

### 3　地域コミュニティの状態が地震発生時とその後の地域コミュニティでの取り組みに及ぼす効果

　本節では，前述の2つの課題のうち第1の課題について，前節に記したデータを用いて検討する。第1の課題は，震災以前の地域コミュニティの状態や社会ネットワークが，地震発生時やその後の地域コミュニティでの取り組みとどのように関係したかであった。

　地震発生時やその後の地域コミュニティでの取り組みについては，2006年調査において，「震災直後，区長や区の役員の指示に従って行動した」「近隣住民と声かけあってお互いの安否を確認した」「区長や役員と連携して区全体の復旧・復興に取り組んだ」の3項目について，「あてはまる」〜「あてはまらない」の4件法によって尋ねた。これらが，分析の目的変数になる。

　震災以前の社会ネットワークについては，2002年調査において，パーソナル・ネットワークについて，他者との関係——「家族・親戚」「職場で日ごろ接する人（家族・親戚はのぞく）」「友人（職場の人を除く）」「同じ町内のつきあい

第8章　災害からの復旧・復興と地域コミュニティ

図8-1　ジオグラフィック・ジェネレータで問うた関係
と地理的位置の組み合わせ（白抜きの部分のみ）

|  | 家族・親戚 | 仕事関係 | 友　　人 | 近　　所 |
|---|---|---|---|---|
| 同　居 |  | ■ | ■ | ■ |
| 町　内 |  |  |  |  |
| 市　内 |  |  |  | ■ |
| 県　内 |  |  |  | ■ |
| 県　外 |  |  |  |  |

のある人で，（これまでの問〔問番号を示す〕）であがらなかった人（いわゆる近所の人）」——と，地理的位置——「同居している人」「同じ市内に住んでいる人」「県内に住んでいる人」「県外に住んでいる人」——の組み合わせに該当する人数について尋ねた。さらに，それぞれの関係と地理的位置の組み合わせに該当する人数を聞いた上で，それらの人々について，より細かい関係（たとえば，「ふだん手助けや手伝いをしてくれる人」の人数等）についてサブクエスチョンで問うた。このような形式の社会ネットワークの取得方法を，筆者はジオグラフィック・ジェネレータと呼んでいる。ただし，関係と地理的位置の組み合わせはすべてあるわけではないので，実際には，図8-1に示したような関係と地理的位置の組み合わせについて問うた。[5]人数の分布は，正規分布よりは対数正規分布に近いので，分析においては，それぞれの人数に1を足して自然対数を取ったものを用いる。

　ジオグラフィック・ジェネレータの特徴は，各調査対象者が，どこにどのような関係をどのくらい持っているかを明らかにできることである。そしてそれだけにとどまらず，どこにある関係が，どのような行動や思考と関係しているのかを検討することができるのである。たとえば，町内における関係が多いほど，初動体制がうまく取れるのではないかとか，その後の復旧・復興が比較的うまくいくのではないかといった予想について検討することが可能になる。

　一方，ジオグラフィック・ジェネレータの問題は，無回答が多く出ることで

第Ⅱ部　社会の諸領域におけるソーシャル・キャピタル

ある。該当しなければ「０人」と回答するように依頼していたが，空欄で飛ばされてしまうケースがとても多かった。設問を理解することが困難であることや，回答法が面倒であることが要因として考えられる[6]。2002年調査でこのような問題が確認されたため，分析では，必要に応じてジオグラフィック・ジェネレータの回答を含めない場合についても検討することにした。

　次に，震災以前の地域コミュニティの状態については，2002年調査において，「町内のことはだいたい知っている」という項目（「あてはまる」～「あてはまらない」の４件法）（「町内認識」）と，2006年調査において「中越地震以前」に対象者が居住していた集落で近所同士で行っていたこと（複数回答）５項目の合計個数（「町内活動」[7]）で測定した。

　被害状況も地震発生時やその後の地域コミュニティでの取り組みと関係している可能性があるため，統制すべき変数である。旧栃尾市においては，中越地震の３カ月前（2004年７月）の「新潟・福島豪雨」によって刈谷田川が氾濫し，洪水被害を受けた地域があった。実際には，洪水と地震の被災地はほとんど重なっていないが，念のため，中越地震による被害とは別に統制しておくべきであろう。各戸の被害については，新潟・福島豪雨の被害は，「全壊」「半壊」「一部損壊」「床上浸水」「床下浸水」「被害なし」の６件法で，中越地震の被害は，「全壊」「大規模半壊」「半壊」「一部損壊」「被害なし」の５件法で尋ね，それぞれこの降順のスケールとして扱った。

　また，地震発生時や震災後の地域コミュニティの取り組みを扱うので，中越地震における集落全体としての被害状況も統制しておく必要があるだろう。そこで，市役所の資料を基に36投票区の半壊以上の被害を受けた住戸の割合を「被害率」として統制することとし[8]，マルチレベル分析の第２水準の固定効果および変量効果として投入することとした（変量効果は非構造分散成分を仮定した）。

　さらに，集落の被害率と個々の住戸における被害とには，関係があると考えられる。たとえば，集落の被害率が低い場合に，自分の住戸が大きな被害を受けていれば，集落の人々から大いに援助を期待できるとか，逆に集落の被害率

176

第8章　災害からの復旧・復興と地域コミュニティ

が高い場合に，自分の住戸の被害が小さければ，他の人々への援助を求められるといった可能性がある。そこで，中越地震における集落の被害率と同地震における個人の被害のクロスレベル交互作用と，念のため中越地震における集落の被害率と新潟・福島豪雨における個人の被害のクロスレベル交互作用を投入することとした。

　これ以外に，性別・年齢・学歴・収入を統制した。職業については，多重共線性の問題が生じたので割愛した。

　前述のとおり，パネル調査として利用できるサンプル数は少なく，社会ネットワークについて問うジオグラフィック・ジェネレータの回答数はさらに少ない。そのため，分析においては，一つの目的変数につき，以下に示す3つのモデルを検討することにした。第1に，前述の変数をすべて投入したモデルである。第2に，ジオグラフィック・ジェネレータによって測定された社会ネットワーク項目を削除したモデルである。しかしそれでは，社会ネットワーク項目を削除した分だけ分析可能なサンプル数が増加する。そこで，第2モデルは，社会ネットワーク項目を削除した上で，第1モデルで扱うサンプルと同じ（少数の）サンプルを用いて計算するモデルとする。第3モデルは，第2モデルと同様，ネットワーク項目を削除するが，サンプル数を減らさずにそのまま計算するモデルとする。その上で，社会ネットワーク変数については，第1モデルの対数尤度が有意な場合に，変数レベルの有意性の判断を行い，これを「重要な説明変数」と判断する。他の変数については，第3モデルの対数尤度が有意な場合のみ，変数レベルでの判断を行うこととし，第3モデルで有意な変数が他のモデルにおいても有意であるならば「重要な説明変数」と判断する。これは保守的な基準であるが，頑健な結果を示すため，また，実践場面において無意味なことがらにのれんに腕押ししないためにも，判断は保守的であるべきだろう。

　計算には，Stata ver. 14.1を用いた。[9]

　マルチレベル分析（最尤法）の結果は，表8−1（重要な説明変数の一覧）および章末の資料8−1−1〜3（詳細な結果）のとおりである。

177

第Ⅱ部　社会の諸領域におけるソーシャル・キャピタル

表8-1　地震発生時やその後の地域コミュニティでの取り組みに関わる
　　　　マルチレベル分析の結果

| 目的変数 | 重要な説明変数 |
|---|---|
| 震災直後，区長や区の役員の指示に従って行動した | 固定効果：町内・集落の被害率＋<br>変量効果：なし |
| 近隣住民と声かけあってお互いの安否を確認した | 固定効果：町内家族・親戚（日常支援）＋<br>　　　　　町内職場（日常支援）－<br>変量効果：なし |
| 区長や役員と連携して区全体の復旧・復興に取り組んだ | 固定効果：町内家族・親戚（日常支援）＋<br>　　　　　町内知人（日常支援）＋<br>　　　　　町内認識＋<br>変量効果：なし |

注：変数の後の＋または－は，目的変数に対する関係が正または負であることを示す。

　まず，いずれの分析においても，ランダム切片とランダム・スロープの効果
（変量効果）は見られなかった。そのため，実質的には重回帰分析でもよかった
ことになる。

　「震災直後，区長や区の役員の指示に従って行動した」かどうかについては，
当該町内・集落全体における被害率の正の固定効果が見られた。すなわち，被
害が大きかった町内・集落の方が，急場において一致団結して整然とした行動
を行っていたということになる。

　「近隣住民と声かけあってお互いの安否を確認した」かどうかは，ふだん手
助けや手伝いをしてくれる町内に住む家族・親戚がいるほど肯定的な回答が多
いが，ふだん手助けや手伝いをしてくれる町内に住む職場の人が多いほど否定
的な回答が多かった。念のためこれらの変数の多重共線性についても確認した
が，その問題はなかった。旧栃尾市のように市街地においても農村集落におい
ても親戚が近隣に住んでいるような地域においては，家族・親戚を中心に安否
確認が進められ，次第にそれを集落単位で集約していったのだろう。

　一方，ふだん手助けや手伝いをしてくれる町内に住む職場の人の人数は，安
否確認に負の効果を持っていた。旧栃尾市の場合，これは，近隣の小売店に勤
めたりしているケースが多いと考えられるが，従業員規模が大きいスーパーな
どになると，店内にいる顧客の誘導を第一に考えざるを得ないので，地域にお

178

第8章　災害からの復旧・復興と地域コミュニティ

ける安否確認が後回しになってしまうということがあるのかもしれない。中規模程度であっても，誰かが被害を受けた店舗の片づけ等を始めてしまうと，自分もそれに協力しなければといった感覚が起こりやすくなり，その結果として安否確認に手が回らなくなってしまったのかもしれない。また，集団営農をしている人も同様に，誰かが田畑の見回りを始めてしまうと，それに協力しようとしてしまうのかもしれない。

　「区長や役員と連携して区全体の復旧・復興に取り組んだ」かどうかには，ふだん手助けや手伝いをしてくれる町内に住む家族・親戚や知人（ただし，友人ではない）が多いほど，また，町内のことをよく知っていると思う人ほど，肯定的な回答が多かった。町内に家族・親戚が多いことは，その町内や集落の復旧・復興に対して協力する動因にも誘因にもなる。同じ町内・集落に住む家族・親戚を支援することは，町内や集落の復旧・復興にもなる。また，他の家族・親戚がやっているのに自分だけやらないと，それらの人々から白い目で見られることにもなるのである。町内や集落についてよく知っている人は，それだけその町内や集落に対してコミットしていると考えられ，そのような人が復旧・復興により関わろうとすることは容易に理解可能である。しかし，友人という認識ではないものの，ふだん手助けや手伝いをしてくれる（単なる）近所の知人というのは，微妙な関係である。それほど仲がよいわけではないが，近所の人としてそれなりに関係を維持しているような人については，震災からの復旧・復興という過程において，町内の活動に参加しないと，そのような人々からフリーライダーだといった評判を立てられてしまうかもしれない。仲のよい友人なら，事情を説明すればわかってもらえることもあるかもしれない。しかし，単なる近所の人に対しては，わざわざ説明をすることもないから，協力しないと悪い評判を立てられてしまうのではないかという懸念が生じる。それなりに関係を維持している近所の知人が多ければ多いほど，その懸念は大きくなる。このような消極的な参加への誘因が，人々を町内や集落の復旧・復興活動への参加を促すものと考えられる。

　このように見てくると，町内・集落には，さまざまな関係にある人々が存在

179

第Ⅱ部　社会の諸領域におけるソーシャル・キャピタル

し，それぞれの関係にある人々が，お互いに違った種類の影響を与えあっていたことがわかる。とりわけ，旧栃尾市のような，農村部はもちろんだが市街地においても大都市に比べてずっと近隣関係や地域社会が重要な場所においては，近隣の人々の影響は大きかった。

### 4　地域コミュニティの状態が復旧・復興にともなう さまざまな変化に及ぼす効果

　本節では，前述の2つの課題のうち第2の課題について検討する。第2の課題は，復旧・復興への過程を経た後に，地域コミュニティの状態がどのように変化したと評価されるようになったか，それに対して，震災以前の地域コミュニティの状態や社会ネットワーク，被害の大小はどのように関係しているかであった。

　地域コミュニティの状態が，復旧・復興への過程を経た後に，どのように変化したと評価されるようになったかについては，2006年調査において，「他の住民とのやりとり・助け合い」「他の住民との人間関係のいざこざ」「区（集落）への愛着」「他の住民への信頼」「区（集落）全体のまとまり」の5項目について，「減った（低くなった，悪くなった）」[10]～「変わらない」～「増えた（高くなった，良くなった）」の5件法によって尋ねた。これらが，分析の目的変数になる。

　説明変数の取り扱いについては，課題1の時とほぼ同じである。ただし，課題1と違って，震災直後のことを尋ねるわけではなく，その後の過程に関わる認識や評価を尋ねるので，次のような3種類の分析を行うことにする。

　(A)2002年の社会ネットワーク（日常的支援）と2002年の地域コミュニティの状態を説明変数とする。（追加サンプルは使えない。）
　(B)2006年の社会ネットワーク（日常的支援）と2006年の地域コミュニティの状態を説明変数とする。追加サンプルも用いる。
　(C)2006年の社会ネットワーク（震災時の支援）と2006年の地域コミュニテ

ィの状態を説明変数とする。追加サンプルも用いる。

　(A)と他の２つとの違いは，(A)は2002年の震災前の社会ネットワークや地域コミュニティの情報を使っていること，(B)と(C)は2006（平成18）年の震災後の情報を使っていることである。もし，2002（平成14）年から2006（平成18）年まで，社会ネットワークや地域コミュニティの状態が全く変わっていないとしたら，これらの変数の効果はどの分析においても同じであると考えられる。一方，状態に何らかの変化があるならば，変数の効果が変わる可能性がある（もちろん，状態に変化があっても，効果には変化がないこともある）。また技術的には，(B)と(C)では，追加サンプルを用いて，分析に使えるサンプルを増やせるというメリットがある。次に，(B)と(C)との違いは，社会ネットワークの種類である。(B)では（2006年時における）「ふだん手助けや手伝いをしてくれる人」（日常支援）を用いており，(C)では「震災時に支援してくれた人」（震災時支援）を用いている。

　なお，地域コミュニティの状態は，2002（平成14）年と2006（平成18）年の両方で尋ねた「町内のことはだいたい知っている」という項目（「あてはまる」～「あてはまらない」の４件法）（「町内認識」）のいずれかと，2006年調査において「中越地震以前」に対象者が居住していた集落において近所同士で行っていたこと（複数回答）５項目の合計個数（「町内活動」）で測定した。(A)～(C)の分析においては，課題１と同様に第１～第３モデルを検討し，課題１の時と同様に重要な説明変数の判断を行った。結果は，次の表８－２および章末の資料８－２－1(1)～8－2－2(2)のとおりである（「重要な説明変数」が無かったため，「区（集落）への愛着」「他の住民への信頼」「区（集落）全体のまとまり」に関わるすべてのモデル，および，「他の住民とのやりとり・助け合い」と「他の住民との人間関係のいざこざ」の(B)に関わるモデルの詳細については，紙幅の都合で割愛する）。

　まず，技術的なことだが，これらの分析においても，ランダム切片とランダム・スロープの効果（変量効果）は見られなかった。そのため，実質的には重回帰分析でもよかったことになる。

　まず，「他の住民とのやりとり・助け合い」については，2002（平成14）年の

第Ⅱ部　社会の諸領域におけるソーシャル・キャピタル

表8-2　地域コミュニティの変化とその評価に関わるマルチレベル分析の
　　　　結果

| 目的変数 | 重要な説明変数 | | |
|---|---|---|---|
| 他の住民とのやりとり・助け合い | 固定効果：| (A) | 教育(2)＋ |
| | | (C) | 町内知人＋（震災時支援） |
| | 変量効果： | | (A)〜(C)いずれもなし |
| 他の住民との人間関係のいざこざ | 固定効果：| (A) | 収入＋ |
| | | (C) | 同居家族・親戚（震災時支援）－ |
| | | | 町内職場（震災時支援）－ |
| | | | 町内知人（震災時支援）－ |
| | 変量効果： | | (A)〜(C)いずれもなし |
| 区（集落）への愛着 | 固定効果： | | (A)〜(C)いずれもなし |
| | 変量効果： | | (A)〜(C)いずれもなし |
| 他の住民への信頼 | 固定効果： | | (A)〜(C)いずれもなし |
| | 変量効果： | | (A)〜(C)いずれもなし |
| 区（集落）全体のまとまり | 固定効果： | | (A)〜(C)いずれもなし |
| | 変量効果： | | (A)〜(C)いずれもなし |

注：(A)〜(C)に続く変数名は，それぞれの分析において，3つのモデルで共通して有意になっ
　　たもの。
　　変数の前の(2)の表記は，3つのモデルのうち2つのモデルしか結果が算出されず，その
　　2つのモデルに基づいて判断したことを示す。
　　変数の後の＋または－は，目的変数に対する関係が正または負であることを示す。

社会ネットワークと地域コミュニティの変数を統制した場合に，「教育」に正
の効果が見られた。しかし，2006（平成18）年にはこれらの変数を統制しても
「教育」の効果は見られなかった。これは，2002（平成14）年から2006（平成18）
年までに社会ネットワークの状態に変化があり，震災以前の2002（平成14）年
の社会ネットワークの下で教育程度が高い人ほど，他の住民とのやりとりや助
け合いが増えたということである。これは，震災以前の社会ネットワークの状
態において，震災後，高齢層では高卒・大卒，若年層では大卒の人たちが，そ
れぞれの知識や技術を活かして，周囲の人々を助けた。そしてそのような助け
合いの下で人間関係（社会ネットワーク）が変化し，震災後の社会ネットワーク
の状態においては，特段に教育程度の効果が目立たなくなったと考えられる。
これは，教育程度の高い人々による新たな社会ネットワークが構築されたとい
うことを意味するのかもしれない（その場合，ネットワークにおける教育の効果は

182

なくなる)。

　「教育」の効果が(少なくとも2002〔平成14〕年においては)正の方向である一方で,2002(平成14)年に収入の高い人は,「他の住民との人間関係のいざこざ」が増えたと,負の方向に評価している。しかし,その効果は2006(平成18)年の社会ネットワークと地域コミュニティの変数を統制した場合には見られない。ここで先に確認しておきたいのは,「教育」と「収入」については,もちろん正の相関はあるが(上の「他の住民とのやりとり・助け合い」と「他の住民との人間関係のいざこざ」を目的変数とする時,いずれも $r = .30$ 程度),多重共線性の問題はなく,緩やかな関連がある程度だということである。これらの点から考えると,2002年の震災以前の社会ネットワークにおいて収入の高かった人々が,震災を機に金銭の個人的な貸借による人間関係のトラブルに巻き込まれることになったと考えられる。2006(平成18)年の社会ネットワークや地域コミュニティの変数を統制した場合にはこのような効果は見られないが,これは,収入の高い人々が新たな社会ネットワークを構築したというよりは,収入の高い人々が,従来の人間関係から一線を画するようになり,残された人々の間には,それほど収入には差がなくなったということを意味するのかもしれない。

　社会ネットワークについては,「他の住民とのやりとり・助け合い」と「他の住民との人間関係のいざこざ」において,「町内知人(震災時支援)」の数が順に正と負の効果を持っており,「他の住民との人間関係のいざこざ」においては,それに加えて,「同居家族・親戚」の数と「町内職場」の人数が負の効果を持っている。「他の住民との人間関係のいざこざ」については,負の効果の方が,当該人数が増えるほどいざこざが減って良好な関係になっていくことになるから,これらの関係は,いずれも人数が増えるほど良好な関係になっていくことを示している。「他の住民とのやりとり・助け合い」が「町内知人(震災時支援)」と正の関係を持っているのは,より頻繁に,あるいは濃密に交際する余地のあった知人との関係が,震災を契機にこれまで以上に頻繁に,あるいは濃密になったということであろう。「他の住民との人間関係のいざこざ」については,「同居家族・親戚(震災時支援)」の数が多いほど,家族で分担し

て集落内で起こる問題に対応したり，誰かが人間関係をこじらせても別の誰か
が懐柔したりすることができたのであろう。また，「町内職場（震災時支援）」
と「町内知人（震災時支援）」については，そのような人が多いほど，いざこざ
が減った。それよりも，「町内友人（震災時支援）」の効果が小さかったこと
（有意ではないが，むしろ正の関係）の方が問題である。友人であるからというこ
とで，過度な要求をしたりすると，むしろ関係が悪化することもあったのでは
なかろうか。その点，職場の人や単なる知人の方が遠慮もあり，その方が良好
な関係が構築できたのではないかと考えられる。

## 5　中越地震における地域コミュニティの状態と効果からみる実践的対応と研究課題

　ここまで，中越地震の被災地である旧栃尾市における震災前後のパネル調査
を基に，震災とソーシャル・キャピタルとの関係について分析・考察を行って
きた。第1節の理論的検討と第2節の方法論的検討において述べたように，本
章の結果は，それ以降の震災と共通部分もあるかもしれないし，今後乗り越え
られて昔話となる部分もあるかもしれない。そこで，以下では，分析を通して
明らかになった中越地震の文脈における社会ネットワークや地域コミュニティ
の状況に関わる問題点を指摘し，現段階で必要な実践的対応や研究課題につい
て考えてみたい。

　課題1からは，震災からの復旧・復興という過程において，ふだん手助けや
手伝いをしてくれる（単なる）近所の知人が多いほど，地域の復旧・復興に取
り組むという結果について，筆者はこれをフリーライダーという評判が立たな
いようにという誘因から説明を試みた。しかしこれが正しいとしても，これは
近隣関係の濃密な農村という文脈だからありえたのかもしれない。隣人につい
てもよく知らない都市部においては，評判を気にする人はあまりいないかもし
れないし，近所の知人の効果は小さいかもしれない。都市部における災害時に
おいても，同様の効果が見られるのか，今後の検討が必要である。

　課題2からは，第1に，教育の「他の住民とのやりとり・助け合い」に対す

第8章　災害からの復旧・復興と地域コミュニティ

る正の効果について指摘する。高等教育によって得た知識は，震災時には近隣の人々にとって助けになる。たとえば，工学や看護学を学んだ人がモノの修理や健康に役立つ技術を提供することもあれば，法学を学んだ人が煩雑な役所宛の書類作成を手伝ったり，学校の先生が地域の歴史や復旧・復興過程の資料をまとめるなど，さまざまな活動が行われた。ただ，中越地震の被災地においては，それらは組織だったものではなく，随時必要に応じて行われた。こういった人的資本の所在について，今後は，たとえば「防災マップ」に組み込んでおくといった組織化も可能だろう。こういった組織化をしておけば，近隣関係の薄弱な都市部においても，地域コミュニティで解決していけることが多少とも増えるのではないだろうか。

　第2に，収入が多い人ほど，「他の住民との人間関係のいざこざ」が増えるというのは，お金の個人的な貸借による人間関係のトラブルがあったものと考えられる。国や自治体による個人への住宅再建に関わる支援（補助金）は，阪神・淡路大震災の際に存在しないことが問題となり，2000（平成12）年の「鳥取県西部地震」の際に片山善博知事（当時）が県独自の補助金を出すなど次第に拡充されてきている（片山 2005）が，中越地震においても，「被災者生活再建支援法」による補助金等はとても十分なものとはいえなかった。そのため，個人的な金銭の貸借はあちこちで生じていたと思われるが，それが住民間トラブルのもとになったと考えられる。農村集落における地域コミュニティやその内部の人間関係，その人間関係の束である社会ネットワークは，生活基盤として非常に重要なものである。2016（平成28）年現在においても，その制度は，まだ十分とは言い難い。震災に起因する金銭トラブルという2次災害を引き起こすことによって生活基盤が悪化しないよう，行政レベルでも地域レベルでも対応策を考えるべきである。

　最後に，方法論的な課題について述べておく。本章で見たように，震災以前の社会ネットワークの状態は，災害発生時の対応やその後の復旧・復興過程に影響を与えていた。また，社会ネットワーク自体の効果が震災前には見られたが，震災後には見られなくなったり，その逆だったりすることもあった。ここ

185

第Ⅱ部　社会の諸領域におけるソーシャル・キャピタル

から，震災以前の社会ネットワークの状態を記録しておくことが重要だということがわかる。しかしながら，どこで災害が起こるかを事前に予想することは，まだ当面不可能なようであり，偶然に「不幸中の幸い」にでもならないかぎり，本章のようなパネルデータが取れるわけではない。しかし，何十年もするうちに，そのようなデータを取得可能な偶然の機会に出くわす研究者も何人か出てくるだろう。その際には，重要な変数について，震災前後で同様の質問をして変化を問うように調査票を設計してみてほしい。また，変化がどのようなものであるかを可能な限り想像し，その変化の予測に必要な変数を入れておくことも重要である。追加サンプルを取る場合には，被害の大きな集落や，人口の少ない集落のデータを分厚く取得し，分析に耐えうるサンプリング計画を行うことも重要である。本章の方法論的記述が，参考になれば幸いである。

注

(1)　1961（昭和36）年の「農業基本法」制定以降の農村コミュニティの崩壊と再生という課題そのものは，地域社会学，村落社会学などにおいてずっと以前から取り上げられていたが，震災という関連で取り上げられた点は，新規性を持っているといえよう。

(2)　たとえば，自衛隊の災害派遣については，阪神・淡路大震災の際には，貝塚兵庫県知事の災害派遣要請が地震発生後4時間ほどかかったことが被害の拡大につながったという批判や反省から，法改正が行われた。地震災害としての自衛隊派遣要請は，阪神・淡路大震災以降，中越地震が2003（平成15）年十勝沖地震に次いで2回目の事例となったが，この際には，平山新潟県知事は3時間ほど後に派遣要請を行っている。それでも遅かったという批判がないわけではないが，1時間程度改善しているとはいえよう。

(3)　たとえば，一般社団法人日本損害保険協会が1994（平成6）年以降にまとめている「地震保険の都道府県別加入率」では，当該加入率が，全国の前年度比で1％以上上昇したのは，1995〜1997年度，2004〜2005年度，2008年度，2011〜2012年度となっており，大規模な震災が生じることが加入率上昇のきっかけになっていることが読み取れる。しかし，阪神・淡路大震災以降，中越地震までの伸びは小さく，人々は比較的安穏としていた様子が見てとれる。さらに，新潟県の加入率は，全国より一貫して低いが，中越地震前年に当たる2003年度の加入率は，全国平均の

17.2％に対して新潟県は11.2％と，6ポイント低かった。

(4) また，2018（平成30）年4月現在において特記すべきこととしては，2016年4月の熊本地震の際には，「川内原発を止めるべきだ」といった議論がSNS上でわき起こり野党もこれと同様の論調だったが，中越地震の際には「柏崎刈羽原発を止めるべきだ」といった議論は目立たなかったことである。2011（平成23）年の東日本大震災までは，地震と原発災害との関係は，少なくとも一般の人々の間には関心の対象となっていなかった。

(5) なお，職場の人についてはどこに住んでいるかを正確に知らないことがありうる。そこで，2002年調査では市内から県外までをまとめて問うたが，2006年調査ではそれでも地理的区分を別に問うた方がよいかもしれないという判断でこれらを分けて問うた。ただし，本章における分析では，市内以遠の関係については扱っていない。

(6) 2002年調査は，筆者自身がこのような方法を試みた最初の調査だったので，さまざまな問題が複合的に現れた。その後，さまざまな測定上の工夫がなされ，無回答の問題は，少しずつ改善されてきている。たとえば，必要最小限のサブクエスチョンに抑えるとか，人数が必要なければ，関係と地理的位置との組み合わせについて，該当者がいれば○を付けてもらうだけにするとか，サブクエスチョンが必要なければ，関係×地理的位置のマトリクスを用意して尋ねるとか，該当者なしの場合に備えて，回答欄は「（　）人」に加えて「いない」に○を付けてもらうようにする，といったことである。

(7) 実際に尋ねた項目は，「湧き水や用水路の共有」，「物の貸し借り」，「雪下ろしの協力」，「道や水路・ため池などの整備」，「田植えや稲刈りの協力」，「神社やお寺の共同管理」，「区（集落）の祭りの準備」，「冠婚葬祭時の協力」，「旅行や娯楽活動」，「学校行事やPTAを通じたつきあい」，「消防団の活動」，「青年団や婦人会などでのつきあい」の12項目であった。これらを潜在クラス分析にかけたところ，5クラス解がCAIC＝1777.21とBIC＝1713.21の値が最小となり，またクラスの解釈がしやすいためこれを採用した。この5クラス解のうち1つのクラスは，何にも参加しないというクラスである。残りの4クラスにおいては，「湧き水や用水路の共有」，「道や水路・ため池などの整備」，「神社やお寺の共同管理」，「区（集落）の祭りの準備」，「冠婚葬祭時の協力」の5項目が3クラスにおいて共通であったことから，これらの5項目が集落組織にとって重要な項目であると考え，これらの5項目の合計値を，その対象者の集落における活動を示す指標として採用した。

(8) 半壊以上の被害があった地域では，投票区と集落はほぼ一対一対応している。

(9) Stataは，他の統計ソフトとの比較で，（他のソフトウェアでは計算される場合でも）変量効果の標準誤差が計算されないことがあったり，まったく計算ができずに結果が表示されなかったりする場合があることなどが知られている（Division of

第Ⅱ部　社会の諸領域におけるソーシャル・キャピタル

Statistics ＋ Scientific Computation, 2012）。また，Stata では，変量効果に関わる $p$ 値が計算されず，その代わりに（標準誤差が計算される場合には）95％信頼区間が表示されるが，他のソフトウェアに倣って Wald の $Z$ 値を計算し，これに基づいて有意性の判断を行った。ただし，少数サンプル数の場合には $Z$ 値に基づく判断はあまり適切ではないとされている。

⑽　スケールは，5項目のうち，最初の2項目のラベルについては，「減った」～「増えた」，次の2項目については「低くなった」～「高くなった」，最後の項目については「悪くなった」～「良くなった」で尋ねている。

⑾　中野俣小学校区では，中野俣小学校の校長を中心として『中越大震災復興祈念　中野俣集落誌：災害を超えて伝えるふるさと』（全338頁）が編集された。


**参考文献**

石田淳・髙坂健次・浜田宏（2006）「住宅再建共済制度に関する数理社会学的考察Ⅰ：資産ダメージ率の分析」『先端社会研究』5，219-236頁。

大矢根淳（1999）「『にしきた』駅前商店街復興と再開発事業」岩崎信彦他編『復興・防災まちづくりの社会学』（阪神・淡路大震災の社会学③）昭和堂，21-40頁。

片山善博（2005）「なぜ今，復興論か──震災10年からの出発」関西学院大学 COE 災害復興制度研究会編『災害復興──阪神・淡路大震災から10年』関西学院大学出版会，39-58頁。

髙坂健次（1999）「行政と政策スコープ──規範的社会学の課題」岩崎信彦他編『避難生活の社会学』（阪神・淡路大震災の社会学②）昭和堂，345-354頁。

今野裕昭（1999）「震災対応とコミュニティの変容──神戸市真野地区」岩崎信彦他編『被災と救援の社会学』（阪神・淡路大震災の社会学①）昭和堂，204-215頁。

辻竜平（2011）『中越地震被災地研究からの提言』ハーベスト社。

辻竜平・針原素子（2003）「『小さな世界』における信頼関係と社会秩序」『理論と方法』8(1)，15-31頁。

辻竜平・針原素子（2008）「新潟県中越地震におけるパーソナル・ネットワークと一般的信頼の変化」『社会学研究』84，69-102頁。

新潟県中越大震災復興基金「地域復興支援事業」（http://www.chuetsu-fukkoukikin.jp/jigyou/09/，2016年5月4日アクセス）。

日本損害保険協会「地震保険の都道府県別加入率」（http://www.sonpo.or.jp/archive/statistics/syumoku/pdf/index/kanyu_jishin.pdf，2016年5月2日アクセス）。

中野俣集落誌編集委員会（2009）『中越大震災復興祈念　中野俣集落誌：災害を越えて伝えるふるさと』新潟日報事業社。

Division of Statistics ＋ Scientific Computation, University of Texas at Austin, (2012)

第8章　災害からの復旧・復興と地域コミュニティ

"Two-level Hierarchical Linear Models Using SAS, Stata, HLM, R, SPSS, and Mplus"（https://stat.utexas.edu/images/SSC/Site/hlm_comparison-1.pdf，2016年5月9日アクセス）

**資料8-1-1**　「震災直後，区長や区の役員の指示に従って行動した」に関わる
マルチレベル分析（最尤法）

| | 第1モデル | | 第2モデル | | 第3モデル | | 重要性判断 |
|---|---|---|---|---|---|---|---|
| | 係数 | 標準誤差 | 係数 | 標準誤差 | 係数 | 標準誤差 | |
| 個人レベル | | | | | | | |
| 同居家族（2002年日常支援） | -0.123 | 0.208 | | | | | |
| 町内家族・親戚（2002年日常支援） | 0.163 | 0.160 | | | | | |
| 町内職場（2002年日常支援） | -0.076 | 0.188 | | | | | |
| 町内友人（2002年日常支援） | -0.031 | 0.204 | | | | | |
| 町内知人（2002年日常支援） | 0.074 | 0.127 | | | | | |
| 町内認識 | 0.100 | 0.133 | 0.115 | 0.130 | 0.160 | 0.093 | |
| 町内活動 | 0.091 | 0.055 | 0.092 | 0.054 | 0.098* | 0.042 | |
| 性別（女性） | -0.082 | 0.189 | -0.125 | 0.186 | -0.041 | 0.142 | |
| 年齢 | -0.020 | 0.011 | -0.020 | 0.011 | 0.001 | 0.008 | |
| 2002年学歴 | 0.042 | 0.124 | 0.035 | 0.123 | 0.053 | 0.099 | |
| 2002年収入 | -0.144 | 0.158 | -0.149 | 0.153 | -0.214* | 0.093 | |
| 新潟・福島豪雨の被害 | 0.286 | 0.161 | 0.275 | 0.152 | 0.145 | 0.136 | |
| 中越地震の被害 | -0.196 | 0.239 | -0.179 | 0.239 | -0.288 | 0.168 | |
| 町内・集落レベル | | | | | | | |
| 被害率 | 3.858*** | 0.997 | 3.808*** | 0.977 | 2.638** | 0.914 | ✓ |
| クロスレベル | | | | | | | |
| 被害率×新潟・福島豪雨の被害 | 0.446 | 0.288 | 0.401 | 0.275 | 0.159 | 0.267 | |
| 被害率×中越地震の被害 | -0.040 | 0.183 | 0.004 | 0.179 | 0.104 | 0.077 | |
| 定数 | 3.029** | 1.179 | 3.002* | 1.181 | 2.681** | 0.856 | ✓ |
| 変量効果 | 係数 | 標準誤差 | 係数 | 標準誤差 | 係数 | 標準誤差 | |
| 中越地震の被害（Var） | 0 | . | 0 | . | .005 | 0.017 | |
| 定数（Var） | 0 | . | 0 | . | .016 | 0.033 | |
| 中越地震の被害，定数（Cov） | 0 | . | 0 | . | -.008 | 0.018 | |
| 逸脱度 | 0 | | 0 | | 0.40 | | |
| 対数尤度 | -166.015** | | -166.983*** | | -359.659*** | | |
| 個人レベルN | 123 | | 123 | | 246 | | |
| 町内・集落レベルN | 27 | | 27 | | 32 | | |

注：(1)　*p<.05，**p<.01，***p<.001
　　(2)　社会ネットワーク変数については，第1モデルの対数尤度が有意な場合に，変数レベルの有意性の判断を行い，これを「重要な説明変数」と判断する。他の変数については，第3モデルの対数尤度が有意な場合のみ，変数レベルでの判断を行うこととし，第3モデルで有意な変数が他のモデルにおいても有意であるならば「重要な説明変数」と判断する。
　　(3)　「重要な説明変数」の場合には，「重要性判断」に✓を入れた。

第Ⅱ部　社会の諸領域におけるソーシャル・キャピタル

**資料8-1-2**　「近隣住民と声かけあってお互いの安否を確認した」に関わる
マルチレベル分析（最尤法）

| | 第1モデル | | 第2モデル | | 第3モデル | | 重要性判断 |
|---|---|---|---|---|---|---|---|
| 個人レベル | 係数 | 標準誤差 | 係数 | 標準誤差 | 係数 | 標準誤差 | |
| 同居家族（2002年日常支援） | 0.044 | 0.207 | | | | | |
| 町内家族・親戚(2002年日常支援) | 0.475** | 0.161 | | | | | ✓ |
| 町内職場（2002年日常支援） | -0.392* | 0.182 | | | | | ✓ |
| 町内友人（2002年日常支援） | -0.007 | 0.197 | | | | | |
| 町内知人（2002年日常支援） | 0.232 | 0.124 | | | | | |
| 町内認識 | 0.185 | 0.128 | 0.214 | 0.137 | 0.163 | 0.091 | |
| 町内活動 | -0.034 | 0.054 | -0.023 | 0.057 | 0.040 | 0.042 | |
| 性別（女性） | 0.304 | 0.183 | 0.220 | 0.193 | 0.288* | 0.139 | |
| 年齢 | -0.018 | 0.011 | -0.020 | 0.012 | 0.003 | 0.008 | |
| 2002年学歴 | -0.023 | 0.122 | -0.082 | 0.130 | 0.005 | 0.100 | |
| 2002年収入 | -0.007 | 0.148 | 0.019 | 0.155 | -0.086 | 0.091 | |
| 新潟・福島豪雨の被害 | 0.270 | 0.160 | 0.223 | 0.164 | 0.006 | 0.136 | |
| 中越地震の被害 | -0.376 | 0.350 | -0.230 | 0.341 | -0.118 | 0.183 | |
| 町内・集落レベル | | | | | | | |
| 被害率 | 1.543 | 1.076 | 1.317 | 1.113 | 1.250 | 0.923 | |
| クロスレベル | | | | | | | |
| 被害率×新潟・福島豪雨の被害 | 0.369 | 0.293 | 0.244 | 0.298 | 0.174 | 0.268 | |
| 被害率×中越地震の被害 | -0.224 | 0.302 | -0.045 | 0.286 | 0.049 | 0.089 | |
| 定数 | 3.415** | 1.250 | 3.490** | 1.318 | 2.824** | 0.856 | |
| 変量効果 | 係数 | 標準誤差 | 係数 | 標準誤差 | 係数 | 標準誤差 | |
| 中越地震の被害（Var） | 0.336 | 0.283 | 0.247 | 0.272 | 0.032 | 0.128 | |
| 定数（Var） | 0.159 | 0.109 | 0.123 | 0.101 | 0.050 | 0.056 | |
| 中越地震の被害，定数（Cov） | 0.186 | 0.165 | 0.123 | 0.157 | 0.016 | 0.076 | |
| 逸脱度 | 6.28 | | 3.83 | | 2.10 | | |
| 対数尤度 | -176.422* | | -186.085 | | -376.588 | | |
| 個人レベル $N$ | 128 | | 128 | | 256 | | |
| 町内・集落レベル $N$ | 27 | | 27 | | 32 | | |

注：(1) $*p<.05$, $**p<.01$, $***p<.001$
　　(2) 社会ネットワーク変数については，第1モデルの対数尤度が有意な場合に，変数レベルの有意性の判断を行い，これを「重要な説明変数」と判断する。他の変数については，第3モデルの対数尤度が有意な場合のみ，変数レベルでの判断を行うこととし，第3モデルで有意な変数が他のモデルにおいても有意であるならば「重要な説明変数」と判断する。
　　(3) 「重要な説明変数」の場合には，「重要性判断」に✓を入れた。

第8章　災害からの復旧・復興と地域コミュニティ

**資料8-1-3**　「区長や役員と連携して区全体の復旧・復興に取り組んだ」に関わる
マルチレベル分析（最尤法）

| | 第1モデル | | 第2モデル | | 第3モデル | | 重要性判断 |
|---|---|---|---|---|---|---|---|
| 個人レベル | 係　数 | 標準誤差 | 係　数 | 標準誤差 | 係　数 | 標準誤差 | |
| 同居家族（2002年日常支援） | 0.006 | 0.194 | | | | | |
| 町内家族・親戚（2002年日常支援） | 0.312* | 0.148 | | | | | ✓ |
| 町内職場（2002年日常支援） | −0.019 | 0.173 | | | | | |
| 町内友人（2002年日常支援） | −0.249 | 0.184 | | | | | |
| 町内知人（2002年日常支援） | 0.249* | 0.116 | | | | | ✓ |
| 町内認識 | 0.272* | 0.123 | 0.329** | 0.125 | 0.254** | 0.083 | ✓ |
| 町内活動 | 0.100 | 0.052 | 0.118* | 0.052 | 0.162*** | 0.037 | |
| 性別（女性） | −0.264 | 0.173 | −0.343 | 0.176 | −0.306* | 0.126 | |
| 年齢 | −0.021* | 0.010 | −0.022* | 0.011 | −0.005 | 0.007 | |
| 2002年学歴 | −0.016 | 0.116 | −0.047 | 0.119 | 0.052 | 0.088 | |
| 2002年収入 | −0.023 | 0.147 | 0.014 | 0.147 | −0.126 | 0.082 | |
| 新潟・福島豪雨の被害 | 0.299* | 0.148 | 0.252 | 0.145 | 0.107 | 0.121 | |
| 中越地震の被害 | −0.064 | 0.253 | −0.037** | 0.257 | 0.004 | 0.154 | |
| 町内・集落レベル | | | | | | | |
| 被害率 | 1.824 | 0.935 | 1.633 | 0.946 | 1.815* | 0.824 | |
| クロスレベル | | | | | | | |
| 被害率×新潟・福島豪雨の被害 | 0.433 | 0.267 | 0.297 | 0.263 | 0.187 | 0.238 | |
| 被害率×中越地震の被害 | −0.061 | 0.207 | 0.032 | 0.205 | −0.014 | 0.069 | |
| 定数 | 1.790 | 1.114 | 1.759 | 1.159 | 1.778* | 0.769 | |
| 変量効果 | 係　数 | 標準誤差 | 係　数 | 標準誤差 | 係　数 | 標準誤差 | |
| 中越地震の被害（Var） | 0.070 | 0.168 | 0.063 | 0.160 | 0.008 | 0.021 | |
| 定数（Var） | 0.015 | 0.047 | 0.008 | 0.032 | 0.032 | 0.047 | |
| 中越地震の被害, 定数（Cov） | 0.032 | 0.082 | 0.023 | 0.066 | −0.016 | 0.022 | |
| 逸脱度 | 0.19 | | 0.18 | | 1.53 | | |
| 対数尤度 | −155.644*** | | −160.985** | | −331.057*** | | |
| 個人レベル N | 122 | | 122 | | 246 | | |
| 町内・集落レベル N | 27 | | 27 | | 33 | | |

注：(1)　*p<.05，**p<.01，***p<.001
　　(2)　社会ネットワーク変数については，第1モデルの対数尤度が有意な場合に，変数レベルの有意性の判断を行い，これを「重要な説明変数」と判断する。他の変数については，第3モデルの対数尤度が有意な場合のみ，変数レベルでの判断を行うこととし，第3モデルで有意な変数が他のモデルにおいても有意であるならば「重要な説明変数」と判断する。
　　(3)　「重要な説明変数」の場合には，「重要性判断」に✓を入れた。

第Ⅱ部　社会の諸領域におけるソーシャル・キャピタル

### 資料8-2-1(1)　「他の住民とのやりとり・助け合い」(A)に関わるマルチレベル分析（最尤法）

| | 第1モデル | | 第2モデル | | 第3モデル | | 重要性判断 |
|---|---|---|---|---|---|---|---|
| 個人レベル | 係数 | 標準誤差 | 係数 | 標準誤差 | 係数 | 標準誤差 | |
| 同居家族（2002年日常支援） | | | | | | | |
| 町内家族・親戚（2002年日常支援） | | | | | | | |
| 町内職場（2002年日常支援） | | | | | | | |
| 町内友人（2002年日常支援） | | | | | | | |
| 町内知人（2002年日常支援） | | | | | | | |
| 2002年町内認識 | | | −0.049 | 0.056 | −0.030 | 0.039 | |
| 町内活動 | | | 0.027 | 0.024 | 0.029 | 0.017 | |
| 性別（女性） | | | −0.051 | 0.083 | −0.010 | 0.060 | |
| 年齢 | | | 0.003 | 0.005 | 0.001 | 0.003 | |
| 2002年学歴 | | | 0.109* | 0.055 | 0.103* | 0.042 | ✓ |
| 2002年収入 | | | −0.167 | 0.075* | −0.069 | 0.041 | |
| 新潟・福島豪雨の被害 | | | −0.042 | 0.068 | −0.021 | 0.055 | |
| 中越地震の被害 | | | −0.023 | 0.110 | 0.082 | 0.072 | |
| 町内・集落レベル | | | | | | | |
| 被害率 | | | 0.119 | 0.438 | 0.269 | 0.374 | |
| クロスレベル | | | | | | | |
| 被害率×新潟・福島豪雨の被害 | | | 0.036 | 0.121 | 0.118 | 0.108 | |
| 被害率×中越地震の被害 | | | −0.064 | 0.082 | −0.033 | 0.031 | |
| 定数 | | | 3.869*** | 0.557 | 3.087*** | 0.368 | ✓ |
| 変量効果 | 係数 | 標準誤差 | 係数 | 標準誤差 | 係数 | 標準誤差 | |
| 中越地震の被害（Var） | | | 0.001 | 0.007 | 0.000 | . | |
| 定数（Var） | | | 0.005 | 0.012 | 0.000 | . | |
| 中越地震の被害，定数（Cov） | | | 0.002 | 0.009 | 0.000 | . | |
| 逸脱度 | | | 0.24 | | 0 | | |
| 対数尤度 | | | −58.147 | | −122.933* | | |
| 個人レベル $N$ | | | 113 | | 223 | | |
| 町内・集落レベル $N$ | | | 25 | | 33 | | |

注：(1)　*$p<.05$，**$p<.01$，***$p<.001$
　　(2)　社会ネットワーク変数については，第1モデルの対数尤度が有意な場合に，変数レベルの有意性の判断を行い，これを「重要な説明変数」と判断する。他の変数については，第3モデルの対数尤度が有意な場合のみ，変数レベルでの判断を行うこととし，第3モデルで有意な変数が他のモデルにおいても有意であるならば「重要な説明変数」と判断する。
　　(3)　「重要な説明変数」の場合には，「重要性判断」に✓を入れた。
　　(4)　モデル1については，計算結果が得られなかった。

第8章　災害からの復旧・復興と地域コミュニティ

資料 8-2-1(2)　「他の住民とのやりとり・助け合い」(C)に関わるマルチレベル分析
（最尤法）

| | 第1モデル | | 第2モデル | | 第3モデル | | 重要性判断 |
|---|---|---|---|---|---|---|---|
| 個人レベル | 係　数 | 標準誤差 | 係　数 | 標準誤差 | 係　数 | 標準誤差 | |
| 　同居家族（2006年震災時支援） | 0.007 | 0.064 | | | | | |
| 　町内家族・親戚（2006年震災時支援） | 0.010 | 0.063 | | | | | |
| 　町内職場（2006年震災時支援） | 0.022 | 0.096 | | | | | |
| 　町内友人（2006年震災時支援） | −0.070 | 0.092 | | | | | |
| 　町内知人（2006年震災時支援） | 0.179** | 0.057 | | | | | |
| 　2006年町内認識 | 0.109* | 0.045 | 0.113* | 0.046 | 0.013 | 0.031 | |
| 　町内活動 | 0.001 | 0.022 | 0.008 | 0.022 | 0.020 | 0.014 | |
| 　性別（女性） | 0.113 | 0.077 | 0.106 | 0.079 | 0.074 | 0.052 | |
| 　年齢 | −0.003 | 0.004 | −0.005 | 0.004 | −0.002 | 0.002 | |
| 　2006年学歴 | 0.023 | 0.050 | 0.026 | 0.051 | 0.046 | 0.035 | |
| 　2006年収入 | −0.037 | 0.068 | −0.049 | 0.065 | −0.028 | 0.025 | |
| 　新潟・福島豪雨の被害 | 0.007 | 0.040 | 0.027 | 0.041 | 0.012 | 0.024 | |
| 　中越地震の被害 | −0.090 | 0.091 | −0.094 | 0.089 | 0.027 | 0.048 | |
| 町内・集落レベル | | | | | | | |
| 　被害率 | −0.304 | 0.248 | −0.282 | 0.253 | −0.357 | 0.177 | |
| クロスレベル | | | | | | | |
| 　被害率×新潟・福島豪雨の被害 | −0.062 | 0.041 | −0.044 | 0.041 | 0.013 | 0.027 | |
| 　被害率×中越地震の被害 | 0.093 | 0.058 | 0.091 | 0.057 | 0.009 | 0.025 | |
| 定数 | 3.285*** | 0.506 | 3.432*** | 0.501 | 3.130*** | 0.268 | |
| 変量効果 | 係　数 | 標準誤差 | 係　数 | 標準誤差 | 係　数 | 標準誤差 | |
| 　中越地震の被害（Var） | 0.017 | 0.019 | 0.014 | 0.017 | 0.001 | . | |
| 　定数（Var） | 0.000 | 0.000 | 0.000 | 0.001 | 0.000 | . | |
| 　中越地震の被害，定数（Cov） | 0.002 | 0.002 | 0.001 | 0.006 | 0.000 | . | |
| 　逸脱度 | 1.57 | | 1.14 | | 0.03 | | |
| 対数尤度 | −130.795* | | −136.814 | | −305.746 | | |
| 個人レベル N | 187 | | 187 | | 418 | | |
| 町内・集落レベル N | 31 | | 31 | | 35 | | |

注：(1)　*p＜.05，**p＜.01，***p＜.001
　　(2)　社会ネットワーク変数については，第1モデルの対数尤度が有意な場合に，変数レベルの有意性の判断を行い，これを「重要な説明変数」と判断する。他の変数については，第3モデルの対数尤度が有意な場合のみ，変数レベルでの判断を行うこととし，第3モデルで有意な変数が他のモデルにおいても有意であるならば「重要な説明変数」と判断する。
　　(3)　「重要な説明変数」の場合には，「重要性判断」に✓を入れた。

第Ⅱ部　社会の諸領域におけるソーシャル・キャピタル

**資料 8-2-2⑴**　「他の住民との人間関係のいざこざ」(A)に関わるマルチレベル分析
（最尤法）

| | 第1モデル | | 第2モデル | | 第3モデル | | 重要性判断 |
|---|---|---|---|---|---|---|---|
| 個人レベル | 係　数 | 標準誤差 | 係　数 | 標準誤差 | 係　数 | 標準誤差 | |
| 同居家族（2002年日常支援） | -0.083 | 0.062 | | | | | |
| 町内家族・親戚（2002年日常支援） | 0.016 | 0.050 | | | | | |
| 町内職場（2002年日常支援） | -0.085 | 0.057 | | | | | |
| 町内友人（2002年日常支援） | 0.022 | 0.061 | | | | | |
| 町内知人（2002年日常支援） | -0.017 | 0.038 | | | | | |
| 2002年町内認識 | 0.042 | 0.039 | 0.026 | 0.038 | 0.009 | 0.028 | |
| 町内活動 | -0.019 | 0.017 | -0.022 | 0.017 | -0.017 | 0.013 | |
| 性別（女性） | -0.059 | 0.058 | -0.060 | 0.057 | -0.048 | 0.044 | |
| 年齢 | -0.005 | 0.004 | -0.005 | 0.004 | -0.002 | 0.002 | |
| 2002年学歴 | 0.025 | 0.038 | 0.026 | 0.038 | -0.019 | 0.031 | |
| 2002年収入 | 0.161** | 0.054 | 0.130* | 0.051 | 0.080** | 0.030 | ✓ |
| 新潟・福島豪雨の被害 | 0.024 | 0.050 | 0.016 | 0.050 | 0.010 | 0.042 | |
| 中越地震の被害 | -0.002 | 0.089 | 0.008 | 0.086 | 0.045 | 0.056 | |
| 町内・集落レベル | | | | | | | |
| 被害率 | 0.254 | 0.323 | 0.263 | 0.333 | 0.169 | 0.304 | |
| クロスレベル | | | | | | | |
| 被害率×新潟・福島豪雨の被害 | 0.015 | 0.090 | 0.003 | 0.089 | -0.006 | 0.084 | |
| 被害率×中越地震の被害 | -0.083 | 0.065 | -0.065 | 0.061 | 0.057* | 0.023 | |
| 定数 | 2.125*** | 0.416 | 2.263*** | 0.414 | 2.521*** | 0.278 | ✓ |
| 変量効果 | 係　数 | 標準誤差 | 係　数 | 標準誤差 | 係　数 | 標準誤差 | |
| 中越地震の被害（Var） | 0.012 | 0.013 | 0.010 | 0.011 | 0.000 | 0.001 | |
| 定数（Var） | 0.012 | 0.016 | 0.020 | 0.018 | 0.016* | 0.009 | |
| 中越地震の被害，定数（Cov） | -0.012 | 0.008 | -0.014 | . | -0.003 | 0.003 | |
| 逸脱度 | 7.24 | | 10.76* | | 7.87* | | |
| 対数尤度 | -17.414 | | -19.910 | | -54.175* | | |
| 個人レベル N | 113 | | 113 | | 218 | | |
| 町内・集落レベル N | 25 | | 25 | | 32 | | |

注：⑴　*p<.05，**p<.01，***p<.001
　　⑵　社会ネットワーク変数については，第1モデルの対数尤度が有意な場合に，変数レベルの有意性の判断を行い，これを「重要な説明変数」と判断する。他の変数については，第3モデルの対数尤度が有意な場合のみ，変数レベルでの判断を行うこととし，第3モデルで有意な変数が他のモデルにおいても有意であるならば「重要な説明変数」と判断する。
　　⑶　「重要な説明変数」の場合には，「重要性判断」に✓を入れた。

第8章　災害からの復旧・復興と地域コミュニティ

**資料8-2-2(2)　「他の住民との人間関係のいざこざ」(C)に関わるマルチレベル分析（最尤法）**

| | 第1モデル | | 第2モデル | | 第3モデル | | 重要性判断 |
|---|---|---|---|---|---|---|---|
| 個人レベル | 係　数 | 標準誤差 | 係　数 | 標準誤差 | 係　数 | 標準誤差 | |
| 同居家族（2006年震災時支援） | −0.159* | 0.059 | | | | | |
| 町内家族・親戚（2006年震災時支援） | 0.019 | 0.058 | | | | | |
| 町内職場（2006年震災時支援） | −0.188* | 0.088 | | | | | |
| 町内友人（2006年震災時支援） | 0.094 | 0.084 | | | | | |
| 町内知人（2006年震災時支援） | −0.110* | 0.053 | | | | | |
| 2006年町内認識 | 0.009 | 0.041 | | | −0.007 | 0.024 | |
| 町内活動 | −0.011 | 0.020 | | | −0.011 | 0.011 | |
| 性別（女性） | 0.084 | 0.071 | | | 0.006 | 0.040 | |
| 年齢 | −0.003 | 0.003 | | | 0.000 | 0.002 | |
| 2006年学歴 | −0.018 | 0.046 | | | 0.034 | 0.027 | |
| 2006年収入 | 0.000 | 0.062 | | | −0.022 | 0.020 | |
| 新潟・福島豪雨の被害 | 0.004 | 0.037 | | | −0.001 | 0.019 | |
| 中越地震の被害 | 0.060 | 0.082 | | | 0.024 | 0.043 | |
| 町内・集落レベル | | | | | | | |
| 被害率 | 0.390 | 0.236 | | | 0.069 | 0.141 | |
| クロスレベル | | | | | | | |
| 被害率×新潟・福島豪雨の被害 | −0.020 | 0.036 | | | −0.004 | 0.021 | |
| 被害率×中越地震の被害 | 0.119* | 0.052 | | | 0.060** | 0.022 | |
| 定数 | 3.187*** | 0.459 | | | 3.007*** | 0.210 | |
| 変量効果 | 係　数 | 標準誤差 | 係　数 | 標準誤差 | 係　数 | 標準誤差 | |
| 中越地震の被害（Var） | 0.012 | 0.009 | | | 0.002 | 0.002 | |
| 定数（Var） | 0.004 | 0.005 | | | 0.001 | 0.002 | |
| 中越地震の被害，定数（Cov） | 0.007 | 0.006 | | | 0.002 | 0.001 | |
| 逸脱度 | 5.05 | | | | 3.53 | | |
| 対数尤度 | −114.916** | | | | −193.583 | | |
| 個人レベル $N$ | 187 | | | | 409 | | |
| 町内・集落レベル $N$ | 31 | | | | 35 | | |

注：(1)　*$p<.05$，**$p<.01$，***$p<.001$
　　(2)　社会ネットワーク変数については，第1モデルの対数尤度が有意な場合に，変数レベルの有意性の判断を行い，これを「重要な説明変数」と判断する。他の変数については，第3モデルの対数尤度が有意な場合のみ，変数レベルでの判断を行うこととし，第3モデルで有意な変数が他のモデルにおいても有意であるならば「重要な説明変数」と判断する。
　　(3)　「重要な説明変数」の場合には，「重要性判断」に✓を入れた。
　　(4)　モデル2については，計算結果が得られなかった。

（辻　竜平）

|第9章|環境ガバナンスとソーシャル・キャピタル|
|:--|:--|
||――大野川流域の事例から|

## 1 環境ガバナンスの時代とソーシャル・キャピタル

### (1) 環境問題の変遷と現代的課題

　日本を含めアジアモンスーン地域の環境問題を考える際に，川や湖沼，海といった水環境は極めて重要である（藤田編 2002）。たとえば，経済・産業活動や生活排水による水環境の汚染問題や，水害や津波による自然災害による被害の防止や解決は，日本のみならず国際的なレベルでも取り組むべき社会的課題になっている。他方で，水環境は，水田耕作をはじめとする農山漁村での生業や，日常生活に不可欠な自然資源であり，遊びや文化，景観などを育む機能もある（鳥越ら編 2006）。時代状況とともに変化しつつ，水環境をめぐって人々はさまざまな関係性を構築し変化させてきた。

　かつての環境問題は，日本社会に限ってみても，産業公害を典型例として，発生原因や加害主体が明確であり，その影響や被害が及ぶ範囲も限定されていた。「加害―被害」という対立的な問題の構造自体は比較的単純であった。だが地球温暖化問題や，化学物質や放射能の汚染，遺伝子組み換え技術に随伴する環境リスク，里山のような二次的自然の保全・再生など，今日の環境問題の多くは，多様な主体が関係し現象面においても複雑化・重層化した位相にある。こうした問題をめぐる多様な紛争や論争の背景にあるのは，「原因／結果の不可視性・不確実性」である。

　「原因の不可視性・不確実性」とは，発生原因が複雑かつ広範囲にまたがり，一般の人々の日常的な営みの蓄積が少なからず影響を与えているにもかかわらず，それが自覚化されにくいということであり，「結果の不可視性・不確実性」

とは，環境破壊の影響や被害が時間的にも空間的にも広い範囲に及ぶ可能性が
あるということを意味する。その結果，科学者にも答えられない問題に対して，
どのようにして社会的に合理的な合意形成をしていくのか，すなわち多様な利
害関係者による「環境ガバナンス」のあり方が課題として浮かび上がってきた
（藤垣 2003）。

## （2）ガバナンスへの注目と課題

　20世紀後半，グローバリゼーションが進行する中で「国民国家」のゆらぎや
機能不全が指摘されるようになり，近代社会の編成原理となってきた「政府セ
クター」および「市場セクター」の失敗やその境界の融解が進展した。前述の
ような「不確実性」や「リスク」への対応が求められる中，新たな統治や管理
の形態として「ガバナンス」への期待と注目がなされるようになった。

　では，「ガバナンス」とはどのような概念であろうか。研究者によってさま
ざまな捉え方があるが，環境問題や環境政策を主眼にした定義として，たとえ
ば，松下らは「上（政府）からの統治と下（市民社会）からの自治を統合し，持
続可能な社会の構築に向け，関係する主体がその多様性と多元性を活かしなが
ら積極的に関与し，問題解決を図るプロセス」（松下編 2007：4）として捉えて
いる。他方で，長谷川は，「合意形成の実質的なプロセスそのものを重視した
概念」であり，「多様で多元的な主要な利害関係者との協働・コラボレーショ
ンを重視して，利害調整と合意形成をはかるような枠組みや管理のあり方」
（長谷川 2008：3）と説明している。

　ガバナンス概念は多義的であり論争的ではあるが，本章では，「多様なアク
ターとの協働を通して，利害調整と合意形成をはかる社会的枠組みおよびその
プロセス」と捉えておく。松下や長谷川が強調しているように，「参加」と
「合意形成」のプロセスそのものを重視する，という点にこの概念の特徴があ
る。特に環境ガバナンスは，地域の社会的，文化的，自然的な文脈が重要であ
るため，ガバナンスを規範的に捉えるのではなく，その動態を，ローカルなレ
ベルに注目して検討していく必要がある（Miyauchi 2006；脇田 2009）[1]。

第Ⅱ部　社会の諸領域におけるソーシャル・キャピタル

## （3）環境ガバナンスとソーシャル・キャピタル

　多様なアクターの関係性に注目する環境ガバナンスを検討する際に，重要な要素となるのがソーシャル・キャピタルである。ただし，ソーシャル・キャピタルはある時点でのネットワークのあり様を前提にした，静的な議論が多いことに留意する必要がある。

　社会科学の領域では，特に環境ガバナンス論やコモンズ論において，自然資源の管理・利用とソーシャル・キャピタルとの関係が注目されている（松下編 2007）。たとえば，特定の構成員によって共同利用・管理される自然資源（コモンズ）を支える基盤として，ソーシャル・キャピタルが重要な役割を果たす，という指摘（諸富 2006）がある。日本におけるコモンズ研究の代表的論者の1人である井上真は，自然資源の「協治」（協働型ガバナンス）とその諸原則を提唱し，ソーシャル・キャピタルの形成や維持・強化の必要性を主張した（井上 2009）。もっとも，これらの議論はいずれもソーシャル・キャピタルの実証研究ではなく，今後の理論的課題として提起するにとどまる。

　実証研究で見られるのは，個人が有するソーシャル・キャピタルの種類と，環境（保全）活動や地域の資源管理活動といった環境に関わる集合行為（住民活動や市民活動）への参加との相関関係を測定・検証するというパターンである。たとえば，山添ら（2012）は，環境 NPO の会員を対象にして，結束型と橋渡し型の2つのタイプのソーシャル・キャピタルの多寡（4類型）と，複数の種類の活動への参加の様態（参加率，活動の種類）との相関を検証し，ソーシャル・キャピタルの類型によって志向する参加の様態が異なることを明らかにしている。また，福島ら（2012）は，住民が有する特定化信頼／一般的信頼と，地域資源管理活動への参加率との関係を分析している。その結果，地域資源管理の参加には特定化信頼が因子として大きく関わっていること，さらに特定化信頼が高いほど，農業関連資源より非農業関連資源の管理に参加する傾向が強いことが指摘されている。大野（2007）は，結束型／橋渡し型，構造的／認知的によってソーシャル・キャピタルを4つに分類し，2種類の環境活動，すなわち，広域的な行政主催の環境活動と，コミュニティ内の住民主体の環境活動

第9章　環境ガバナンスとソーシャル・キャピタル

への参加行動とソーシャル・キャピタルとの関係を検証している。その結果，広域的な活動への参加率については，「橋渡し型で構造的なソーシャル・キャピタル」と「結束型で認知的なソーシャル・キャピタル」が，コミュニティ活動（水路掃除）への参加率は「結束型で構造的なソーシャル・キャピタル」が正に有意である，と結論づけた。

　環境社会学の領域では，環境と地域のコミュニティや，環境をめぐるさまざまなアクターの関係を明らかにする実証研究は相当の蓄積があり，水環境に関する包括的なレビュー（川田 2013）もなされている。だが，ソーシャル・キャピタルを主題とする，あるいは分析対象とする研究になると，前述の山添ら（2012）を除けば，管見の限りほとんど見られないのが現状である[2]。

## （4）ソーシャル・キャピタルの類型と質的研究の意義

　前述のように，環境と社会との関係を扱う社会科学の諸研究では，ソーシャル・キャピタルに注目した実証研究は相対的に少なく，その中で，環境ガバナンスの存立構造を解明する作業として，個人のソーシャル・キャピタルに焦点を当て環境活動への参加（率）との関係を検証しようとする量的研究が試みられてきた。だが，これらの量的研究は，ある一時点でのソーシャル・キャピタルや参加行動のあり様を切り取らざるを得ない，という方法論的課題を内包する。前述した通り，環境ガバナンスは本来，動的なプロセスであり，時間軸の中での変化を，ローカルな文脈に即して捉える必要がある。

　そこで本章では，これらの研究に目配りをしつつも，質的研究（事例分析）を用いて環境ガバナンスとソーシャル・キャピタルの動態を捉えたい。ソーシャル・キャピタルの定義は多様であるが，概念的な道具立てとしてはシンプルに，ソーシャル・キャピタルを個人および小集団をベースにしたミクロなものとして扱う。同時に，しばしば用いられるように，コミュニティや集団内部の強固なネットワークを示す「結束型（bonding）」と，外部との水平的でゆるやかなネットワークを示す「橋渡し型（bridging）」の2つに分類して用いる（Putnam 2000＝2006：19）[3]。三俣ら（2006）は，このソーシャル・キャピタルの

199

第Ⅱ部　社会の諸領域におけるソーシャル・キャピタル

表9-1　ソーシャル・キャピタルの形態と自然環境

| SCの形態 | 特　徴 | 機　能 | 分析単位のスケール | 資源管理論 |
|---|---|---|---|---|
| 内部結束型<br>(bonding) | 強く緊密な<br>ネットワーク | 集合行為ジレンマ<br>の解決 | 特定の小集団<br>(伝統的コモンズ,<br>入会集団など) | コモンズ論 |
| 橋渡し型<br>(bridging) | 弱く広がりのある<br>ネットワーク | 情報・活動の伝播 | 幾つかの集団を内包<br>する集合体<br>(地縁を越えたコモ<br>ンズ, 流域など) | ガバナンス論 |

出所：三俣・嶋田・大野（2006）。

2分類に基づいて，その概念的特徴と資源管理との関係を表9-1のように整理している。

　具体的な研究対象は，日本における1990年代以降の「河川（流域）」のガバナンスである。特に，大分県を中心に流域が広がる大野川（一級河川）を舞台に展開されてきた，約20年に及ぶ市民セクターの動きの中で，大野川のガバナンスはどのように構築され変容したのか。その過程を時系列的に再構成した上で，ソーシャル・キャピタルの変化とその機能を検討し，環境ガバナンスおよび市民セクターの課題を論じたい。主なデータは，筆者が2001（平成13）年以降継続的に行ってきたキーパーソン・関係者への聞き取りと，行事や会合等への参与観察に基づく。

## 2　日本における河川政策と市民セクターの変化[4]

### （1）河川政策の変化

　戦後日本において，河川政策の中心課題となったのが治水と利水であり，大型ダム建設や堤防整備といったハード中心かつ中央集権的な河川管理の手法によってその達成が目指された。1896（明治29）年の旧河川法制定以降，日本の河川政策に特徴的だったのは政策（計画）決定過程の閉鎖性（＝公共性の独占）であり，河川管理に流域に住む人々の意思を反映させる制度的な回路は長らく存在しなかった。一方，高度経済成長期を過ぎて，疎遠になった人間と川との

距離を再び近づけるために，提唱され政策化されたのが1970年代半ばの「親水」概念であり，河川公園や親水公園等の整備へとつながっていく。河川政策はさらに，1990年代初めのオランダの近自然工法に倣った「多自然型川づくり」や，後述するような社会的批判を受ける形で，治水・利水に加えて「河川環境の整備・保全」を目的化した1997（平成9）年の河川法改正，「市民参加型の川づくり」へと展開した。その経緯を簡単に触れておこう。

　1997（平成9）年に実施された河川法改正の主なポイントは，①河川管理の目的に「河川環境の整備と保全」が加わったこと，②河川整備の計画決定過程において，基礎自治体および住民の意見を反映させる手続きが明文化されたこと，の2点である。河川法が改正されるきっかけになったのが，1995（平成7）年から1996（平成8）年にかけて出された，3度にわたる河川審議会の答申と提言であった。1996（平成8）年6月の答申『21世紀の新しい社会を展望した今後の河川整備の基本的方向性について』によれば，今後の河川政策の基本方針として，①流域の視点の重視，②市民団体や自治体との連携の重視，③水害などの非常時だけでなく平時の河川の状態を含めた，河川の多様性の重視（「川の365日」），④情報の役割の重視，という4つの柱が提示されている。

　河川法の改正以後，国土交通省（以下，国交省）の出先機関であるいくつかの工事事務所には「地域連携課」が設置され，環境ボランティアなど川に関わる市民（住民）グループとの「連携」を図るための「場づくり」を試みる動きが見られるようになった。ここでの課題は，このような上位レベルの政策が実際に運用される担当行政のレベル，国交省であれば工事事務所，都道府県であれば河川課や土木事務所において，いかに具体的な取り組みが行われるかである。たとえば，河川法の改正によって水系ごとに作成が義務づけられた「河川整備計画」を例にとると，計画策定に当たって，住民の意見を反映させる具体的な方法は，少なくとも「当時は」，分権的に現場行政の裁量に委ねられていた。したがって，「住民の参加」とはいっても，それが従来の審議会にしばしば見られたような形式的な参加にとどまるか，計画内容に住民の意思を反映させる実質的参加（ガバナンス型）と呼べるようになるのかは，その実務を担う

第Ⅱ部　社会の諸領域におけるソーシャル・キャピタル

上記の担当行政機関の施策や対応によるところが大きい。具体的な議論は次節に譲ることにして，次に市民活動（市民セクター）に関する新たな動きとして，1990年代に顕在化した「流域ネットワーキング」を確認する。

### （2）市民セクターの変化

　河川法改正や市民参加型の川づくりといった，1990年代後半に生じた河川政策の転換に大きな影響を与えたのは，各地のダム・河口堰の建設に対する環境運動の興隆と拡大であった。また，1990年代初めの鶴見川を嚆矢として，2000年代にかけて日本各地で流域を単位とした市民（住民）グループ相互のネットワーク形成を目指す「流域ネットワーキング」や「流域連携」が相次いで誕生した。[6] 1998（平成10）年にいわゆる NPO 法が施行され，市民活動をサポートする制度基盤が一定程度整ったことも活動の促進要因となった。

　1990年代に入って顕在化した流域ネットワーキングの最大公約数的な特徴をまとめると，1つの川の流域を舞台に，それまで特定の地域で個別的に活動を展開してきた住民団体や市民団体が，相互の交流や連携を目的に，ゆるやかにつながることを目指すものといってよい。このように，行政（政策）と市民セクター双方の「地殻変動」が交錯する地点に，流域連携や流域ネットワーキングの生成があり，そこに「環境ガバナンス」や「流域ガバナンス」（谷内ら編2009：3）が機能する可能性が開けてきた。たとえば，多様なアクターとの連携や協働を進め，政策決定や河川管理に影響力をもつ市民団体も見られるようになる。大野川を舞台にした大野川流域ネットワーキングはその典型例であった。

## 3　大野川流域の市民セクターの展開——その活動と盛衰

### （1）流域各地におけるローカルな住民活動の展開——1990年代以前

　大野川水系は大分県を中心に，宮崎県，熊本県を含めた2市13町4村（2004〔平成16〕年当時）にまたがる一級河川である。10の主要な支川（支流）が合流し，大分市鶴崎地区で別府湾に流れ込んでいる。流域面積1,465 km$^2$，幹線流

路107 km に及び，流域人口は約20万人を擁する。上流地域の降水量が多いため，下流部の大分平野はたびたび洪水に見舞われてきたが，平時は水量に恵まれていることから，舟運や農業水利，アユ漁などの漁業，電源開発（水力発電）等，古くから川の多面的な利用が進んでいた。

　他方，コミュニティのスケールでは，住民主体の川の浄化活動や保護活動が流域各地で展開されてきた。ここでは，その代表例として「白山川を守る会」（以下，守る会）を取り上げ，活動経緯と特徴をみてみよう。[7]

　守る会の活動が始まったのは1974（昭和49）年である。守る会は「昭和の大合併」の際に清滝村と三重町（いずれも現・豊後大野市）とに分断された旧白山村の13集落・全272世帯によって構成される，環境保全を主眼とする住民団体である。環境省の「全国名水百選」に選定されるなど，大分県では先駆的かつ代表的な住民主体の環境保護活動でもある。

　活動のきっかけは1970年代初頭に遡る。合成洗剤の使用による汚染された生活排水の流入，ゴミの不法投棄，農薬使用などによって全国的に川の汚染・汚濁が進行していた当時，旧白山村地域でも川の汚染が進み，それまで乱舞していたゲンジボタルやヘイケボタルがほとんど姿を消した。そこで危機感をもった住民有志が河川の浄化活動を開始した。出稼ぎ住民の増加で地域社会の連帯感が薄れているという意識もあり，「かつての温もりのある白山を取り戻そう」と13集落の全世帯が加入した守る会の結成に至る。守る会は「川を守りホタルを救え」を合言葉にして，3つの原則（①水洗トイレ〔単独浄化槽〕の設置禁止，②有機リン合成洗剤の使用禁止，③農薬使用の軽減）の実施を全住民に求めた。

　初期の活動は，3つの原則の実施と定期的な河川清掃に加え，看板の設置やチラシの配布，座談会の開催といった広報・啓蒙活動が中心であった。活動を開始して数年が経つと再びホタルの姿が見られるようになり，口コミでホタルの名所として知られるようになる。その後，過疎・高齢化が進行する状況下，守る会は活動の幅を広げ，水質の定点観測，生き物調査，川の巡視と来訪者に対する指導，会報の発行などの定例活動に加え，ホタル祭り（6月），名水しぶきあげ大会（8月）を開催するなど，地域づくり活動へと展開した。特にホ

第Ⅱ部　社会の諸領域におけるソーシャル・キャピタル

タル祭りには毎年5,000人前後の来訪者があり，県内でも有数の規模を誇る。

　大野川の流域には，この「守る会」をはじめとして，コミュニティに根ざし川に関わるさまざまな活動や住民団体が存在した。それぞれの地域で個別にローカルな活動を展開してきた団体やキーパーソンを「発見・発掘」し，「ネットワーキング」という概念の下に，相互にゆるやかにつなごうとしたのが1990年代後半の動きである。ここに至って大野川流域の市民セクターは新たな段階を迎えた。

## （2）大野川流域ネットワーキングの結成と活動拠点の整備――1990年代

　1998年に誕生した大野川流域ネットワーキング（以下，大野川ネット）は，「白山川を守る会」をはじめとして，大野川に関わる多様なアクターによって構成された。2002（平成14）年には事務局をNPO法人化し，行政や研究機関など多様なセクターに属する諸アクターと協働しながら，大野川に関わる政策や計画の策定にも深く関わってきた。中心メンバーの母体は，大野川での川歩きやレジャーを楽しむ人たちのサークルであり，特にネットワーキングの結成・運営やNPO法人化の中心になったのがＡさんである。[8]

　流域の自然環境や景観，歴史など，大野川のもつさまざまな魅力に取りつかれたＡさんは，1990年代，時間を見つけては源流部から河口部まで，数年をかけて流域の隅々まで訪ね歩いた。その過程で川に関わる多数の環境ボランティアや地域づくりの住民グループの存在を「発見」し，さまざまなグループのリーダーたちとのネットワークを形成していった。一方で「川のことを知りたくて市町村の窓口にいっても，管轄区域を外れると情報がない」ことに問題意識を覚えたＡさんたちは，「行政区域を越えて，上流・中流・下流の人と一緒になって大野川のことを考えられないか」と呼びかけて，1996（平成8）年7月に「共生・コミュニケーション・連携」をテーマにした「大野川河川シンポジウム」を開催する。Ａさんはさらにパソコン通信を使った「川のフォーラム」を開設し，各地の川に関する市民活動の情報交換を行うために，新たなコミュニケーションのツールづくりにも関わった。

## 第9章　環境ガバナンスとソーシャル・キャピタル

図9-1　大野川流域における各セクターおよびアクターの連関

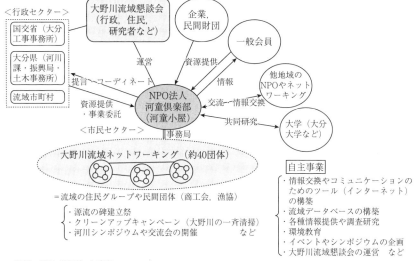

出所：帯谷（2009）を改変。

　このようなステップを踏んだ後，1998（平成10）年8月に開催した第2回の河川シンポジウムを契機に，住民グループや商工会など民間団体のゆるやかな連携を目指す大野川ネットが結成された。大野川ネットに参加した約40団体は，流域の2市9町2村（当時）に及び，各団体の代表が大野川ネットの世話人として関わることになった。特徴的なのは，守る会をはじめ，アユ漁などで川を日常的に利用し約4,000人の組合員を有した大野川漁協など，当事者として広く大野川に関わる団体が数多く集まったことである（図9-1）。

　「大野川に感謝」と「ゆるやかな連携」を理念に掲げながら，参加の間口を広げ，川に関わる多様なアクター間のコミュニケーションを促進していくことが，Aさんらの活動の目的であった。大野川ネットは「河川シンポジウム」を定期的に開催する一方で，流域の各団体が毎年「源流の碑」を大野川の支流の源流まで数カ月かけてリレー方式で運ぶイベントや，2,000人前後が参加する大野川河川一斉清掃などを，国土交通省や県（河川課）と連携しながら定例行事として展開していく。

写真 9-1　大野川流域ネットワーキングの活動拠点「河童小屋」(筆者撮影)

　NPO法人化と前後して、2000 (平成12) 年には大野川ネットの活動および交流の拠点となる「河童小屋」が大野川中流部 (現・豊後大野市犬飼) の河畔、県の河川公園内に開設された。このような流域を対象にした市民セクター自前の交流拠点は、当時、全国的にみてもほとんど例がなかった。「河童小屋」は、①NPOの事務所、②大野川流域の自然・歴史・文化・住民活動の情報収集と発信、③地域の小学生を対象とした川での環境教育、④行政担当者やさまざまな住民グループに加えて、外部の市民団体が訪れたり、懇親行事を開催したりする交流や対面的コミュニケーションの場として、文字通り「ネットワーキング」の機能を果たしていくことになる (写真9-1)。

## (3) 政策決定過程への参画と行政セクターとの協働――2000年代

　1997 (平成9) 年の河川法改正によって新たに導入されたのが、水系ごとの「河川整備計画」の策定と市民参加である。「河川整備計画」とは向こう30年間の当該河川の整備や管理に関する長期計画であり、流域各部の個別的な工事や整備は、基本的にこの計画に沿って実施されることになる。計画の策定に当たっては、流域委員会を立ち上げて原案を検討し、住民の意見を反映させるための説明会や公聴会を開催するという手法が一般的である。

　大野川水系の河川整備計画の場合、2001 (平成13) 年に国交省直轄区間であ

第9章　環境ガバナンスとソーシャル・キャピタル

る下流部の計画が，2002（平成14）年には中上流部を中心とした大分県管理区間の計画が決定した。全国の一級河川109水系の中で，河川法改正を受けた河川整備計画が策定されたのは大野川が最初であった。その策定の母体となったのが，大野川流域委員会（以下，流域委員会）である。2000（平成12）年1月に発足した流域委員会は，「学識経験者」7名，県商工会議所や地元新聞社など民間団体の関係者3名など13名の委員によって構成された。その中で「NPO関係者」として委員に加わったのが，当時大野川ネットの事務局長であったAさんである。

　流域委員会の審議過程において，当初，行政が作成・提示した河川整備計画の原案は大きく変化することになった。原案からの変化のポイントは，①計画の中に河川整備に当たっての大野川独自の「基本理念」と「基本方針」が組み込まれたこと，②さまざまな形で住民が河川管理に参加するための制度として「流域懇談会」を設けたこと，③有志の住民がプロジェクト方式で河川管理に関わる「社会実験」の実施を謳っていることである。これらの変更点は，委員として参画した大野川ネット（NPO）の提言を全面的に採用する形で実現した。大野川水系全体の向こう30年間の河川整備や維持に関する基本的な枠組みが固まったことによって，今後実施される河川管理や市民参加に関する個別の政策や事業は，基本的にこの計画に従って行われることになった。

　2001（平成13）年には全国で2カ所目となる「地域連携課」が国交省大分工事事務所（当時）に設置されるなど，河川法改正を背景にして，大野川における行政セクターと市民セクターの協働とガバナンスを支える「政治的機会構造」は開放的な状態にあった。その後，大野川流域懇談会の会長には，長年「守る会」の代表を務めてきたBさんが就任し，運営には，NPO法人格を取得した大野川ネットの事務局「河童倶楽部」が携わることになった。2000年代半ばには，流域の三重川を舞台にした「里の川プロジェクト」をはじめとしていくつかのプロジェクトが展開され，行政（県）と大学，住民，NPOが連携した野鳥観察ポイントの整備や，廃材を利用したベンチの設置，水質調査などがワークショップ形式で進められた。

第Ⅱ部　社会の諸領域におけるソーシャル・キャピタル

## （4）流域ネットワーキングの衰退とガバナンスの失敗？──2010年代

　2000年代後半になると，大野川ネットを支えてきた複数のキーパーソンが，高齢化や病気等の事情により，相次いで活動の表舞台から退出しはじめる[16]。特に，それまでNPOの専従として，大野川ネットおよび他のアクターとの結節点になってきたAさんが活動から退いたことによって，大野川ネットの活動は年に数回の定例行事をこなすのがやっと，という状態に陥る。

　さらに大きな打撃となったのが，2013（平成25）年に起きた「河童小屋」の閉鎖である。建物の所有者の意向というやむを得ない事情とはいえ，設置から10年以上にわたって日常的な活動・交流の拠点であり，大野川ネットの象徴になっていた「河童小屋」という場が消滅したことは，停滞気味だった活動の活力をさらに奪う出来事であった。毎年開催されてきた河川シンポジウムもこの年を最後に休眠状態となったほか，高齢化や担い手不足で活動自体を休止する団体や，グループのリーダー層の世代交代を機に脱退する団体が相次ぎ，当初約40あった大野川ネットの加盟団体は，2015（平成27）年段階で13にまで減少した。

　加えて，国交省の工事事務所に設置された「地域連携課」は2014（平成26）年3月をもって廃止・統合された。また，前述した「大野川流域懇談会」も，事務局を担っていたNPO法人の解散に伴って休止状態に陥っている。このように，「多様なアクターとの協働を通して，利害調整と合意形成をはかる社会的仕組みおよびそのプロセス」は，市民セクターと行政セクター双方の活動量の低下によって大きな転換点に直面した。

## 4　ソーシャル・キャピタルからみる環境ガバナンスの動態

### （1）時期ごとの活動とソーシャル・キャピタル

　前節では大きく4つの時期・段階に分けて，大野川流域の市民セクターの展開過程を再構成した。以下では，これらの時期ごとに改めてソーシャル・キャピタルの機能と変化を検討する。

第1期（1990年代以前）は，流域各地における，ローカルな住民活動の展開期である。守る会に代表されるように，流域の各地域（集落）において，住民組織を土台にした地道な川の保全・利用活動などが展開されてきた。住民間の緊密なつき合いや集落のまとまり，「お互いさま」といった規範意識（＝結束型ソーシャル・キャピタル）をベースに活動が展開されるという形である。一方で，流域の他の地域の活動や団体との関係や交流はほとんどなく，基本的に活動は「閉じた」状態にあった。ここには漁業者団体（漁協）や商工会の活動も含まれる。

第2期（1990年代〜）は，前述のローカルな住民活動をつなぐネットワーキングの形成期である。大野川ネットの事務局長となったＡさんを中心に，流域の多様な団体（特にリーダー層）とのつき合いやつながり（＝橋渡し型ソーシャル・キャピタル）を新たに構築していく。「ゆるやかな連携」という大野川ネットの理念について，当時，Ａさんは次のように語っていた。

> 「僕らはまだまだ『コミュニケーション』の段階。『川を知る，人を知る』というところから出発して，一体感を感じ取れること自体が面白くてやっている。逆に言えば，みんなで連携して，何かある一つのことを成し遂げようとはまったく思いもつかない……。『ネットワーキング』で何かをしようというのは（目的合理的な）行政の発想になってしまう。住民は本来勝手なものだから。僕らの時代の役割としては，『土壌づくり』のような気がしている。『よい土壌』があれば自ずから『いいもの』は生まれてくる。そのためには，じっくり時間をかけて懐の深い土壌を作っておかないと。」

一方で，大野川ネットが生まれたことによって，共通のイベントや行事を通して他の団体との接触やつき合いの機会が増えただけでなく，情報の伝播や相互の調整・コーディネートもスムーズになった。たとえば，それまで市町村の区域ごとに分かれて行われて，場合によっては競合関係にあった類似のイベン

第Ⅱ部　社会の諸領域におけるソーシャル・キャピタル

トや行事（例：筏下りや魚釣り大会）が，「どうせなら一緒にやろう」とつながることによって合同イベントとして実施したり，日程が重ならないように調整するといった思わぬ副産物ももたらした。

　第3期（2000年代）は，政策決定過程への参画と行政セクターとの協働が展開し，大野川のガバナンスが本格的に機動した時期である。第2期で機能しはじめた橋渡し型ソーシャル・キャピタルが，行政セクターとの関係においても構築され協働の原動力となっていった。そのための場として機能したのが「河童小屋」であった。パットナム（Putnam 2000＝2006）が『孤独なボウリング』で注目した「日常的な対面・つき合い」や社交の機会は，特定の友人関係のみならず，異質な他者とのつながりや信頼関係を構築するのにも効果的である。国交省のある職員によれば，河童小屋で会合や打合せがあると，必ず「打ち上げ」がセットになっていたという。もっとも，大野川ネットでは，会合や集まりの場では行政担当者に対して「陳情をしない」ことを原則として徹底していた。通常，行政の担当者がそのような場に来ると，どうしても「あそこを工事してほしい」となりがちであるが，それをやらず，自分たちができること，やりたい（＝夢）ことを共有するサロンのような場にすることによって，行政の担当者も，気軽に一参加者として参加できたという。

　国や県の職員には，「Aさんの熱意に打たれた」「Aさんたちを見ていると，何か助けてあげたい気持ちになる」と語る人が多い。単に前述の共飲共食的なつき合いだけではなく，大野川ネットが内包する流域のさまざまな情報やネットワークは，河川行政の担当者にとって必要かつ有用な「資源」であった（帯谷 2009）。時間をかけながら，市民セクター内部の信頼関係が醸成されるとともに，行政セクターの各担当者との信頼関係やつながり（橋渡し型ソーシャル・キャピタル）が構築されていったのがこの時期である。具体的には，河川整備計画の策定過程への参画と原案の変更であり，産学官民連携の河川プロジェクトなども実施された。

　第4期（2010年代）は，ネットワーキングの衰退とガバナンスの転換点である。それにはソーシャル・キャピタルの減退に関わる内在的要因と外在的要因

がある。内在的要因は，高齢化と世代交代や後継者不在に伴う活動の停滞である。大野川流域，特に上中流域（竹田市，豊後大野市）は大分県内の市町村で高齢化が最も進んだ地域に当たる[17]。このことは，個別の住民団体にも影響をもたらしており，活動を休止・解散する例も生じている。大野川ネットに関しては，結成当時50代後半〜60代だったキーパーソン（第一世代）が，病気や死去など加齢によって活動から相次いで退出した上に，当初の理念を継承できる後継者が十分に確保できなかったことによって，団体間および行政担当者をつなぐ橋渡し型ソーシャル・キャピタルが衰退していった。そもそも，行政担当者は数年で異動するという不安定な関係性にあり，従来は大野川ネットが有する豊富な各種資源がそれを補う形でガバナンスが成立していた。

　外在的要因としては，1990年代後半から2000年代初頭に見られた，河川法改正に伴う「住民団体との連携」の（行政サイドの）熱気や政策ブームが，時間を経る中で徐々に下火になっていったことが挙げられる。特に2011（平成23）年の東日本大震災以降，国（国土交通省）の政策課題が「防災」および「国土強靭化」へ転換したことは，河川行政にも強い影響をもたらしている。「地域連携課」の廃止や流域懇談会の休止はその象徴であろう。

## （2）ガバナンスの存立基盤とガバナンスの失敗

　本章の事例分析で明らかになったことを，以下の3点にまとめておきたい。

　第1は，対象となる自然環境のサイズやスケールによって，環境ガバナンスを支えるソーシャル・キャピタルが異なるという点である。たとえば，「守る会」のように，集落レベルのような比較的小さなスケールの自然環境（例：小河川や水路）の利用や保全に際しては，基本的に，日常生活においてその自然環境と深く関わっている（という前提付きであるが）地域住民が有する結束型ソーシャル・キャピタル（の有無）が重要な役割を果たす。もっとも，里山再生のように今日のコモンズの再生をめぐって，高齢化等によりコミュニティ外部のさまざまなアクターとの連携が必要となっている状況では，井上（2009）が「協治原則」で主張するように，橋渡し型ソーシャル・キャピタルの役割が不

第Ⅱ部　社会の諸領域におけるソーシャル・キャピタル

可欠であることに注意が必要である。

　他方で，大野川「流域」のように，集落や市町村区域を超えたスケールの環境管理には，行政や他の住民・市民組織，民間団体など異質なアクター（セクター）間の連携と協働が必要であり，そこでは，橋渡し型ソーシャル・キャピタルの存在が確かに不可欠である。だが他方で，個別の組織や団体の活動を支える結束型ソーシャル・キャピタルも重要であることを指摘しておきたい。この２つのソーシャル・キャピタルを相互排他的ではなく相互補完的に捉え，それをうまく調整する方策を考えるべきである。この点において，冒頭で引用した三俣ら（2006）のソーシャル・キャピタルの整理はやや単純であるといわざるを得ない。もっとも，結束型ソーシャル・キャピタルの逆機能としてしばしば指摘されるように，ある団体（例：漁協）が自身の利益（例：アユ漁）を強調するあまり，他のアクター（例：カヌーイスト）が川から締め出される，ということは起こりうる。その利害調整や合意形成の観点で，多様で異質なアクターが「ゆるやかな連携」＝ネットワーキングを構築する効用は少なくない。

　第２に，橋渡し型ソーシャル・キャピタルを構築・醸成する上で，キーパーソンの存在・役割と同時に，具体的な「場」の存在が重要である。後者については，この事例では「河童小屋」がそれに該当し，活動のかなり早い段階でそのような場が確保できたことは，大野川ネットの活動の展開・発展を促進する一因となった。だが，2010年代に入り，キーパーソン（Aさんら）と活動拠点（河童小屋）の両者が，（不幸にして）ほぼ同じ時期に失われたため，活動を立て直すことが難しくなってしまった。ただその「場」は，どのようなものであってもよいというわけではない。いかなるデザインや機能，使い方が望ましいのか，地域・メンバーのニーズや個性，アイデア，状況に応じて自由に作り上げたり改変したりできることこそが重要であるため，他のセクターの資源に依存するのではなく，市民セクターが主体になって確保し管理できることが望ましい。

　第３に，「ガバナンスの失敗（governance failure）」についてである。この概念を提唱したのは Jessop（2000）であるが，環境ガバナンスに引きつけると，

それは通常，関連するアクター間の合意形成に失敗するケースが想定される（荒川 2004；山本 2005）。たとえば，ダム建設を含めた治水のあり方をめぐって深刻な対立が生じた淀川水系の流域委員会の事例（谷内ら編 2009）がそれに当たる。これを「対立型のガバナンスの失敗」と呼ぶと，本章で見られたのは，主要なアクターが消滅や衰退することによって合意形成や協働の当事者（プレイヤー）が不在になるケースであった。つまり，「不在型のガバナンスの失敗」である。

　もちろん，大野川の事例では今後のさらなる展開を注視する必要があり，「ガバナンスの失敗」と断定するのは現時点で尚早である。ただ，いわゆる過疎・高齢化が進行する地方や地域の環境ガバナンスを考える場合，このような点を考慮に入れて研究や政策を組み立てていく必要があるだろう。


　注
(1)　その後，宮内らは，現場におけるさまざまな環境政策の失敗を検証し，プロセスにおけるダイナミズム，多元的価値と複数の解決策，地域レベルでの大きな物語の再文脈化，という3つの点を強調した「順応的ガバナンス」の必要性を提起している（宮内編 2013）。
(2)　その理由は定かではないが，（特に日本の環境社会学が）伝統的に質的研究を重視してきたことに加え，フィールドで生活し活動する多様な人々と，その豊かな関係性を経済学的な「資本」概念で括ることに対しての抵抗や警戒が影響している可能性がある。
(3)　Aldrich（2012＝2015）のように，政府やNGOの意思決定者との垂直的なつながりを示す「連結（linking）型」を加えた3つの類型を使用する研究者もいるが，議論をよりシンプルにするために，ソーシャル・キャピタルを2種類に分類して用いる。
(4)　本節および次節の記述は，帯谷（2004；2006；2009）を基に，その後の状況変化を踏まえて改変を施した。
(5)　「少なくとも当時は」と限定を付したのは，その後，たとえば，ガバナンスの理念を体現して設立された淀川水系流域委員会の審議において，河川管理者（国交省近畿地方整備局）が，脱ダムを答申した委員会の休止や審議継続の拒否など，ガバナンスの原則を覆す事態が生じたためである（谷内ら編 2009：40-44）。この点は

第Ⅱ部　社会の諸領域におけるソーシャル・キャピタル

「ガバナンスの失敗」として後述する。

(6)　日本の市民運動における「ネットワーキング」の導入やその後の NPO への展開については高田（2001）を参照。

(7)　河川法には「白山川」という名称の川は存在しない。あくまで地元での通称であり，公式には中津無礼川と奥畑川という２つの川（いずれも大野川水系の支流）を指す。興味深いのは，ホタルの名所として認知され，守る会の活動実績が評価される中で，行政機関も地元の通称であった「白山川」を呼称として使いはじめたことである。その典型例が環境省の「全国名水百選」であり，ここでは「白山川」として正式に認定され，現在では県や町など地元の行政もこの名称を使うようになっている。数十年に及ぶ守る会の住民活動や川への継続的な働きかけが，正統性をもつに至った証しであろう。

(8)　Aさん（1941年生：男性）は，大野川上流部の大分県竹田市の出身で，大学時代から民間企業勤務に至る約20年の東京での生活を経て，下流部の大分市に移住（Ｊターン）してきた経歴をもつ。

(9)　土地は県が低額（年１万2,000円）で貸し出し，建物は NPO の理事（当時）たちが資金を拠出して設置した。床面積60 m$^2$（約36畳）の河童小屋は，交流サロンや資料の収納・閲覧を兼ねた多目的室と事務室，倉庫，ミニキッチンなどを備えていた。さらに建物の周辺には野外活動に使える広大な更地もあった。筆者自身，何度も訪問し，調査で泊まらせていただいたことも度々であった。

(10)　委員会は公開で行われ，審議は事務局が作成した河川整備計画の原案を叩き台にしながら，流域の住民を対象にした意見交換会を組み込む形で進められた。意見交換会は流域市町村の関係地区ごとに開催され，直轄区間と県管理区間をあわせると26回に及ぶ。

(11)　大野川流域懇談会の目的には，「流域住民（団体），学識経験者，企業，関係自治体，河川管理者などが，大野川の川づくりや流域環境について，継続的に情報や意見の交換を行い，お互いの協力関係を築き信頼関係を深めつつ，“いい川”や“いいまち”の実現に向けて，緩やかな合意形成を図ることを目的とします」と謳われていた。大野川ネットの活動理念とほぼ重なるものである。

(12)　変更点および委員会での議論の内容については，帯谷（2006）を参照。

(13)　同課は３名体制であった。後述するように2014年３月末をもって廃止・統合された。

(14)　政治的機会構造とは，社会運動の発生やその後の展開に影響を及ぼす政治的な条件（政策決定過程の公開性や，政治的配置の不安定さ，有力な同盟者の存在等）を意味する概念である。詳細は大畑ほか編（2004）等を参照。

(15)　Bさんは1923（大正13）年生まれ，男性。2012（平成24）年逝去。なお，流域懇

談会の運営委託経費として，当初の数年は，行政からNPOに年160万円が支払われていた。これ以外には，川の活動に関わる国や県の補助事業（水辺の楽校など）や，大分大学などとの共同研究費があった。

⒃　NPOの設立時の中心メンバー（理事，監事）5名のうち，Aさん以外の4人が病気等で相次いで亡くなったことも，特殊な事情とはいえ，活動に大きな影響を与えた。

⒄　2010（平成22）年時点。竹田市（40.9％），豊後大野市（37.7％）は県内1位と2位。大分県全体では26.6％。

## 参考文献

荒川康（2004）「自然環境をめぐる問題の位相──栃木県市貝町多田羅沼を事例として」『環境社会学研究』10，75-88頁。

井上真（2009）「自然資源『協治』の設計指針」室田武編『グローバル時代のローカル・コモンズ』ミネルヴァ書房，3-15頁。

大野智彦（2007）「流域ガバナンスを支える社会関係資本への投資」松下和夫編『環境ガバナンス論』京都大学学術出版会，167-195頁。

大畑裕嗣・成元哲・道場親信・樋口直人編（2004）『社会運動の社会学』有斐閣。

帯谷博明（2004）『ダム建設をめぐる環境運動と地域再生──対立と協働のダイナミズム』昭和堂。

帯谷博明（2006）「地域環境管理の計画決定過程と市民参加──大分県大野川の河川整備計画から」『奈良女子大学社会学論集』13，77-92頁。

帯谷博明（2009）「地域環境問題への視点と協働の可能性」松野弘・土岐寛・徳田賢二編『現代地域問題の研究──対立的位相から協働的位相へ』ミネルヴァ書房，241-258頁。

川田美紀（2013）「水環境の社会学──資源管理から場所とのかかわりへ」『環境社会学研究』19，174-183頁。

高田昭彦（2001）「環境NPOとNPO段階の市民運動──日本における環境運動の現在」長谷川公一編『環境運動と政策のダイナミズム』（講座環境社会学④）有斐閣，147-178頁。

谷内茂雄・脇田健一・原雄一・中野孝教・陀安一郎・田中拓弥編（2009）『流域環境学──流域ガバナンスの理論と実践』京都大学学術出版会。

鳥越皓之・嘉田由紀子・陣内秀信・沖大幹編（2006）『里川の可能性──利水・治水・守水を共有する』新曜社。

長谷川公一（2008）「ガヴァナンス論の前提と射程」『社会学年報』37，1-4頁。

福島慎太郎・吉川郷主・西前出・小林慎太郎（2012）「京都府北部の農村地域を対象

とした地域資源管理への参加に対する関連因子の分析——ボンディング型とブリッジング型のソーシャル・キャピタルに着目して」『農村計画学会誌』31(1)，84-93頁。

藤垣裕子（2003）『専門知と公共性——科学技術社会論の構築へ向けて』東京大学出版会。

藤田和子編（2002）『モンスーン・アジアの水と社会環境』世界思想社。

松下和夫編（2007）『環境ガバナンス論』京都大学学術出版会。

三俣学・嶋田大作・大野智彦（2006）「資源管理問題へのコモンズ論，ガバナンス論，社会関係資本論からの接近」『商大論集』57(3)，19-62頁。

宮内泰介編（2013）『なぜ環境保全はうまくいかないのか——現場から考える「順応的ガバナンス」の可能性』新泉社。

諸富徹（2006）「環境・福祉・社会関係資本——途上国の持続可能な発展に向けて」『思想』983，65-81頁。

山本啓（2005）「市民社会・国家とガバナンス」『公共政策研究』5，68-84頁。

山添史郎・霜浦森平・塚本利幸・野田浩資（2012）「地域環境保全活動への参加と社会関係資本——滋賀県守山市の NPO 法人『びわこ豊穣の郷』を事例として」『環境社会学研究』18，155-166頁。

脇田健一（2009）「『環境ガバナンスの社会学』の可能性——環境制御システム論と生活環境主義の狭間から考える」『環境社会学研究』15，5-24頁。

Aldrich, D. P.（2012）*Building Resilience : Social Capital in Post-disaster Recovery*, University of Chicago Press.（＝2015，石田祐・藤澤由和訳『災害復興におけるソーシャル・キャピタルの役割とは何か——地域再建とレジリエンスの構築』ミネルヴァ書房）

Jessop, B.（2000）"Governance Failure" In Stoker, G.（Ed.）*The New Politics of British Local Governance*, Macmillan, pp. 11-32.

Putnam, R. D.（2000）*Bowling Alone : The Collapse and Revival of American Community*, Simon & Schuster.（＝2006，柴内康文訳『孤独なボウリング——米国コミュニティの崩壊と再生』柏書房）

Miyauchi, T.（2006）"Pursuing the Sociological Study of Environmental Governance in Japan : An Introduction to the Special Issue" *International Journal of Japanese Sociology*, 15, pp. 2-6.

（帯谷博明）

| 第10章 | 社会運動研究の豊饒化 |
|---|---|
| | ——ソーシャル・キャピタル概念を用いた試み |

## 1 ソーシャル・キャピタル概念が拓く領野と可能性

「ソーシャル・キャピタル（以下，社会関係資本)」概念の登場は，社会学のみならず政治学や経済学でも大きなインパクトをもたらした。この概念をめぐって，複数の社会科学領域で，期待と不安，さらには反論が入り交じった議論が沸騰した。影響は学界だけではなかった。世界銀行や政治家さらには社会運動家といった政策や実践に重きをおいて活動する人々の間でも，社会関係資本概念は，議論の対象となった。まさに，この概念が，学問と実践の世界を席巻する状況が生まれたのである。

社会関係資本概念が，このような大きな影響をもたらした原因はいくつかある。まず，「社会関係資本」という言葉の登場は，私たちが聞き慣れている経済資本や人的資本という資本形態以外に，資本と呼べるものがある，ということを強く印象づけた。とりわけ国家間で社会発展に大きな差がある今日の状況において，差異のある発展をもたらすものとして，経済的・市場的要因以外の要因があることを社会関係資本概念は訴えた（Bourdieu 1986)。特に途上国にあっては，G8先進諸国に足並みをそろえるIMFや世界銀行の主導する新自由主義的経済発展モデルが十分に機能しない状況下で，市場原理以外の要因を基にした発展モデルを提案できる可能性を示唆するものとなった（Mayer 2003)。

また，この領域で先駆者の一人であるパットナムによって提示された社会関係資本と社会発展との関係が直裁で明瞭だったことも，多くの人の注目を集めた理由の一つだろう。すなわち，国家であれコミュニティであれ，社会関係資本が充実している社会では社会統合や経済発展が促進され，他方，社会関係資

第Ⅱ部　社会の諸領域におけるソーシャル・キャピタル

本が減退する社会では，経済発展は期待できず，また社会的排除や貧困が増加するというものである（Putnam 1993＝2001；2000＝2006）。

　社会関係資本は，国家の行政的・経済的パフォーマンスといった大きな社会レベルの特性のみに関連するわけではない。社会運動研究領域でも，社会関係資本概念の登場は大きな関心をもって迎えられた。社会運動を遂行する社会運動組織（social movement organization）のパフォーマンスに，その集団のもつ社会関係資本が関連する可能性が示唆されたのである。いかなる社会運動においても，それが生起するためには，潜在的参加者の動員が必要となる。では，一体何によってその動員が達成されるのか。この問いに対して，合理的人間像に基づく選択的誘因（Olson 1965＝1996），また人的・物的・組織的資源（McCarthy & Zald 1977），そしてフレーム（Snow et al. 1986）や集合的アイデンティティ（Melucci 1989＝1997）などが動員を達成するための必要な要件として提起されてきた。社会関係資本概念は，こうした種々の概念に加えて，動員をもたらすいま一つの新しい要件をこの研究領域に提示したのである。

　社会運動組織は，近隣集団，宗教組織，ローカル・コミュニティなどと同様，メゾ・レベルの社会集団として捉えることができる。とすれば，社会運動組織は，社会行動を起こす起点となるのみならず，集団内凝集性や協働性また行動の一体性や効率性といった点から，そのパフォーマンスを問うこともできる。すなわち，社会関係資本概念は，社会運動組織を他のメゾ・レベル集団と横並びにして，その内的凝集性やパフォーマンス特性を議論する機会を提供したのである。

　社会関係資本概念は，従来，社会運動研究者が注意を払うことがなかったものを，新しく社会運動行為の結果として付加する可能性をも示唆する。たとえば，ディアーニによれば，社会関係資本は社会運動の重要な動員資源となるのみならず，社会運動がその帰結として創り出す，もしくは補充するものである（Diani 2001）。このように，社会関係資本概念は社会運動の原因と結果の双方について，社会運動研究者がこれまで明示的に提起できなかった側面に光を当てるものとなった。

本章では，社会関係資本概念が社会運動研究に及ぼした影響を考察する。考察にあたって，まずすべきことは，社会関係資本概念の多様性の確認である。社会関係資本という概念には，それを文化的構築物と捉える見方から社会構造と捉える見方まである。複数の観点から概念的検討が必要である。次に，社会関係資本が，社会運動研究の発展や展開に貢献する点をいくつかに分けて論じることとする。最後に，社会運動現象の分析にあたって，社会関係資本概念では掬いきれない側面や潜在的に問題となりうることを検討してみたい。

## 2 ソーシャル・キャピタルの概念化——その多極性

社会関係資本に関する研究を概観すると，大きく分けて，その概念的な発展には三つの系譜がある。すなわち，ブルデューやパットナムそれにコールマンによる概念化であろう。社会関係資本と社会運動との関係を考察するにあたり，本章では，この3人の概念化に絞って社会関係資本概念の特性を振り返る。

パットナムによれば，社会関係資本は信頼，互酬性規範，ネットワークといった要素からなる社会特性である（Putnam 2000＝2006：14）。社会関係資本は，協力行動を促進させ社会の効率性を改善する方向に働く（Putnam 1993＝2001：212-220）。社会関係資本は，人々が集団内で連携を取り合いながら協働する結社的生活（associational life）において生成される。結社的生活の中で，市民参加や互酬性規範また相互信頼が醸成され，これらの社会関係が，当該社会の行政や統治・意思決定において効率を高めるとされる。

パットナムの社会関係資本概念の特徴の第1は，それが社会の一般的特性として想定されていることである。このことは，1国内の州や国家社会全体のレベルで社会関係資本の存在を論じる彼の議論から明らかである。社会関係資本が当該社会の全体をおおいつくす一般的特性であるなら，社会関係資本を構成する諸要素もまた一般性を帯びたものとなる。すなわち，信頼は，当該社会全体に拡がる信頼となり，互酬性は，特定的関係の中での互酬性ではなく，むしろ一般的互酬性となる。

第Ⅱ部　社会の諸領域におけるソーシャル・キャピタル

　このように，社会の一般的な特性として概念化された社会関係資本は，当該社会の他の一般的特性にも影響を及ぼす。すなわち，デュルケームが社会的な「もの（chose）」という言葉で概念化したように，当該社会に外在し，外側から当該社会に働きかけるものとなる。すなわち，社会関係資本は，単体として，独立的に，当該社会の社会発展や民主性の発展に影響を及ぼす。

　パットナムの社会関係資本概念の第2の特徴は，それが規範的概念であることにあろう。パットナムにとって，ネットワーク，互酬性規範，信頼はすべて価値的概念であり，その存在はプラスに評価される。なぜなら社会内に多くの社会関係資本が存在することにより，その社会の経済発展や民主主義的な発展はもとより，個人の福祉の向上までををももたらすものになるからである。すなわち，社会関係資本は，社会を効率よく稼働させるための機能的要件として概念化されている。

　コールマンの社会関係資本概念は，パットナムのそれとはいくつかの点で異なる。コールマンによれば，あらゆる社会関係資本には共通する2つの特徴がある。すなわち，社会関係資本は当該社会のある一般的な特性ではなく，むしろその社会内の時間的・空間的に限定的な，特定の社会構造内に埋め込まれているもの，そしてその構造内における行為者個人の行為を促進するものである（Coleman 1988：S98）。

　パットナムは，社会関係資本が創出される空間について，結社的生活と述べるにとどまる。これに対してコールマンは，社会関係資本の内実とそれが創出される論理条件を明確にする。コールマンは，社会関係資本を，行為者が自己利益を達成するために利用できる資源と捉える（Coleman 1988：S101）。そしてその資源は，個別具体的，特定的な社会関係の中で創出される。コールマンによれば，社会関係資本は，人間関係の中で相手方のある特定の行為を引き出しやすい「クレジット・スリップ」に例えられる[(1)]。そのクレジット・スリップがもつ諸側面を，義務（obligations），期待（expectations），信用性（trustworthiness），情報チャンネル，規範と制裁とし，かつそれらが醸成されやすい環境を閉鎖的社会ネットワークや社会組織の中に見出す（Coleman 1988：S102-S109）。

220

コールマンの社会関係資本は，パットナムのそれとはいくつかの重要な点で異なる。まず所在であるが，社会関係資本を，社会外在的な性質を帯びるものと概念化するパットナムに対して，コールマンは，方法論的個人主義に基づき，ある特定の個人が創り出す人間関係，特にその社会構造的な側面が社会関係資本を創出するものとする。

信頼や互酬性規範といった社会関係資本が有する特性については，パットナム同様，コールマンもその存在を認める。しかし，こうした規範的性質もまた，特定の社会組織の範囲内に埋め込まれる。すなわち，信頼も，パットナムが観念する一般的社会的信頼ではなく，「クレジット・スリップ」が受け渡しできるある社会組織内諸個人間の関係に特定的なものとなる。[2]

社会関係資本の存在理由とでも言うべきものについても，コールマンはパットナムと袂を分かつ。パットナムにあっては社会関係資本は当該社会に外在的に存在し，社会全体のパフォーマンスに影響を及ぼすものであったが，コールマンではむしろ，社会関係資本は，ある社会組織やその構成員が，動員などの組織行動を行う際に，利用できる資源を指す。すなわち，社会関係資本は，その使用価値によって既定される。

最後に，ブルデューにとって，社会関係資本とは，相互承認を伴う個人間の社会関係のネットワークに紐づけされた諸資源の集合体を指す。この場合のネットワークは，1度きりの相互行為で新しく作られたものではなく，むしろ類似の行為パターンが幾度となく繰り返され，その結果制度化に至ったネットワークを指す。経済資本，文化資本と異なり，社会関係資本の所有者は組織，集団などの集合体（collectivity）である（Bourdieu 1986：248-249）。

社会関係資本の概念化において，ブルデューの特徴の一つはその量的側面に言及することである。すなわちブルデューは，社会関係資本が集団内のある成員が動員できるネットワーク規模と，そのネットワーク内でつながる他の成員が持つ資源の規模によって決まるとする（Bourdieu 1986：249）。この概念化から，ブルデューも，コールマン同様，社会関係資本の生成にあたって，個人や組織間の関係を基点にしていることがわかる。また，社会関係資本を，ネット

第Ⅱ部　社会の諸領域におけるソーシャル・キャピタル

ワークを通して個人が利用できる資源とする点でも，コールマンのそれに近い。

　ブルデューの関心は，社会関係資本が，複数の社会の間に見出せる社会発展の仕方の差異を説明することにある。社会内成員は，比較的長期にわたって制度内に存在する社会関係を通して資本にアクセスするが，そのアクセスのルートと利用できる資源の差異が，差異ある社会発展を説明するという。ブルデューの関心は，この点では，パットナム同様，大きな社会のパフォーマンスにある。

　パットナム，コールマン，ブルデューによる社会関係資本の概念化は，前述のように異なる。本章の目的は，これら三者の間での差異を埋めることでも，その正誤を論じることでもない。むしろ，それぞれが提示する社会関係資本の諸側面や特性が，社会運動研究をどのような仕方で豊かにしていくかにある。以下，次節では，社会運動研究の側に視点を移し，社会関係資本を論じることにする。


## 3　ソーシャル・キャピタルと社会運動研究——その結節点

　社会関係資本の概念が，社会科学研究領域に登場して以来，社会運動研究者もこの概念に注目してきた。前節で見たように，社会関係資本は，社会の特質や社会組織のパフォーマンスを論じる点で，社会運動研究者が今まで研究対象として扱ってきた事柄と多くの点で重なる。社会運動研究者が，社会関係資本という概念を用いて，研究のさらなる発展が期待できると考えたのも，いわば当然の成り行きであった。

　社会関係資本は，社会運動研究のどの領域で研究の推進力たりうるのか。結論からいえば，社会関係資本は，社会運動資源，社会運動組織，そして社会運動を包摂するより大きな社会の3つの領域で貢献しうると考えられる。具体的には，社会関係資本は，①運動資源の概念を豊かにする，②運動資源の所在を問うことを容易にする，③社会運動組織による運動の継承の議論に貢献する，④運動組織のキャリア変化の観察に新しい視点をもたらす，⑤社会的特性とし

222

ての社会運動を論ずる道を提供する，である。本節では，これら5つのポイントを順に論じていく。

社会関係資本は，それを利用することによって，利用しない場合にはなし得なかったことを可能にするもの（Coleman 1988）とされる。その意味で，社会関係資本は，ある目標を達成するための資源である。ここに，社会関係資本と社会運動研究の最初の結節点がある。しかし，社会関係資本は，社会運動研究で用いられる資源概念にとどまるわけではない。むしろ資源概念を豊かにする。これが第1のポイントである。

資源という概念は，社会運動研究では，特に資源動員論における中心的な概念として用いられてきた。そこでは，資源とは，運動に参加する個人が持つ時間や経済力，専門的技能，さらに運動外部からの行政的・財政的援助などとされてきた（McCarthy & Zald 1977）。

他方，社会関係資本を構成する資源とは，コールマンによれば「クレジット・スリップ」に例えられるものである。具体的には，義務，期待，信用性，情報，規範と制裁という形態を取る。また，それらを醸成しやすい環境として閉鎖的社会ネットワークと他目的に転用可能な社会組織が存在する（Coleman 1988：S102-S109）。また，Putnam（1993＝2001：206-207）では，社会関係資本の構成要素は互酬性規範，信頼そしてネットワークである。

社会運動における資源概念と社会関係資本概念を比較してまずわかることは，前者が物的要因に注目するのに対して，後者は構造的要因以外の要因すなわち期待，信用など文化的・認知的側面にも注目するということである。信頼や互酬性規範に始まり，義務・制裁や期待といった概念は，人間関係の中に存在する認知的特質そのものである。

互酬性や信頼といった社会規範が，社会運動の興隆・衰退と結びつく可能性を提示したのはパットナムであろう。パットナムは，社会関係資本が社会運動と密接に結びつくことを論じた上で，ダイレクトメールやインターネット上でのコミュニケーションと比べ，感情・協力・信頼といった「非言語的メッセージ」が連帯にとって重要であると述べる（Putnam 2000＝2006：180-211）。社会

関係資本は，経済資本や人的資本とは異なり，個人が所有するものではない。むしろ，関係性の中でのみ生成される資本概念として登場する。社会関係資本が期待や信用などの認知的側面を重要視するのも，人と人との間の関係そのものを力の根源の一つと考えるからである。このように，社会関係資本概念は，資源という概念の中に，個人と個人の間に存在する認知的特性が含まれなければならないと主張する。

資源動員論では，それが登場した歴史的経緯から，感情や意識などの認知的側面・文化的側面を資源概念から排除する傾向があった。しかし，現実に起こる社会運動に目を転じてみると，社会運動組織の構成員間で相互の信頼や義務と期待などが網の目状に張り巡らされていることがわかる。社会運動参加者が頻繁に利用する「連帯」という言葉もまた，信用や期待や義務の集合的意識の上に成立するものと理解することができる。そうであるなら，こうした認知的側面なくしては，社会運動そのものが成立し得ない。社会関係資本概念は，社会運動研究に対して，これらの認知的側面の重要性を認識するように迫っている。

第2に，社会関係資本概念では，資源の所在を問うことができる。社会運動にあっては，資源は，時には参加者の動員ひいては運動の成功・失敗を左右する。その意味では，どこにどれだけの資源があるのかを問うことは，実践上も研究上も重要なことである。しかし，従来の社会運動研究の中では，どういう基準で資源の所在やその多寡を論じるのかについて，明確にはなされていなかった。むしろ，成功した動員事例を取り上げ，後追い的に，運動が利用した資源の存在を推論するといった形で議論がなされる場合が多かった。さらに，資源が存在する空間として運動組織がまず注目されるのだが，その具体的な在り処は運動組織そのものなのか，それとも組織に所属する個人なのかもはっきりとは議論されない。資源の在り処・資源が宿る場所が確定されない状況では，資源の多寡を比較し，論じることもまた困難となる。

これに対して，社会関係資本では，その所在が同定可能な形で概念化されている。たとえば，ブルデューは，社会関係資本とは，ある社会集団内での成員

に紐付けられた資源の集合を指すとし，その総量は，社会集団内である特定の個人が同じ集団内の他の成員を動員することができるネットワークの規模と，それらの成員が所有する経済的，文化的，象徴的資本の量によって決まる，としている（Bourdieu 1986：249）。またフォーリーとエドワーズは，社会関係資本とは，ネットワークによって動員できる資源とその資源へのアクセスだとしている（Foley & Edwards 1999：166）。こうした定義も，実際の事例を用いた研究での資源の同定やその測定に移行するまでには，さらなる操作が必要である。しかし，資源がどこに宿るか，資源の測定のために現実の社会集団のどこを観察すべきかを明示している点で，社会運動研究領域で研究者が使用してきた資源概念を超える分析性と操作性を持っている。

　社会関係資本の所在が，定義上明確であるということに基づいてなされた研究がある。イエティスは，同じ都市で活動する2つのコーラスグループを取り上げる。構成員がある程度重なるものの，大学が支援するコーラスグループと比べて，コミュニティに基礎を置くコーラスグループの方がより社会的ネットワークが広く，その結果，より多くの社会関係資本の利用が可能となる。またそれゆえに，市民的・政治的局面での他の活動も展開しやすいことを発見する（Eatis 1998）。このイエティスの議論は，2つの社会集団の中での人的ネットワークに社会関係資本が宿ること，またその人的ネットワークの量的差異が社会関係資本の多寡を生み出すことを前提として，政治社会的活動への動員を検討した実証的研究と見ることができる。

　こうした研究が社会運動研究領域に示すものは何か。それは，やはり資源概念の曖昧さへの警鐘であろう。具体的には，社会運動研究は，資源の在り処や資源が存在する空間の同定さらには資源の測定の仕方について，より精緻化する努力をしなければならない。そうすることによって，複数の運動組織がもつ資源の比較や資源量の多寡と動員との関係について，より精密な議論が可能となろう。

　これまでは，資源という概念を中心に，社会関係資本概念が社会運動研究になしうる貢献について論じてきたが，ここから目を転じて社会運動組織に焦点

第Ⅱ部　社会の諸領域におけるソーシャル・キャピタル

を当ててみよう。そうすると，社会関係資本のまた別の局面が浮かび上がる。すなわち，社会関係資本は，社会運動組織による運動の継承の議論に貢献する。これが社会関係資本が社会運動研究に資する第3のポイントである。

　社会運動組織を基点にして運動がどのように発生するかについて，従来の社会運動研究では，まず組織に注目する。ここでは，組織という空間の中にある何らかの資源が動員に際して用いられ，ついには運動に発展するという構図が用いられてきた。たとえば，資源動員論では，「ブロック動員（block mobilization）」という概念を用い，教会などの既存組織に存在する資源が，運動に向けての動員に貢献すると指摘する（Oberschall 1973）。また，運動の文化的研究では，文化的倉庫（cultural storehouse）に過去の活動から積み上げられた諸資源が，別の運動の高揚の際に文化的資源として噴出する，という指摘もなされている（Williams & Benford 2000）。しかし，運動組織に残存する組織資源なり，以前の運動から引き継がれた運動文化資源なりが新しい運動を創り出す糧になるとしても，それらがどのようにして動員されるのか。その動員を可能にするものは一体何なのかは，詳細に論じられることはなかった。[3]

　運動のスタートの時点で，人的・物的・組織的・文化的資源の動員を可能にするものは何か。社会関係資本概念は，この点について，一つの明確な解答を与える。すなわち，コールマンの「クレジット・スリップ」である。ある運動の発生と発展に伴い作り出された組織内人間関係は，その関係を作り出した活動が収束した後も，その関係の中に埋め込まれている相互信頼や期待また義務意識とともに一定期間残存する。そして，別の機会に新たな運動が発生する時にも，かつて溜めたクレジットを利用するような形でそれらの資源が利用される，というものである。コールマンは，このことを，韓国の学生運動を取り上げた新聞記事を基に説明する。運動に従事する過激派の大学生は「スタディー・グループ」を形成し新たな活動の創出を行うが，そうした大学生は，かつての高校の同窓生，同じ教会に通ったもの同士，また同郷学生である，というものである（Coleman 1988：S99）。この事例は，大学入学以前に形成されたクレジットが，大学に入り新たな運動の創出に利用されていることを示す。

クレジット・スリップという観点から社会運動を眺めなおしてみると，新しく見える事柄がある。たとえば，「先人の意思を引き継いで」とか「かつての同士に恥じぬよう」といった，運動集団内部で交わされる語りは，義務意識をもたらすクレジット・スリップの存在を表象する。あるいは，サミットやWTO閣僚会議など，短期間のみ開催されるメガ・イベントに反対するために集合し，それらのイベントが終了した後に離散した活動家たちが，オリンピックなど，次のメガ・イベントに対する反対運動でまた集合することの理由の一端も，このクレジット・スリップの中に見出しうる。国家やトランスナショナルなレベルの社会運動組織を長期的に観察し，そうした組織が，自ら作り出した資源をコミュニケーションネットワークなどを通して広範な参加者に提供することで，メンバーシップを強固にし，かつ集合的アイデンティティを醸成することを指摘したミンコフの研究もまた，この議論の延長線上にある（Minkoff 1997）。このように，クレジット・スリップ概念は，社会運動研究が分析的に精緻化していなかった研究領域に光を当てることになる。

　社会関係資本概念が社会運動研究に貢献する第4のポイントは，運動組織のキャリア変化の観察である。組織的性質が時間の経過とともに変化するという議論は，確かに社会運動研究の中にもある。こうした研究では，組織の拡大に伴う専門分化，資金調達キャンペーン方法の変化，マスメディア多用など運動の周知宣伝の仕方の変化，組織的中核の希薄化などが組織の変化や変質要因として論じられてきた。これらの研究に対して，社会関係資本領域での研究は，新しい組織変化の捉え方を提示する。すなわち，社会関係資本のあり方の変化である。具体的には，結束型（bonding）社会関係資本と橋渡し型（bridging）社会関係資本という概念区分を用いて，社会運動組織が発達し大規模になる過程が説明される。すなわち，運動組織の登場の時点では，組織的行動の効率を上げるために，組織内の結束を強固にする結束型社会関係資本が多く作られる。その後，運動組織が比較的安定し一定の効率を保ちながら行動できるようになった時点からは，組織がもつ影響力と資源調達ルートの拡大を狙い，他の運動組織との連携を図ろうとする。このとき，橋渡し型社会関係資本が発達する

第Ⅱ部　社会の諸領域におけるソーシャル・キャピタル

（Putnam 2000＝2006：19-20）。

　オレマチャーによる研究は，まさにこのことに焦点を当てた研究となる。オレマチャーは，特定の社会運動を牽引する組織が採用する戦略によって組織の存続期間が異なると論じる。社会運動組織が，自らの組織体制を維持強化する戦略に傾きすぎると組織は短期間に崩壊しやすく，他方，支持基盤の拡大を促すため外部との連携を強める戦略を取る組織は，長期的に存続する傾向にあると論じる（Olemacher 1996）。また，エドワーズとマッカーシーも，組織戦略が運動組織の存続に影響を及ぼすと論じる（Edwards & McCarthy 2004）。こうした研究は，今まであまり顧みられることがなかった社会運動組織の戦略や組織構造特性のあり方が，組織の存続に影響を及ぼすものであることをはっきりと示している。

　社会関係資本が，社会運動研究に資する第5のポイントは，国や地域などのレベルでの社会運動の変化を記述し説明する新たな方法を提供することである。社会運動の変化は，イベント分析を方法論的基軸として，運動の発生から発達そして衰退までを記述する「運動サイクル（movement cycle）」研究によって論じられてきた。事実，この研究領域で，社会運動に変化をもたらす種々の要因が指摘されてきている。たとえば，運動の衰退の局面では，アイディアの新奇性がなくなることによる運動の推進力の減退，運動内部で構成員間の乖離による求心力の低下，警察など外部圧力の増加などが論じられている（Tarrow 1989：41）。社会関係資本概念は，社会運動の変化を記述し説明するこれらの方法に対して，いま一つ別の説明方法を加える。すなわち，社会関係資本が多く蓄積される社会では社会運動が高揚し，逆に社会関係資本の蓄積が少ない社会では，社会運動が停滞する，である。

　たとえば，パットナムは，長期的なスパンでのアメリカの社会運動の衰退を見て取り，それを社会関係資本の減衰と関連づける（Putnam 2000＝2006：180-197）。この議論は，そのあまりの直截さと包括性の高さによって，多くの批判を呼び起こした。とりわけフォーリーとエドワーズなど，複数の研究者が，資本の所在を不明なまま残すこと，またかつてアーモンドとヴァーバ

228

（Almond & Verba 1963＝1974）が提唱した「シビック・カルチャー（市民文化）」のような曖昧模糊とした非分析的な概念となることなどから，国家や社会全体がもつ社会関係資本という概念化には強い反対を示す（Foley & Edwards 1999；Mayer 2003；Portes 1998）。しかしながら，社会運動研究において，このような国家や社会全体が持つ特性としての社会運動という概念化がなかったわけではない。たとえば，近年では「社会運動社会（social movement society）」（Meyer & Tarrow 1997）という定式化があろう。社会運動が頻発し，もはや社会の中に日常的に見出せる特性となったとする定式化は，この良い例である。いずれにせよ，このパットナムの議論は，社会運動変化のある部分を説明しうる一つの仮説と捉えることはできよう。

　このように，大きな社会の変化を社会運動論の観点から捉えようとすることへの関心や努力は，社会運動研究の中にも存在する。そうであるなら，社会関係資本概念がもたらしたものは，大きな社会のレベルで社会運動全体を論ずることの可能性につながると考えてよかろう。

　以上，社会関係資本という概念を導入することによって，社会運動研究に新たな研究視点や展開がもたらされることを論じてきた。それはまず，従来の資源概念を豊かにすると同時に，資源の実証的な研究にあたって具体的な観察ポイントを提示する。次に，社会運動の継承の議論に関して，運動発生時に諸資源の動員を可能にする鍵となるメカニズムを解き明かす。さらに，社会運動組織のキャリアについて，その組織特性の変化という観点からの分析を可能にする。最後に，組織レベルのみならず，国家や社会といったより大きな集合体がもつ社会運動特性について探求する可能性をもたらす。

　こうした点は，確かに社会運動研究に新しい刺激をもたらし，研究を豊かなものにする。とはいえ，社会関係資本は社会運動研究のための万能の武器ではないことも指摘しておかなければならない。とりわけ，社会関係資本概念は，社会運動の観察にあたって，いくつかの重要な局面で効力を発揮することができない。場合によっては，その無能さのみが目立つことすらある。次節では，それらの局面を社会関係資本概念の問題点として論じていく。

第Ⅱ部　社会の諸領域におけるソーシャル・キャピタル

## 4　社会運動から見たソーシャル・キャピタルの問題点

　本節では，社会関係資本概念を社会運動研究の中に取り入れる際に気をつけておかなければならないことを論じる。具体的には，①社会運動における連携行為では，他の活動での協働につながらないような「信頼」また信頼そのものの非在など，社会関係資本概念が一般に前提とするタイプの信頼が見出せるとは限らないこと，かつ②社会関係資本概念は，社会運動における参加やつながりが信頼や互酬性のみを生み出すのではなく，離反や反目をも生み出す可能性を明示的に前提としていないこと，である。

　社会関係資本は，社会関係の中に信頼という認知的要因が埋め込まれることを指摘した。しかし，この信頼がどのような過程を経て生成されるのかについては，議論が乏しい。パットナムは，確かに，活発な社会集団活動は，その集団内での信頼や互酬性を生成しやすいと指摘する。しかし，その信頼がどういったメカニズムのもとに醸成されるのかについては，まったく触れることがない。コールマンは，「閉鎖的社会構造」や「他に転用できる社会組織」を用いて，社会関係資本が生成される環境を説明しようとする。たとえば，子供の教育において複数の親子が閉鎖的社会関係を形成することで，相互の教育上の基準また子供の行為に対して与える報酬や制裁について親同士での合意（標準化）ができ，ついにはこの閉鎖的社会関係が信頼のおける持続的なものになると論じる（Coleman 1988：S107）。しかし，この閉鎖的社会関係の成立のためのプロセスが動き始める以前に，そうした社会関係を取り結ぶ成員間で，相手を信頼のおける者として認知するプロセスが，前もって存在するはずである。また「他に転用できる社会組織」にあっては，その社会組織は，以前の社会活動からすでに社会関係資本を蓄積していることが前提として存在している。しかし，こうした前提については，一切言及がなされない。

　このことが，なぜ，社会運動研究にあっては問題なのか。現実の社会運動現象を見ればすぐさま納得がいく。なぜなら，社会運動にあっては，活動家個人

や組織の間に一切の相互信頼が無い所から出発しなければならないことが多いからである。いや，相互にコミュニケーションをとるか，連携を模索するかという判断の時点で，信頼ではなく，その非在さらには不信を前提としているといっても良いであろう。この状況では，信頼の醸成は，社会関係資本の研究者が想定するほど簡単ではない。

　複数の活動家また運動組織なりが相互に信頼関係を築くにあたって，そのスタート時点は，まず相互に不知ということである。活動家や運動組織は，運動集会や会合で他の活動家や組織と席を同じくする所から，相手に対する認知プロセスが始まる。しかし，その相互に認知する所から信頼関係を築き始める所に至るまでには，「腹の探り合い」が介在する。あるテーマについて議論を重ねるうちに，相互に状況の認知が類似的であるかどうか，また戦略的な連携が可能かどうかなどの判断がなされる。このように，一つ一つのステップで肯定的な判断が出てはじめて，行動と戦略に対する合意が引き出される。すなわち，運動の共通の敵（敵手）と共通の友（自陣）を確認し，行動目標とその目標を達成するための戦略について合意する，というものである。

　しかしながら，仮に複数の活動家や運動団体がこのような合意に達した所で，社会関係資本概念が前提とするような信頼がそこに存在するとするのは早計であろう。もちろん，行動目標や戦略に対する合意が時空間を越えて継続する信頼関係に転じることはある。他方，合意が，ある特定の日時の，特定の敵手に対する行動についての合意に留まることもある。後者の場合，合意は別の新しい活動には転用されない。

　さらに，この合意は，新しい社会問題や社会的イッシューでの個人間・組織間連携を保証するものでもない。通常，社会運動組織は，複数のイッシューに関連して複数の活動を行う。その際，イッシューによって，適合的でありかつ戦略的に合意でき，かつ地理的に近接した相手と「協力関係」を取り持つ。このように活動家や運動組織は，複数のイッシューに関わる中で，複数の組織と多様な関係を取り持つ。活動家や組織間で何らかの連携をもつ場合であっても，その内実は，ある特定のスポットでの共同行為の合意，またあるイッシューの

第Ⅱ部　社会の諸領域におけるソーシャル・キャピタル

みに関する連帯，さらには時空間を越えて一定期間存続する信頼である場合など，さまざまである。社会運動におけるこの関係の多様性の分析を現在の社会関係資本概念に背負わせるには，荷が重すぎる。

　信頼そのものが，「ある」・「ない」といった形で切り取れるほど単純なものではないことは，いままでも幾多の指摘がなされてきた（たとえば，山岸 1998）。しかし，こと社会運動現象にあっては，運動内部での連携を探る活動が，時として「すでにある信頼」からではなく，むしろ「不信」の存在からスタートしなければならないことも相俟って，その形や内実が一層複雑な様相を見せる。

　もちろん，社会運動現象の中には一切の信頼が生まれないと論じているわけではない。社会運動の中に連携や連帯が存在する以上，何らかの信頼がその中にあるはずである。しかし，そうであっても，その信頼は，多様な形を取り，また内実も多様であることは，了解しておかなければならない。

　社会運動研究者は，このことから何を得るか。それは，第1に，研究対象とする社会運動の中に連携行動が観察された場合でも，信頼や互酬性を含まない可能性がそこにはある。第2に，研究対象とする社会運動において，活動家の行動パターンや発言から，彼らの間にある種の信頼が存在すると確認できたとしても，それがそのまま社会関係資本概念が指示する内実だとしないことである。連携や連帯行動は，必ずしも信頼の存在を意味しないし，また社会運動内に信頼が見出せた場合でも，それがそのまま，社会関係資本が想定する内実とは限らない。いずれにしても，社会関係資本概念を社会運動現象に適用するには，まず立ち止まり，熟慮してから進むことが必要であろう。

　社会関係資本を社会運動現象の説明に用いるにあたって第2の問題は，それによって説明できる社会運動現象の範囲である。結論からいえば，社会関係資本は，社会運動現象の「半分」しか説明しない。社会運動は，「協働」と「対立反目」によって成り立つ。すなわち，ある活動の生成に向けて，類似する複数の個人や社会集団が「協働」する一方，敵として「対立反目」する別の社会集団や組織が存在する。社会運動現象を議論する際には，この2つの局面での議論が必要となる。しかし，社会関係資本が焦点を当てるのは，この2つのう

ちの一つ「協働」の局面のみである。すなわち，ネットワーク，互酬性，信頼といった社会関係資本は「協働」の局面でのみ発生し，「対立反目」の局面では発生しない。結束型と橋渡し型という2つの社会関係資本のあり方についても，同じことである。結束型にしても橋渡し型にしても，それらの概念から「対立反目」の契機は，一切無視されることになる。

　特に社会運動現象を論じる際に，研究者がまず注目するのが国家（state）である。これは，経験的に見ても，社会運動の敵として国家が多くの場合設定されるということからもわかる。しかし，社会運動研究領域で社会関係資本を取り上げた研究を見てみると，国家に言及するものがほとんどない。社会関係資本という概念は，権力，搾取，不平等，差別といった視点からは縁遠い存在なのである。

　社会関係資本概念を用いて，社会運動を説明しようとするとどうなるか。論理的には，同じ分析レベルで協働と対立を同時に説明することは不可能である。となれば，一つの解決方法は，協働と対立を異なる分析レベルに置くことである。すなわち，意見を異にする社会運動組織同士は，組織レベルでは相反するものに見えるが，そうした諸々の社会集団を含みこんだ社会全体のレベルでは，異なる意見や考え方を持った諸集団が相互に意見を言い合う「市民共同体」が成立する，と規定する仕方である。この市民共同体では，大事な問題で意見が対立しても，市民は，相互に助け合い，尊敬し合い，信頼し合うとされる。考えを異にする人に対して寛容である市民の存在が前提とされている（Putnam 1993＝2001：103-110）。もう一つは，社会運動の中から，選択的に事例を取り上げることである。たとえば，1960年代の公民権運動またそれに続く環境運動や婦人参政権運動などは，市民的参加を促し，より民主的な社会の生成に貢献した運動として取り上げられている。そして，この観察を基にして社会運動と社会関係資本は密接に結びついていると論じられる（Putnam 2000＝2006：179-181）。

　これらの議論の仕方の恣意性については，あえてここですべてを指摘する必要もなかろう。一例を挙げれば，後者の議論では，たとえばNIMBY運動など，個人の利益を最大化するタイプの運動や，思想的に民主主義とはその前提

第Ⅱ部　社会の諸領域におけるソーシャル・キャピタル

を異にするアナキズム運動，また一致団結して破壊的戦闘行為へと突き進む運動集団などは考慮されていない。すなわち，「善き」社会運動集団しか，この議論では想定されていないのである。[4]

　社会運動の対立的局面を社会関係資本が想定する説明図式の中に取り込もうとする試みは，やはり可能とは思えない。ある社会運動組織は，その内部では，それが達成目的とする集合財が明確で，かつその達成に向けて，協業体制が敷かれることを夢想して活動する。しかし，一度その外部環境に目をやれば，内部の組織構成基準とはまったく異なる社会のあり方にぶつかる。まず，共に行動する他の運動組織は敵か味方か。あるいは無関係かを思料しなければならない。誰が信頼できるのか，互酬的な関係を結べるのか，継続的に協力行動をすることでネットワークにまで発展させられる相手なのか。それを考えなければならない。この時点で，多くの運動組織は，挫折する。なぜなら，その情報を入手するためのコストがかかるからである。信頼をスタートさせるために相手を測るモノサシがない。また，モノサシを探すには，時間など多大なコストがかかる。こう考えると，ある運動組織は，それが処理すべき事柄があまりにも多くあり，結局は協力関係をとることがなかなか困難，という事態に直面することが多い。

　なぜ，こうなるのか。これは，社会関係資本概念が，参加（つながり）が信頼や互酬性を生み出すというポジティブなサイクルを前提として成立するものだからである。現実の社会現象を考えればすぐわかることだが，参加やつながりが信頼や互酬的関係のみを生み出すわけではない。意見の不一致，離反，反目をも生み出しうる。こうした対立的関係はネガティブなサイクルを構成する。換言すれば，社会的行為や社会的活動への参加は，結束や連帯を作り出す一方，離反や敵対の契機ともなる。

　もちろん，社会運動現象への限定的応用ということ自体が，社会関係資本という概念への決定的な打撃になるわけではない。「対立反目」の局面には触れず，むしろ「協働」の局面のみに専心し，その範囲内で社会運動現象の説明を豊かにする，という理解の仕方で何ら問題ないという議論は十分成り立つ。し

234

かし，社会関係資本という概念の設定のされ方は，前述のように，機能主義的かつ社会内の協調性に傾く。とすれば，社会関係資本という概念が社会科学を席巻し，隣接する諸々の社会現象の説明に適用・応用されるという状況の下で，「協働」側面にのみ光を当てることが，かえって社会運動への探求を脆弱なものにしてしまうようであれば，はっきりと警鐘を鳴らさなければならない。社会関係資本という概念に牽引されるがままに進んでしまうと，協力的ではなく対立的な関係になぜ陥ったのか，という問いを問うことすら難しくなってしまうかもしれない。

## 5　新しい社会運動研究に向けて

　本章では，社会運動現象の解明に社会関係資本概念を用いる際の留意点について論じてきた。いうまでもなく，社会関係資本概念の導入は，社会運動研究を豊かにする。それは，社会運動研究でなされてきた従来の資源概念の幅を拡げると同時に，実証的な研究にあたって具体的な観察ポイントを提示する。また，社会関係資本概念は，社会運動の継承の議論に関して，運動発生時に諸資源の動員を可能にする鍵となるメカニズムを提案する。さらに，組織レベルのみならず，国家や社会といったより大きな集合体がもつ社会運動特性について探究する可能性をもたらす。最後に，社会運動組織のキャリアについて，その組織特性の変化という観点から新しい分析視点を提供する。

　他方，社会関係資本概念が，社会運動研究にプラスをもたらすのみかといえば，そうではないかもしれない。まず，社会関係資本は，社会運動の対立・敵対的側面の解明には無力である。その限定の下で社会関係資本概念を社会運動研究にて多用することは，結果的に社会運動の協働的・連携的側面を強調する結果になる。次に，社会関係資本概念が想定している信頼概念が，そのまま社会運動現象の中に見出せる認知上の協同性かどうか，定かではない。むしろ，活動家や運動組織間に見出せる連帯や連携また協働も，それらの心理的・認知状の特性は，社会関係資本研究が概念化する信頼以上に，多様な形と特性を持

第Ⅱ部　社会の諸領域におけるソーシャル・キャピタル

ちうる。

　本章でも述べたように，社会関係資本の定義は一様ではない。複数の定義の間で，相反する議論もある。それらの定義の間の調停を図り，いずれ，より包括的な概念化を目指す作業をしなければならないだろうが，本章ではむしろ，複数の定義の並存が社会運動現象を複数の視点からの観察を可能にするとの認識の下に，立論を重ねてきた。またそうした立場をとったからこそ，前述したような，運動研究を豊かにする諸点が見えてくる。

　こうした豊かさは，現在の時点で，かつ社会関係資本概念をその定義から考察してみて，見出せるものである。今後，社会関係資本概念が，社会運動研究者によってより多く言及され，また応用事例に用いられることによって，さらなる有用性が見出せるかもしれない。社会関係資本という観点から社会運動を観察する作業は，まだ始まったばかりである。この領域で，今後ますます研究が発展することを期待している。


　注
(1)　「クレジット・スリップ」とは，たとえば二個人間において，自分に利益をもたらす行為が相手方によって行われた場合，相手方に対して渡す，将来相手方が見返り（返礼）を受けられる事を約した証書のようなもの，と理解すればわかりやすい。
(2)　コールマンは，コミュニティの比較から，社会関係資本概念の有効性を論じている。親同士が関係性のあるコミュニティと，親同士の関係性が希薄なコミュニティでは，子育てに差異が生じることを明らかにした。具体的には，親同士がお互いをよく知っているカトリック系の高校では，親同士の関係が希薄な公立高校よりも，他の変数をコントロールした上でも，生徒の中退数が有意に少ないことを例に取り，宗教をバックグラウンドに持つ学校コミュニティの社会関係資本の高さを指摘する。このように，コールマンにとっては，社会関係資本とは，時空間限定的な，ある特定の社会集団がもつ特性である。
(3)　運動の「休止構造（abeyance structure）」（Taylor 1989）という概念を用いて，一旦立ち消えた運動が後の時代になって形を変えて再度立ち上がるという指摘はあった。しかし，この概念においても，何が休止構造を構成するのかについては明確ではなかった。
(4)　アナキズム集団や好戦的戦闘組織などは，いわゆる「社会関係資本の負の側面」

として論じられることが多い。こうした集団の特性を，社会関係資本から引き出せる効果と捉えるか，それとも社会関係資本の性質そのものには一切関係なく，むしろそうした社会組織に対する私たちの眼から見ての社会的価値判断を提示しているに過ぎないとするかは，議論のあるところである。詳しくは Sato（2013）を参照のこと。

## 参考文献

山岸俊男（1998）『信頼の構造――こころと社会の進化ゲーム』東京大学出版会。

Almond, G. A. & S. Verba（1963）*The Civic Culture : Political Attitudes and Democracy in Five Nations* Princeton University Press.（＝1974，石川一雄・薄井秀二・中野実・岡沢憲芙・深谷満雄・木村修三・山崎隆志・神野勝弘・片岡寛光訳『現代市民の政治文化――五カ国における政治的態度と民主主義』勁草書房）

Bourdieu, P.（1986）"The Forms of Capital" In Richardson, J. G.（Ed.）*Handbook of Theory and Research for the Sociology of Education*, Greenwood Press Inc., pp. 241-258.

Coleman, J. S.（1988）"Social Capital in the Creation of Human Capital" *American Journal of Sociology* 94, S95-S120.

Diani, M.（2001）"Social Capital as Social Movement Outcome" In Edwards, B., Michael W. Foley & M. Diani（Eds.）*Beyond Tocqueville : Civil Society and the Social Capital Debate in Comparative Perspective*, Tufts University Press, pp. 207-218.

Eatis, C.（1998）"Organizational Diversity and the Production of Social Capital : One of These Groups in Not Like the Other" *American Behavioral Scientist* 40, pp. 547-678.

Edwards, B. & J. D. McCarthy（2004）"Strategy Matters : The Contingent Value of Social Capital in the Survival of Local Social Movement Organizations" *Social Forces* 83, pp. 621-651.

Foley, M. W. & B. Edwards（1999）"Is It Time to Disinvest in Social Capital?" *Journal of Public Policy* 19, pp. 141-173.

Mayer, M.（2003）"The Onward Sweep of Social Capital : Causes and Consequences for Understanding Cities, Communities and Urban Movements" *International Journal of Urban and Regional Research* 27, pp. 110-132.

McCarthy, J. D. & M. N. Zald（1977）"Resource Mobilization and Social Movements : A Partial Theory" *American Journal of Sociology* 82, pp. 1212-1241.

Melucci, A.（1989）*Nomads of the Present : Social Movements and Individual Needs in*

第Ⅱ部　社会の諸領域におけるソーシャル・キャピタル

*Contemporary Society*, Hutchinson Radius.（＝1997，山之内靖・貴堂嘉之・宮﨑か
すみ訳『現在に生きる遊牧民（ノマド）──新しい公共空間の創出に向けて』岩波
書店）

Meyer, D. S. & S. Tarrow（1997）*The Social Movement Society : Contentious Politics for a New Century*, Rowman & Littlefield.

Minkoff, D.（1997）"Producing Social Capital : National Social Movements and Civil Society" *American Behavioral Scientist* 40, pp. 606-619.

Oberschall, A.（1973）*Social Conflict and Social Movements*, Prentice-Hall.

Olemacher, T.（1996）"Bridging People and Protest : Social Relays of Protest Groups against Low-Flying Military Jets in West Germany" *Social Problems* 43, pp. 197-218.

Olson, M.（1965）*The Logic of Collective Action : Public Goods and the Theory of Groups*, Harvard University Press.（＝1996，依田博・森脇俊雅訳『集合行為論──公共財と集団理論』ミネルヴァ書房）

Portes, A.（1998）"Social Capital : Its Origins and Applications in Modern Sociology" *Annual Review of Sociology* 24, pp. 1-24.

Putnam, R. D.（1993）*Making Democracy Work : Civic Traditions in Modern Italy*, Princeton University Press.（＝2001，河田潤一訳『哲学する民主主義──伝統と改革の市民的構造』NTT 出版）

Putnam, R. D.（2000）*Bowling Alone : The Collapse and Revival of American Community*, Simon & Schuster.（＝2006，柴内康文訳『孤独なボウリング──米国コミュニティの崩壊と再生』柏書房）

Sato, Y.（2013）"Social Capital" *Sociopedia.isa.*

Snow, D. A., E. B. Rochford Jr., S. K. Worden & R. D. Benford（1986）"Frame Alignment Processes, Micromobilization, and Movement Participation" *American Sociological Review* 51, pp. 464-481.

Tarrow, S.（1989）"Struggle, Politics, and Reform : Collective Action, Social Movements, and Cycles of Protest" *Cornell Studies in International Affairs. Western Societies Program Occasional Paper No. 21*, Center for International Studies, Cornell University.

Taylor, V.（1989）"Social Movement Continuity : The Women's Movement in Abeyance" *American Sociological Review* 54, pp. 761-775.

Williams, R. H. & R. D. Benford.（2000）"Two Faces of Collective Action Frames : A Theoretical Consideration" *Current Perspectives in Social Theory* 20, pp. 127-151.

（野宮大志郎・片野洋平）

|　終　章　| ソーシャル・キャピタルの生成過程に<br>関する試論 |

## 1　ソーシャル・キャピタルの生成過程研究の難しさ

　前章までで，ソーシャル・キャピタルの効果や影響について，さまざまな角度から分析がなされてきた。序章で述べたように，ソーシャル・キャピタルの効果分析は，ソーシャル・キャピタルをめぐる３つの研究テーマの一つである。残りの２つは，ソーシャル・キャピタルの概念化とソーシャル・キャピタル生成過程の分析である。そこで，終章では後者の問題について試論的に考察することにする。

　ソーシャル・キャピタル生成過程の分析は難しい。その理由は大きく２つあるが，それを述べる前に生成過程には２種類あることを指摘しておこう。非意図的な生成過程と意図的な生成過程である。非意図的な生成過程とは，行為者がソーシャル・キャピタルの形成を意図しないでソーシャル・キャピタルが生成される過程である。コールマンは，ソーシャル・キャピタルが行為者の相互作用の副産物であることを重視する（Coleman 1990＝2004-2006）。序章でも述べた高校生の親同士の関係が典型例である。たとえば，親同士が子供たちの生まれる前から友人だったとしよう。この場合，親たちは将来自分の子供たちの相互監視システムを作ろうと意図して友人になったわけではない。単に気が合うからとか趣味が一緒だからといった情緒的理由によって友人になったのであり，将来のことを考えた手段的理由によってなったのではない。

　これに対して，意図的な生成過程では行為者がソーシャル・キャピタルを形成しようとする意図を持ってソーシャル・キャピタルが生成される過程である。新興住宅地の地域の祭りや異業種交流会がその典型例である。前者では，多く

の場合町内会や自治会が中心となり，地域住民の間の親交を促進しようとする。後者では，参加者は，自分とは異なる業種の人々と知り合いになることで新しいビジネス・チャンスを得ようとする。

これら2つのタイプの生成過程には，それぞれ困難な問題がある。非意図的な生成過程の場合，現時点の社会ネットワークが将来のある時点においてソーシャル・キャピタルに変換されるかどうかは，まったく予測できない。このため現時点での社会ネットワークへの投資が将来のどの時点でどの程度のリターンをもたらすか分からない。Arrow（1999）がソーシャル・キャピタルは資本ではないと批判した主な理由がここにある。

意図的な生成過程の場合，行為者がソーシャル・キャピタルを作り出そうという意図を持てば必ず生成できるわけではない。AさんがBさんとつながりたいと思っても，BさんがAさんとつながりたくないと思うならば，2人の間にソーシャル・キャピタルは形成されない。2人が「関係を作ることでメリットがある」という期待を抱くことで，初めてソーシャル・キャピタルは形成される。ここには行為者間のマッチングの問題がある。

このように，ソーシャル・キャピタルの非意図的生成過程と意図的生成過程には違いがある。以下ではこの違いを踏まえた上で，それぞれについてより詳しく検討する。

## 2　非意図的なソーシャル・キャピタルの生成過程

非意図的なソーシャル・キャピタルの生成過程は，まず自然発生的な社会ネットワークの形成から始まる。家族，親族のような血縁関係や地縁関係が典型例である。また学校における友人関係も，自然発生的に形成される社会ネットワークである。人々は，このような社会ネットワークが将来役に立つと期待して，ネットワークを形成しているわけではない。関係性そのものを享受するために，ネットワークを形成する。

このような自然発生的な社会ネットワークは，同類原理に基づくものが多い

と考えられる。血縁関係はもちろん同類原理に基づいているし，地縁関係も同じ地域に住んでいるという同類性に基づいている。友人関係も価値観が似ていたり趣味が同じだったりすることから形成される。

序章でも述べたように，三隅（2013）の提唱する「関係基盤」概念も，同類原理に基づいたものだと考えられる。彼は自らのソーシャル・キャピタル理論の基礎概念である関係基盤を「さまざまな属性は，それを共有する人びとからなる潜在的なソシオセントリック・ネットワークを指標する。そうした指標機能をもつ属性を，関係基盤という」（三隅 2013：145）と定義する。ややわかりにくい定義だが，彼は「平成元年Ａ高卒」という属性が関係基盤だという例を挙げている。平成元年にＡ高校を卒業した仲のいい仲間が，折に触れて飲み会をしているだけでなく，その飲み会に参加しない人でも「平成元年Ａ高卒」の中に含まれて，潜在的につながる可能性がある。ここでのポイントは，人々が同じ属性を有しているがゆえにつながる可能性がある，ということである。これは同類原理による社会ネットワーク形成といえよう。

同類原理に基づいた社会ネットワークは，それ自体がソーシャル・キャピタルになりうる。友人ネットワークに属していれば，友人との交流を楽しむという心理的便益を得ることができる。さらに前述したように，副産物としてのソーシャル・キャピタルに変換されることがある。こちらの方がソーシャル・キャピタル生成過程としては興味深いので，さらに考察を進めよう。

副産物としてのソーシャル・キャピタルの生成過程は，社会ネットワークに属する行為者が何かの問題を解決しようとすることから始まる。前述した高校生の親（Ａさん）の場合，子供の逸脱行為を防ぎたいと考えることから話が始まる。そして，子供の遊び仲間の親（Ｂさん）が自分の友人であることを知り，その人と情報交換をするようになる。ここでソーシャル・キャピタルの生成過程において決定的に重要なことは，Ｂさんが情報交換に同意することである。もしＢさんが（たとえば，自分も自分の子供の逸脱行動を防ぎたいと考えていて）情報交換に同意した場合に限って，両者の間の友人ネットワークはソーシャル・キャピタルに変換される。しかし，そうでない場合は変換されない。

同類原理に基づいた社会ネットワークに属する行為者は類似した関心を持つ傾向があるので，何かの問題が生じた時に同じようにそれを解決しようと思い，そのネットワークがソーシャル・キャピタルに変換させやすいだろう。しかし，いつもそうとは限らない。たとえば，Ａさんが友人関係を利用してＢさんを自分の所属する宗教集団に勧誘したとしよう。Ｂさんは勧誘を断るだけでなく，場合によっては友人関係が壊れる可能性がある。この場合は，友人ネットワークがソーシャル・キャピタルに変換されないだけでなく，そのネットワークそのものが消滅する。

　関係基盤に基づいたソーシャル・キャピタルの生成過程でも同様の問題を孕んでいる。同じ平成元年Ａ高卒であることを利用して，日頃はＣさんと付き合いのないＤさんがＣさんに多額の借金を頼んだら，Ｃさんは拒絶するだろう。一方，ＤさんがＣさんの専門とする仕事の依頼をするならば，Ｃさんは喜んで引き受けるだろう。

　ここで重要なことは，同類原理に基づいた社会ネットワークであれ，関係基盤に基づいたネットワークであれ，それらがソーシャル・キャピタルに変換されるには，ネットワークに所属する行為者が自分の効用が高まると期待できなければならない。経済学の用語を借用すれば，自分たちの効用がパレート改善されるという期待がなければならない。したがって，親戚だからといって，同じ地域に住んでいるからといって，同じ平成元年Ａ高卒だからといって，無条件でそれらの社会ネットワークが，ソーシャル・キャピタルに変換されるわけではない。このことはソーシャル・キャピタル研究の専門家によってあまり明示的に指摘されていないように思われるが，同類原理に基づいた社会ネットワークからソーシャル・キャピタルが生成するメカニズムにとってクリティカルなポイントである。

## 3　意図的なソーシャル・キャピタルの生成過程

　意図的な生成過程においても，非意図的な生成過程に付随するのと同じ問題

が存在する。本節では，同類原理に基づく意図的な生成過程と異類原理に基づくそれの問題を考察しよう。

まず同類原理に基づく意図的な生成過程を検討しよう。Aldrich（2012＝2015）は，1923年の関東大震災，1995年の阪神・淡路大震災，2004年のインド洋大津波，2005年のハリケーン・カトリーナという，発生年も国も違う4つの災害の分析を通じて，地域住民の間でソーシャル・キャピタルが豊富にあると災害後の復旧スピードが速いことを明らかにした。吉原（2012）に収められた諸論考も，地域社会における組織（自治会や消防団）が防災，減災に大きな役割を果たすことを指摘している。

しかしながら，ソーシャル・キャピタルが有益な効果を持つこととそのようなソーシャル・キャピタルを生成することは別の話である。自治会役員のなり手が高齢化しているか，そもそもいないということは，よく指摘されることである。また自治会活動そのものが低迷している場合もある。同じ地域社会に住む人々が同類原理に基づいたソーシャル・キャピタルを作り出せない状況である。なぜそのようなことが起きているのか，そのメカニズムを理論的に考察しよう。

端的にいえば，人間は何らかの利益がなければ行動しない，ということである。自治会が有益な存在であることはわかっているが，自分が役員になるコストと自治会から得られる便益を勘案して，コストが便益を上回れば役員になろうとはしない。しかも「誰かが役員になってくれるだろうから，自分はならない」というフリーライダー問題も起こりうる。

農村や自営業層が多い地域では（地域への愛着といった心理的な便益を含めて）便益がコストを上回るので，役員のなり手はいるだろう。しかし，職住分離が進んだベッドタウンに住む会社員にとっては自治会のための時間を融通することが難しいため，役員になるコストがたいへん高くなる。このため役員になろうとはしない。役員になれるのは，定年退職後で自由時間が多い人々である。このため役員の高齢化が生じる。被雇用者化（エンプロイー化）とそれに伴う職住分離の進行，進学や就職に伴う地域移動は，自治会活動を行うコストを高め

るとともに，地域に対する愛着という心理的便益を低下させる。このことにより，自治会が防災・減災にプラスの影響を持っているにもかかわらず，人々は自治会活動に積極的に参加しなくなる。

　異類原理に基づいた意図的なソーシャル・キャピタル生成過程では，同類原理によるものとは異なり，行為者は副産物ではなく直接的なアウトプットとしてのソーシャル・キャピタルの形成を意図する。異業種交流会では，参加者は自分の仕事にメリットがあると考えて，自分の仕事や業種とは異なる人々と交流しようとする。しかし，ＡさんがＢさんとつながろうと考えても，Ｂさんにその意図がなかったら，両者の間にソーシャル・キャピタルは生まれない。ＢさんがＡさんとつながろうと考えるのは，そのことによりメリットがあると期待できる場合のみ，すなわち自分たちの効用がパレート改善されると期待できる場合のみである。

## 4　利他的利己主義と互酬性の重要性

　以上のソーシャル・キャピタル生成過程の分析を通じて，利他的利己主義と互酬性が生成過程において重要な役割を果たしていることがわかる。利他的利己主義とは，他者を利することによって最終的には自分の利益になることである（山岸 1990）。たとえば，自分が将来困っている時に助けてもらえるという期待を持って，困っている人を助けるという行動パターンである。この困っている人から助けてもらえるという直接的互酬性の場合もあれば，他の誰かから助けてもらえるという間接的互酬性の場合もある。序章でも述べたが，「情けは人の為ならず」ということわざは，まさに，この間接的互酬性を表現している。

　行為者が社会ネットワークを形成してそれがソーシャル・キャピタルに変換されるためには，行為者がこの変換によって自分の効用が高くなると期待できる必要がある。パレート改善に対する期待である。利他的利己主義と互酬性が，この期待形成に決定的な役割を果たす。ある行為者が社会ネットワークに属す

る他の行為者のことを考えずに，自分の効用だけ高くなればよいと思うならば，他の行為者はその行為者と関係を継続しようとは思わない。社会ネットワークに属するすべての行為者が，自分も他の行為者から良いことをしてもらえると期待して，他の行為者に良いことをするならば，社会ネットワークは継続し，それがソーシャル・キャピタルに変換される。

もちろん自分の利益しか考えない単なる利己主義ではうまくいかない。一方，他人の利益ばかり考える単純な利他主義では，利己的な人間に搾取されるだけである。いつか他の人に良いことをしてもらえるだろうという期待に基づいて利他的にふるまう，いわば条件付きの利己主義である利他的利己主義が必要である。そしてこの期待をバックアップするのが互酬性である。

Putnam（1993＝2001）は，ソーシャル・キャピタルを社会ネットワーク，信頼，互酬性という3つの概念によって定義した。しかし本章における議論を踏まえるならば，互酬性は社会ネットワークをソーシャル・キャピタルに変換する過程において重要な役割を果たす。このように考えると，非意図的であれ意図的であれ，ソーシャル・キャピタルの生成のためには互酬性が存在していることが必要条件となる。しかし現代社会において互酬性を確保するのは難しい。そのため Putnam（2000＝2006）が嘆いたように，ソーシャル・キャピタルが衰弱する傾向にある。それでは，なぜ互酬性を確保するのが難しいのか，何か方策はないのか，このことについて次節で検討しよう。

## 5　現代社会における互酬性の確保に向けて

互酬性には行為者間の安定した関係が必要である。直接的互酬性の場合，Aさんは B さんと今後会うことが期待できないならば，B さんに何か良いことをしてあげても後で何か良いことをしてもらえると期待できない。このため利他的利己主義に基づいた行動を取ることができず，ソーシャル・キャピタルは生成されない。間接的互酬性の場合も同様に，社会のメンバーの関係が安定していないと，人々は誰かに良いことをしてあげても後で別の誰かから良いことを

してもらえると期待できないため，やはりソーシャル・キャピタルは生成されない。

かつてよりも人々が頻繁に地理的にも社会的にも移動する現代社会では，この安定した行為者間の関係を構築することが困難になっている。とりわけ大都市ではそのような傾向が顕著である。この状況で，安定した関係に基づく互酬性を確保することは困難である。

それでは，現代社会においてはソーシャル・キャピタルを構築することは不可能なのだろうか。私の解答は「必ずしもそうとは言い切れない」というものである。上記の考察からわかるように，無条件では構築不可能である。しかしある条件の下では構築可能であると考えられる。その条件について以下で検討しよう。

流動的な現代社会においてもよく見れば，安定した場が存在する。このことを理解するために，Putnam（1993＝2001）の南北イタリアの比較分析の原点に戻ろう。彼の基本的主張は，①イタリア南部よりも北部の方が政治的，経済的パフォーマンスが高いのは，後者の方がソーシャル・キャピタルの水準が高いからである，②そして北部の方がソーシャル・キャピタルの水準が高いのは市民共同体の伝統があるからである，というものである。ここでは，この市民共同体に着目したい。この市民的共同体，より社会学的に表現すれば自発的結社（voluntary associations）は，地縁関係のように地理的に縛られるものではない。交通や通信の発達した現代社会においては，むしろ地理的制約を受けない自発的結社が多く存在する。パットナムも注目するスポーツクラブを初めとして，趣味のサークル，SNS を通じたオンライングループなど，多種多様な形で存在する。これらの結社の中では互酬性が成立する。それでは結社を超えて，結社をつなぐような形で互酬性を確保するにはどうすればよいのか。この問題が，ソーシャル・キャピタル生成のためにクリティカルになる。

このためには，結社の間をつなぐ何かを想定する必要がある。ここでは，その「何か」について 2 つの可能性を議論する。第 1 は Macy & Sato（2002）のモデルにおける「新参者（newcomers）」であり，第 2 は Simmel（1908＝1994）

終　章　ソーシャル・キャピタルの生成過程に関する試論

や遠藤（2016）の個人の多重帰属である。

　Macy & Sato（2002）は，信頼行動が社会に広がるための条件として（社会的であれ地理的であれ），人々の移動に着目した。人々が社会の中の集団を移動すると，集団に所属する人々は新しく来た新参者との付き合いの中で他者を信頼することを学ぶようになる。言い換えれば，新参者が集団間を移動することで，信頼が社会の中に広がっていくことになる。このメカニズムと同様に，人々が結社の間を移動することにより，互酬性の規範が社会の中に広がっていく可能性がある。

　Macy & Sato（2002）は人々の移動に着目したが，1人の個人が複数の集団に所属していることもある。それがSimmel（1908＝1994）や遠藤（2016）の主張する個人の多重帰属である。1人の個人が複数の集団に帰属することは，近代社会では当然のことである。ある人がある会社の従業員であると同時に，スポーツクラブの会員でもあり，SNS上で作られたグルメ会の会員でもある，ということは現代社会ではごく自然な現象である。そして，人々が1つの集団ではなく複数の集団に帰属することにより，互酬性の規範が社会の中に広がっていく可能性がある。Simmel（1908＝1994）は，この個人の多重帰属によってさまざまな社会圏が交差することを指摘したが，瀧川（2017）は，この社会圏の交差が公共圏の成立につながる可能性に着目している。本章では公共圏の議論にまで踏み込まないが，個人の複数集団への多重帰属は社会における互酬性を促進する可能性がある。すなわち，Macy & Sato（2002）の主張と同様に，個人がある集団で互酬性の規範を学ぶと，別の集団でも互酬性を期待したり，互酬性に基づいた行為を取ったりする。そして，この過程を通じて互酬性が社会の中に広がっていくことが想定できる。

　このように結社の間をつなぐ互酬性が広がっていけば，それを基盤としてソーシャル・キャピタルも構築されていく。ここに，現代社会におけるソーシャル・キャピタル生成の鍵があるだろう。

247

**参考文献**

遠藤薫（2016）「〈群衆〉と〈公共〉」遠藤薫編『ソーシャル・メディアと〈世論〉形成——間メディアが世界を揺るがす』東京電機大学出版局，31-43頁。

瀧川裕貴（2017）「ソーシャルメディアと公共圏——公共圏の関係論的定式化の提唱とTwitter政治場の経験的分析」遠藤薫編『間メディア社会の公共性』東京大学出版会，63-95頁。

三隅一人（2013）『社会関係資本——理論統合の挑戦』ミネルヴァ書房。

山岸俊男（1990）『社会的ジレンマのしくみ——「自分1人ぐらいの心理」の招くもの』サイエンス社。

吉原直樹編著（2012）『防災の社会学〔第二版〕——防災コミュニティの社会設計に向けて』東信堂。

Aldrich, D. P.（2012）*Building Resilience : Social Capital in Post-Disaster Recovery*, University of Chicago Press.（＝2015，石田祐・藤澤由和訳『災害復興におけるソーシャル・キャピタルの役割とは何か——地域再建とレジリエンスの構築』ミネルヴァ書房）

Arrow, K.（1999）"Observation on Social Capital" In Dasgupta, P. & I. Serageldin（Eds.）*Social Capital : A Multifaceted Perspective*, The World Bank, pp. 3-5.

Coleman, J. S.（1990）*Foundations of Social Theory*, The Belknap Press of Harvard University Press.（＝2004-2006，久慈利武監訳『社会理論の基礎』（上）（下）青木書店）

Macy, M. W. & Y. Sato（2002）"Trust, Cooperation, and Market Formation in the U.S. and Japan" *Proceedings of the National Academy of Sciences of the United States of America*, 99（Supplement），pp. 7214-7220.

Putnam, R.（1993）*Making Democracy Work : Civic Traditions in Modern Italy*, Princeton University Press.（＝2001，河田潤一訳『哲学する民主主義——伝統と改革の市民的構造』NTT出版）

Putnam, R.（2000）*Bowling Alone : The Collapse and Revival of American Community*, Simon & Schuster.（＝2006，柴内康文訳『孤独なボウリング——米国コミュニティの崩壊と再生』柏書房）

Simmel, G.（1908）*Soziologie : Untersuchungen über die Formen der Vergesellschaftung*, Duncker & Humblot（＝1994，居安正訳『社会学——社会化の諸形式についての研究』白水社）

（佐藤嘉倫）

# 索　引

### あ 行

新しい公共　78
　　——性　75
アナキズム運動　234
一般的社会的信頼　221
一般的信頼　41
意図的な生成過程　239, 242
稲葉陽二　2
移民企業家　149
異類原理　8
ウェーバー，M.　1
運動サイクル　228
運動参加者　224
運動資源　222
運動組織　222
縁故のプラス効果説　134
縁故のマイナス効果説　135
遠藤薫　246
「お一人様」言説　61
親子関係　88
親と子の生活意識に関する調査　113
恩情　86

### か 行

外集団信頼　34
学業成績　86
河川政策　200
河川整備計画　201, 206
河川法改正　201
家族構造　108
カタパルト仮説　135
ガバナンスの失敗　212

環境運動　233
環境ガバナンス　197
環境問題　196
関係　21
　　——基盤　241
　　——の構造　25
　　——の連結　25
　　——論的不安　80
感情　224
間接的互酬性　244
期待　86, 220
機能的代替　109
規範　220
義務　220
キャリア変化　222, 227
休止構造　236
求職方法　131
教育　182-184
教育期待　118, 122
きょうだい　98
協働　232
近所の知人　179, 184
金銭トラブル　185
グラノベッター，M. S.　7, 133
クレジット・スリップ　220
クロスレベル交互作用　177
経済資本　5, 109
行為者の選好　6
構造　25
　　——的空隙理論　7
公民権運動　233
効用関数　6
国際移動　147

249

互恵性　24,219,244,245
互酬性規範　219
個人化　60,61,71,79
子育て　92
　　──法　90
子どもの生活と学びに関する親子調査　89
コミュニティ　87
　　──政策　72
孤立　63,64,70,72,77
　　──死　65,66,72,78,81
コールマン，J.　2,3,86,108,135,219
コンフリクト理論　34

### さ　行

佐藤嘉倫　246
サポートネットワーク　67
ジオグラフィック・ジェネレータ　175
資源　30
資源動員論　224
自己肯定感　113,114,122
シビック・カルチャー　229
市民共同体　233,246
社会運動社会　229
社会運動組織　218
社会運動の継承　229
社会階層　103
　　──と社会移動日本調査　136
社会関係資本　→ソーシャル・キャピタル
社会規範　86
社会的不平等　11
社会ネットワーク　2,171,180-183,185
　　──を生み出すメカニズム　7
　　閉鎖的──　223
社会福祉法　71,72
就活　→就職活動
就業経路　155
集合体　221
集合的アイデンティティ　218

就職活動　131
収入　183,185
重要な説明変数　177
集落組織　171
集落の被害率　176
生涯未婚率　70,82
承認　81
情報　86
　　──チャンネル　220
職業威信スコア　132
職業達成　132
初婚継続家族　112,124
進学期待　100
人的資本　5,86,109,132
ジンメル，G.　1,246
信頼　219,247
　　──関係　90
　　──の範囲　46
菅野仁　1
ステップ家族　108,111,124,125
制裁　220
精神的健康　147,155,156,159
成績　113,119
制度的文脈　148
正の効果─負の効果　9
世界銀行　4,217
世代間閉鎖性　86
接触理論　34
セーフティネット　145
全国母子世帯等調査　107
選択的誘因　218
ソーシャル・キャピタル　2,60
　　──生成過程　239
　　──の外部性　10
　　──の効果　9
　　──の種類　7
　　──の定義　5
　　──の偏在　11,12

——のミクロ-マクロ分析　13
家庭内——　86, 110, 112, 114
結束型——　7, 198, 199, 212, 227
コミュニティ・——　110, 112, 115, 126
集計主義的——　32
集合的——　18
橋渡し型——　7, 198, 199, 212, 227
副産物としての——　241
存在論的不安　80

### た　行

第2次反抗期　94
対立項目　232
瀧川裕貴　247
武川正吾　72
多重帰属　246, 247
多水準モデル　13
「多様性」論文　32, 33
単身世帯率　70, 82
地域コミュニティ　171, 174, 180, 181
　地震発生時の——　176
　震災以前の——　176
　震災後の——　176
地域社会のコミット　179
地域づくり活動　203
地域福祉　72
　——の主流化　72
直接的互酬性　244
強い紐帯　25, 133
動員　218
同類原理　7, 240

### な　行

内集団信頼　34
新潟県中越地震　170
入職経路　131
人間関係の選択化　61
ネットワーク　88, 219

——・ダイナミクス　13
——の密度　155
農村コミュニティ　169, 170

### は　行

背理法　27
パーソナル・ネットワーク　174
パットナム, R. D.　2, 3, 217, 245, 246
バート, R. S.　6, 7
ハニファン, L. J.　2
ハビトゥス　12
ハーフィンダールの多様性指標　35
パレート改善　242
阪神・淡路大震災　170
非意図的な生成過程　239
非意図的なソーシャル・キャピタルの生成過程
　　240
非正規雇用　151, 156, 160
人々の移動　247
ひとり親　111
　——家族　107
平等化　145
福祉コミュニティ　72
父子家族　107, 124, 125
婦人参政権運動　233
復旧・復興　180
フリーライダー　179, 184
　——問題　243
ブリッジ　26
ブルデュー, P.　2, 3, 219
ブレーキ仮説　135
フレーム　218
文化資源　226
文化資本　5
分節化された同化理論　148
防災マップ　185
母子家族　107, 111, 124, 125
補助金　185

ポルテス，A.　4

**ま・や・ら行**

マルチレベル分析　176
三隅一人　241
メイシー，M. W.　246
弱い紐帯　25, 133
　──の強さ理論　7
利他的利己主義　244, 245
流域委員会　207

流域ネットワーキング　202, 204
流動的な現代社会　246
リン，N.　6, 135
連携　232
連帯　232
労働市場　132
欧文
JLSCP2015　→子どもの生活と学びに関する
　親子調査
NIMBY 運動　233

執筆者紹介 〔所属，執筆分担，執筆順，＊は編著〕

＊佐　藤　嘉　倫 〔編者紹介参照：序章，終章〕

瀧　川　裕　貴 〔東北大学災害科学国際研究所助教：第1章〕

小　藪　明　生 〔早稲田大学文学学術院非常勤講師：第2章〕

石　田　光　規 〔早稲田大学文学学術院教授：第3章〕

香　川　め　い 〔大東文化大学社会学部講師：第4章〕

西　村　純　子 〔お茶の水女子大学基幹研究院准教授：第5章〕

小　林　　盾 〔成蹊大学文学部教授：第6章〕

竹ノ下弘久 〔慶應義塾大学法学部教授：第7章〕

辻　　竜　平 〔近畿大学総合社会学部教授：第8章〕

帯　谷　博　明 〔甲南大学文学部教授：第9章〕

野宮大志郎 〔中央大学文学部教授：第10章〕

片　野　洋　平 〔鳥取大学農学部准教授：第10章〕

編著者紹介

佐藤嘉倫（さとう・よしみち）

1957年　東京都生まれ。
1987年　東京大学大学院社会学研究科博士課程単位取得退学，博士（文学）。
現　在　東北大学大学院文学研究科教授。
主　著　『意図的社会変動の理論――合理的選択理論による分析』東京大学出版会，1998年。
　　　　『現代の階層社会1　格差と多様性』（共編）東京大学出版会，2011年。
　　　　『不平等生成メカニズムの解明――格差・階層・公正』（共編著）ミネルヴァ書房，2013年。
　　　　『ソーシャル・キャピタルと格差社会――幸福の計量社会学』（共編著）東京大学出版会，2014年。
　　　　『社会理論の再興――社会システム論と再帰的自己組織性を超えて』（共編著）ミネルヴァ書房，2016年。

叢書ソーシャル・キャピタル⑦
ソーシャル・キャピタルと社会
――社会学における研究のフロンティア――

2018年6月20日　初版第1刷発行　　　　　　　　〈検印省略〉

定価はカバーに
表示しています

編 著 者　　佐　藤　嘉　倫
発 行 者　　杉　田　啓　三
印 刷 者　　田　中　雅　博

発行所　株式会社　ミネルヴァ書房
607-8494　京都市山科区日ノ岡堤谷町1
電話代表　（075）581-5191
振替口座　01020-0-8076

©佐藤嘉倫ほか，2018　　　　創栄図書印刷・新生製本

ISBN978-4-623-07775-5
Printed in Japan

# 叢書ソーシャル・キャピタル
## （全7巻）
### Ａ５判・上製カバー・各巻平均270頁

第1巻　ソーシャル・キャピタルの世界　　稲葉陽二　著
　　　　　　　　　　　　　　　　　　　吉野諒三

第2巻　ソーシャル・キャピタルと教育　　露口健司　編著

第3巻　ソーシャル・キャピタルと経済　　大守　隆　編著

第4巻　ソーシャル・キャピタルと経営　　金光　淳　編著

第5巻　ソーシャル・キャピタルと市民社会・政治　辻中　豊　編著
　　　　　　　　　　　　　　　　　　　　　　　山内直人

第6巻　ソーシャル・キャピタルと健康・福祉　近藤克則　編著

第7巻　ソーシャル・キャピタルと社会　　佐藤嘉倫　編著

―――――――――――――――― ミネルヴァ書房 ――――――――――

http://www.minervashobo.co.jp/